壁

尋找台灣戲劇運動的旗手
簡國賢與宋非我

藍博洲——著

目錄

序幕

一九四六年六月九日

一九四六年。初夏時節。台北的午後慣常地會下起一陣急驟的大雨。但這樣的天候並不曾稍減漸漸活潑起來的民眾對文化藝術的熱情。台灣光復，國民政府接收告一段落以來，不管是文學、美術、音樂、演劇等文化界的活動，都呈現著一股「百花齊放」的蓬勃態勢。

六月九日，以宋非我和簡國賢為中心的聖烽演劇研究會，突破重重難關，領先其他部門於中山堂舉行第一次作品發表會——簡國賢原作、宋非我編譯的獨幕劇《壁》與宋非我編作的三幕劇《羅漢赴會》。

大雨滂沱。午後二點，三分之一以上的座席已經坐滿觀眾。舞台的布幕還沒揭開。性急的觀眾開始擊掌催幕。壁上的標準大鐘指著二時二十分。突如其來，一聲鑼響終於把舞台上的布幕轟開了。在平淡的燈光照射下，《壁》的場景呈現在不安地期待著的觀眾眼前。劇場漸漸靜下來了。舞台分成兩部分，中間隔著一道牆壁。一邊住著囤積米糧而發財致富的奸商。另一邊住著失業勞工一家人。

宋非我與簡國賢（右）。

一九四六年聖烽演劇研究會第一次作品發表會節目手冊的封面。

戲，從奸商追逐暴利、豪奢侈靡與勞工一家為求溫飽而不可得的兩種生活對照下展開。最後，勞工一家終於被冷酷的現實逼向死亡。許久不曾吃到白米飯的勞工之子潛入奸商家，偷吃雞舍裡小雞吃剩的米粒，不幸被奸商雇傭的店員逮個正著。千方百計要趕走勞工一家的奸商藉機逼迫他們立即搬家。無計可施，也對人生徹底絕望了的勞工，將僅有的錢拿來買白飯與麵，放入毒藥，讓失明母親與兒子飽食一頓，然後步上死路。自己也接著吃下殘餘的麵飯，含恨自殺。臨死前，勞工以發狂般的怨憤，用頭拚命撞擊那道恆久屹立於人類社會隔開貧與富的壁，聲嘶力竭地吶喊：壁啊！壁啊！為什麼無法打倒這面壁！然後在氣竭之前把臉轉向台下的觀眾，以一種教人聽了極度悲憤的淒厲聲音吶喊著：壁！同時噴吐出一大口鮮血而倒了下來。燈光暗了下來。舞台另一邊的燈光與音樂接著而起。因為米價暴漲而獲巨利的奸商家正在熱烈進行著慶祝舞會。即使是花和尚，也都抱著女人，隨著樂聲婆娑起舞。

戲，就在這種強烈對比的諷刺氣氛下落幕了。

聖烽演劇研究會的第一次公演一天比一天熱烈。盛況空前。然而，歷經隨後發生的「二二八事件」與五〇年代白色恐怖全面而徹底的紅色肅清，曾經屹立於台北中山堂表演廳警醒世人的這面「壁」，也在不正常的兩岸關係中坍塌而灰飛煙滅了。在長期反共戒嚴體制下，那些在《壁》後面奉獻過心力的導演、劇作家、演員與幕後工作人員，被迫噤聲，從而不被人們所知或刻意遺忘了。

歷史進入上世紀九〇年代之後，不論是國際或中國國內的政治局勢都有了翻天覆地的變化。對台灣年輕一代的戲劇工作者而言，真正立足於本土的戲劇運動，勢必也應從《壁》的重新出土及認識而再次展開。因此，尋找《壁》的導演兼男主角宋非我，以及劇作家簡國賢，也就是一種歷史的必要了。

第一幕

尋找宋非我

林雪嬌女士在士林郭家廢園。（藍博洲／攝）

一九八七年四月，一九六〇年出生的我第一次聽到「宋非我」的名字。那時，我剛剛到陳映真先生創辦的《人間》雜誌工作。第一件差事是採集有關一九四七年「二二八事件」的民眾證言與寫作。但是，解嚴前夕的台灣，有關「二二八」的話題仍然充滿禁忌，書市上也看不到什麼公開擺設的相關著作。我對「二二八」的理解主要還是通過閱讀吳濁流的《無花果》。我於是從台北大稻埕的歷史現場出發，一路南下，開始進行我的「二二八」調查採訪。然而，因為政治禁忌，訪談存在著諸多主客觀條件的限制。雖然歷經一個多月的尋訪，卻未能採訪到事件親歷者而進入歷史現場。退稿是必然的。挫折是重大的。我想放棄這個題目。總編映真先生卻鼓勵我繼續做下去。我只好在後來蒐購的各種真假不一的資料中繼續摸索。終於，在國防部總政治作戰部印行，署名謝阿水的《「二二八事件」真相》小冊子，發現一個應該是台大學生領袖的關鍵人物「吳裕德」。我判斷，吳裕德應該是我可以通過人物去報導「二二八」的切入口，於是就去請教先前採訪過的，幾年前才從火燒島歸來的台灣牢齡最高的政治犯林書揚先生。因為這樣，我第一次聽到了台灣光復前後學運領袖郭琇琮的名字。然後我又通過林先生的輾轉聯繫，在抗日前輩周合源與許月里夫婦家裡採訪了傳說已在一九五〇年與郭琇琮一同被槍斃的郭琇琮遺孀林雪嬌女士。也就在這次訪談中，我第一次聽到了「宋非我」這個名字。

化名為「至潔」的林雪嬌女士說，在「二二八」事件剛爆發時，郭琇琮帶領一群學生上街遊行，進入新公園的廣播電台播音室，要求閩南語播音員宋非我向全省同胞廣播台北民眾抗議的消息與實況。我認為，如果林女士所說屬實，那麼，在「二二八」的發展過程中，宋非我也是一個非常關鍵的人物。畢竟，根據各種史料記載，中南部民眾大多是聽到廣播而起來響應台北的抗議行動。這樣，我後來在歷史的迷霧中繼續採集有關「二二八」及五〇年代白色恐怖的民眾記憶時，總會試著向受訪者探聽宋非我的下落。但是，一直沒什麼線索。

一　葉芸芸的《三位台灣新聞工作者的回憶》

後來，我才從原載美國《台灣與世界》一九八七年三月號，葉芸芸女士訪問流亡大陸的「二二八」見證人——吳克泰、蔡子民、周青的《三位台灣新聞工作者的回憶》複印件，看到一些有關宋非我的口述證言。其中，「解放以後，轉任對台廣播工作」的蔡子民說，他「與宋非我一起工作了兩年。記得是（一九）五三、五四年吧！他寫了很多相聲、廣播稿，後來他轉到泉州對台廣播，文革當中吃過很多苦頭，後來到香港去了。宋是很值得懷念的一位文化界人物，光復初期，他在台

一九八七年三月號《台灣與世界》第39期的受訪者，左起吳克泰、蔡子民與周青。

北演出話劇《壁》，曾轟動一時。」

在訪問稿後的注解，葉芸芸也提供了有關宋非我更為翔實的背景資料：「宋非我，台北市人。早年在基隆當礦工，自一九三〇年代即參加台灣新劇活動，一九四六年，在台北市中山堂演出《壁》和《羅漢赴會》，轟動一時，竟遭當局禁演。宋氏所主持的廣播節目《土地公遊台灣》，批評時政，很受民眾歡迎。一九四八年宋氏逃離台灣，經日本、香港到大陸。」

綜合上述兩段資料，對我而言，宋非我這個人的輪廓大致已經從歷史的迷霧中逐漸顯現了。同時，我也從中產生兩個疑問。首先，一九四八年宋氏為什麼要逃離台灣呢？就時間而言，我判斷他應該也是牽連「二二八」的問題吧。然而，他為什麼要到大陸呢？他是不是一個社會主義的信仰者？其次，文革時期他為什麼會「吃過很多苦頭」？究竟吃了怎麼樣的苦頭？是不是因為這樣他才離開大陸到香港？

事實上，這兩個問題都必須找到宋非我本人，親自問他，才能夠找到答案。問題是，宋非我究竟在香港的哪個角落？我什麼時候才能見到他呢？

二　呂訴上的《台灣電影戲劇史》

就在尋找宋非我沒有什麼具體結果的過程中，我循著台灣新劇活動的線索，在舊書攤買到台北銀華出版社一九六一年九月出版的呂訴上《台灣電影戲劇史》，並在第三三七至三三八頁，

〈台灣新劇發展史〉之三「台灣省行政長官公署時期」的「3祖國話劇的露面」一節，看到了更多有關《壁》與宋非我的文字資料。它寫道，一九四六年「六月九日起，至同月十三日，有『聖烽演劇研究會』（會長宋非我，副會長江金章，顧問王井泉、張文環等）在台北市中山堂首次公演獨幕劇《壁》——原作（簡國賢）、編譯及導演（宋）」，宋非我同時親自粉墨登場，扮演主角「許乞食」；另外，他也是三幕喜劇《羅漢赴會》的編導及主角「鐵羅漢」。這樣看來，宋非我可以說是聖烽演劇研究會的靈魂人物了。它又寫道：「《壁》的舞台分兩部分，中間隔著一垛牆（壁）。一邊住著囤米的商人，一邊是一失業工人的家庭。那一邊正在賺了錢與高采烈慶祝的時候，這一邊正是大人斷炊，病兒斷氣。失業者拍著牆壁哭著，口裡叫著：『牆壁啊、啊壁啊！』戲就是這樣閉幕。」它又針對「壁」解釋說，「這個字，台灣的發音是Bia，有兩個意思：一個是本意，作牆壁；一個是同音異義，作欺詐解。所以在戲裡有句話說：貧者伸手就（壁），惡官伸手也壁（欺詐）。本劇是『暴發戶』和失業者的對照。」它還寫道，《羅漢赴會》是「一群乞丐大鬧暴發戶宴客的鬧劇」，內容是「一個救濟團體邀請地方上紳士名媛開會，討論救濟事業，一群難民硬要參加，他們說：『如果沒有被救濟的人們參加討論，救濟是不會公平的。』」它認為「這個

呂訴上《台灣電影戲劇史》封面。

戲對救濟工作的措施，大約有點批評」。

然而，針對宋非我個人，同是戲劇工作者的呂訴上（1915-1970）的敘述卻流露了有些酸氣的批評云：「《壁》的男主角宋是台語〔閩南語〕話劇演員，是個滑頭人物，說做唱像『相聲』，光復時即任職在中國廣播公司台灣電台擔任台語播音員，所以經常在廣播電台講故事，故事都是他自己編的，取材於當時社會生活（代表作《土治〔地〕公》內容含有諷刺）。但是他的演技不大像話劇，倒帶有些像文明戲。總之他在觀眾面前所用的表演術只是滑頭的台詞，隨著啄頭啄腦的滑稽動作和表情。」

儘管呂訴上對宋非我的表演有這樣那樣的批評，在光復初期的台灣，宋非我的戲基本上還是受到歡迎的。呂訴上在該書也不得不承認，雖然《壁》和《羅漢赴會》「這兩個戲是描寫惡德執政者的不良措施，上演的時候票價台幣拾伍元，但是當時觀眾〔卻〕不少」。讓我感到好奇的是，呂訴上又寫道，據說是因為《壁》與《羅漢赴會》的劇本「帶有挑動階級鬥爭的內容」，所以原本準備七月二日起再演四天的戲，卻被市警局禁演了。另外一種說法則是：只有《羅漢赴會》因為「未正式送審」而被禁演。然而，不管哪一種說法比較正確，宋非我因此而「銷聲匿跡」一段時日卻是事實。該書第三五〇頁又載，一直要到一九四七年二月十五日，在長官公署宣委會籌組的第四屆戲劇節慶祝晚會，「本省劇人宋非我在沉默半年之後，是日被請出來報告台灣劇運」。

問題是，就在宋非我重出江湖之後不久，「二二八」事件爆發。事變後，在台灣新劇發展史上便再也看不到有關宋非我的戲劇活動了。他也從此下落不明。

三　葉石濤《台灣文學史綱》的誤載

除了呂訴上《台灣電影戲劇史》一書之外，我在高雄文學界雜誌社一九八七年出版的葉石濤編著《台灣文學史綱》第七十四頁，也看到了一段與宋非我有關的記載：「一九四六年六月和七月，由劇作家簡國賢和演員宋非我等人組織的『聖烽演劇會』上演《壁》和《羅漢赴會》。《壁》描寫光復後混亂的社會狀況，猛烈地諷刺陳儀的惡政，表現民生困苦的現實層面，絕望而黑暗。」儘管葉石濤先生的敘述只是短短兩行，內容也不出呂訴上之外。我想，既然他是同屬那個時代的文藝青年，那麼，對當時文學界的動態人脈應該也知道得不少。於是我寫了封信給葉先生，請教有關《壁》以

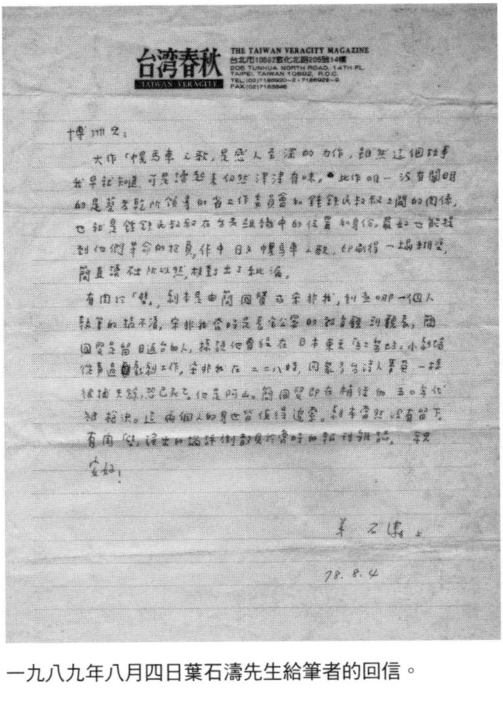

台湾春秋
TAIWAN VERACITY
THE TAIWAN VERACITY MAGAZINE

博洲兄：

大作「幌馬車之歌」是感人至深的力作，雖然這個故事我早就知道，可是讀起來仍然津津有味。此作唯一沒有闡明的是蔡孝乾所領導的省工作委員會和鍾浩東叔叔之間的關係，也就是鍾浩東叔叔在台共組織中的位置和身份。最好也能提到他們革命的抱負。作中日文幌馬車之歌，印刷得一塌糊塗，簡直讀不出所以然，校對出了紕漏。

有關於「壁」，劇本是由簡國賢或宋非我，到底哪一個人執筆的搞不清，宋非我當時是長官公署的[illegible]課長，簡國賢是留日返台的人，據說他曾經在日本東京「築地小劇場」從事過戲劇工作，宋非我在二二八時，同很多台灣人菁英一樣被捕失蹤，恐已死亡，但[illegible]。簡國賢即在稍後的五〇年代被槍決。這兩個人的身世皆值得追索。劇本當然沒有留下。有關「壁」請去查評論見於當時的報刊雜誌。祝

安好！

葉石濤上

78.8.4

一九八九年八月四日葉石濤先生給筆者的回信。

及導演宋非我與劇作者簡國賢的下落。

不久以後，葉石濤先生認真地給我回了信說：「有關於《壁》，劇本是由簡國賢或宋非我，到底哪一個人執筆的搞不清。宋非我當時是長官公署的教育廳副廳長，簡國賢是留日返台的人，據說他曾經在日本東京『紅磨坊』小劇場從事過戲劇工作。宋非我在『二二八』時，同眾多台灣人菁英一樣被捕失蹤，恐已死亡。他是阿山。簡國賢即在稍後的五〇年代被槍決。這兩個人的身世皆值得追索。劇本當然沒有留下。有關《壁》演出的論評倒散見於當時的報刊雜誌。」

葉石濤先生給我的訊息，不但未能如我原先所預期地提供一些新的線索，反而讓我再度走入歷史的迷霧之中。我發現，葉先生錯把宋非我當成在「二二八」失蹤（屍沉淡水河）的「長官公署教育廳（處）副廳（處）長宋斐如」了。就我所知，宋斐如同時也是《人民導報》社長，並不是所謂的「阿山」，而是台南縣仁德鄉出身的所謂「半山」。由於名字相近，也難怪葉先生會把宋非我跟宋斐如搞在一起。後來，當我找到宋非我先生時，他也告訴我，說當年宋斐如的兒子宋亮在大陸聽到他的消息時，也一直錯把他當成親叔叔看待。此外，據我後來的田野採訪，簡國賢並不是在日本的「紅磨坊」，而是「築地」小劇場，從事過戲劇工作。

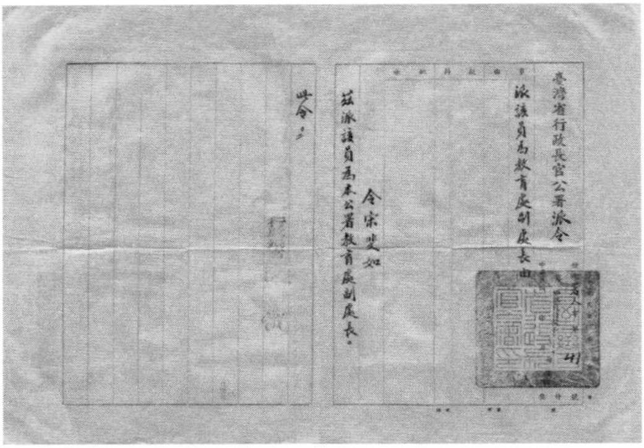
臺灣省行政長官公署派令
派該員為教育處副處長由
令宋斐如
茲派該員為本公署教育處副處長。
此令

教育處副處長宋斐如的派令。

儘管這樣，我還是非常感激葉石濤先生的回信。誠如他所說，簡國賢與宋非我「這兩個人的身世皆值得追索」。我於是提起勁來，在歷史的迷霧中繼續尋找消逝了四十年之久的宋非我。

四　一九八八年二月一場婚宴的偶遇

一九八八年二月，事情終於有了轉機。農曆年前的一個晚上，我在台北市參加一個大學學長的婚宴。這位學長名叫劉國基，一九七七年十一月因牽連「戴華光案」，也就是所謂「人民解放戰線事件」而被判刑十二年，前一年（一九八七年）才因為解嚴而提前出獄。因為他是政治犯，當天晚上的客人也有許多主張兩岸統一的政治犯，尤其以五〇年代白色恐怖時期的政治受難人為多數。我和幾個同樣年輕的朋友坐一桌。上菜前，林書揚先生找到我，說你不是在尋找一個叫宋非我的人嗎？林先生要我趕緊跟他走。

他說宋非我剛好就在現場。乍聽之下，我有點訝異而反應不過來，遲疑了一會兒之後，才跟著林先生穿越一桌桌嘈雜的人群，來到餐廳的另一頭。我看到坐在那桌的客人有幾個我認識的——抗日前輩周合源與許月里夫婦，以及同是抗

中華民國六十七年一月十八

匪黨組織案軍事法庭昨判決

戴華光處無期徒刑

賴明烈十五年 劉國基十二年

鄭道君、蔡裕榮 吳恆海交付感化三年

一九七八年一月十八日《中國時報》關於「人民解放戰線事件」的報導。

日左派的老台共蘇新先生的女兒蘇慶黎女士。坐在他們之間的則是一個我不認識的老人。他正專注地與蘇女士交談。林書揚先生把我帶到那位老人的身邊，等他談話告一段落後才向那位老者介紹，說我一直在探尋他的下落，想要瞭解他的經歷。原來，那名老者便是我這一年來一直在盲目尋找的宋非我先生。

其實，宋非我先生早在前一年的十月十日就從香港回到台灣了。只因為歷史的斷裂，認識他而且理解他身分的人已經不多，所以沒有引起注意。再加上離台多年，他也無法與老一輩的藝文界聯繫，因而幾個月來一直隱居老家所在的社子，無人知道。他之所以會參加那天晚上的婚禮，是一九六八年七月因「民主台灣聯盟」事件與陳映真同案入獄的政治犯陳金吉先生帶他來的。因為生意的需要，陳先生常到社子一家家庭工廠處理業務，因而見到了常在那裡出入的宋非我。陳先生知道宋非我的背景後就帶他出來走走。這些，都是宋非我先生後來陸陸續續告訴我的。

當天晚上，通過林書揚先生的介紹，我終於找到宋非我先生了。由於是在婚宴場合，許多識與不識的人紛紛向他敬酒，我也沒有機會和他多談什麼。我告訴他，想再找個時間與他好好聊聊。他也回說歡迎。問題是，婚宴散場時，我還來不及打聽他的電話住址，他就已經離開了。後來，我問了同桌的許多前輩，也沒人抄下他的聯絡電話或住址。這樣，我好不容易找到的宋非我又斷線了。

五　在一棟豬寮改裝的陋室的訪談

農曆年之後，我的工作重心便集中在有關前基隆中學校長鍾浩東的採訪與寫作上。尋找宋非我的事就暫時擱了下來。一直要到八月，《幌馬車之歌》完稿之後，我才又積極地尋找再度失蹤的宋非我。

當我輾轉打聽而再找到宋非我時已經是微涼的秋天了。十月底的一個下午，我騎著機車，從陽明山嶺頭的住處，沿著仰德大道蜿蜒的公路下山，然後沿中正路前行，過了百齡橋後右轉，進入社子老街。社子的街景與台北市區全然不同，還保有台灣小市鎮的一般風貌，秋風吹起時，已經可以感受到一股落寞的蒼涼了。我在一條窄巷的一家家庭工廠的門口見到宋非我。機車一轉入巷子，我就看到宋先生，坐在屋簷下的圓凳上，雙手拄著拐杖頭，瞧著巷子口張望。他後來告訴我，這家工廠的主人是他的叔侄輩親戚，他的對外聯絡都要借用他家的電話。我把機車擺好。宋非我於是要我跟著他，走到就在附近的他的住處談話。我們拐了幾條巷子，經過一棟廢棄已久、雜草蔓生的瓦房。他帶領我走過瓦礫堆裡的一條小徑，來到一棟小房子的門前，掏出鑰匙，謹慎地開了鎖，然後請我入內。

宋非我先生告訴我，這小屋以前是豬寮，現在豬不養了，裝修一下，就暫時給他棲身。我環視了一下這棟由豬寮改搭的房子。兩坪不到的空間。靠裡擺了一張單人的鐵架床。床下堆著一個裝滿東西的紙箱。紙箱上擺著一隻上鎖的老式手提箱。紙箱旁邊的水泥地上有一雙拖鞋。鐵架床旁緊靠著床頭是一張桌面有地圖的那種最廉價的合板書桌。書桌左角放著一盞檯燈。屋角有一個洗臉槽，一條灰色的水管沿著牆角往上爬。然後就什麼都沒了。至於屋子結構，地板及牆身部分看得出來是新砌的水泥，牆身的上半部及屋頂則由一條條的木板拼湊而成。冷風不時從木板與木板之間的縫隙咻咻地鑽進來。

宋先生一手拄著手杖，另一手把房裡僅有的一把鐵條折椅讓給我坐，又從桌上拿了一罐鋁罐裝的台灣啤酒給我。然後他坐在床沿上，一面喝著啤酒，一面與我聊了起來。他先問我怎麼會知道他並且想要找他。看得出來，他對我的尋訪感到一種有點不可思議的訝異與溫暖。他無法理解，像我這種年紀的人，怎麼會知道他的存在，而且還對他的過去感到興趣。我於是把如何第一次聽到他的名字，以及這一年來尋找他的過程如實回報。同時，我也告訴他，據我所知，他的老搭檔——劇作家簡國賢已在五〇年代白色恐怖的肅清中犧牲了。他聽了之後隨即陷入一種寂寞的哀傷中，久久不語。

我離開宋先生棲身的住所時天色已經暗了下來。他送我出來後，仍然延續著屋內的話題，一路說著一路走。後來，他帶我走到附近一個親友家，按了電鈴。門開後，我注意到，當對方看到是他，馬上流露出一股隱隱不耐煩的神色。宋非我於是說他明天就要離開台灣了。我瞧見宋先生過度客氣地向對方解釋著。門又關起來了。我有點不知所措地問宋非我，說宋先生怎麼明天就要離開台灣了？可他並沒有回答我，逕自走出那條巷子。我只好默默地跟著他。我想，對方顯然是不願再受他的打擾吧。那麼，回台一年來，他的生活究竟是怎麼過的呢？我問宋先生。他不太願意說。他只告訴我，他在台灣有一個兒子，但經濟狀況並不是很好，而且……。顯然，這一年來，他的生活一直是靠著這些舊時親友的照顧吧。可日子久了，人家也會嫌棄的吧。我想。

宋先生陪我走到機車停放的地方。我牽了機車。他仍然陪著我，邊走邊聊。我們不知不覺就走到市場附近。我於是把車停好，與他在一個麵攤上胡亂吃碗麵，配些滷菜，繼續聊著。入夜以後的秋風，越來越涼。他夾了一塊滷豆腐，說泉州的豆腐好吃，然後又說，下次有機會到泉州，再好好請我吃泉州豆腐。

第二天，我擔心宋先生會真的像他所說那樣離開台灣，於是一早又再到社子找他。還好，他並沒有走。他說，過幾天才會走。後來，我只要一有空，就騎著機車到社子找他。可他對自己的往事，尤其是在大陸的遭遇，不太願意多談。偶爾談得投機時，他才會向我提到一些人和事。儘管這樣，綜合一些史料與他的談話，我慢慢也能描述宋非我的劇人面貌了。

一九八八年十月底在社子陋巷的宋非我。（藍博洲／攝）

第二幕

日據下台灣劇場的黑色星光

日據下的一九一六年九月二十二日，宋非我在台北郊區社子出世，本名宋獻章。祖籍福建泉州同安。父親宋式玉是日據時代社子頭任保甲（派出所）書記，負責管理戶口。宋獻章在八歲那年進入社子公學校就學，畢業後又進入士林高等科，再接受二年簡易的職業教育，然後到大稻埕一家義順株式會社當給仕（即今之小弟）。義順會社的隔壁，一邊是媽祖廟慈聖宮，另一邊則是他所認為的人民（第一）劇場（今太平國小對面）。那時候，台灣的新劇運動正處於從萌芽到蓬勃一時的發展階段。基於地緣之便，他時常去看戲。因為這樣，他那潛藏的戲劇種子便在無政府主義劇團的薰陶下萌芽了。

一　台灣無政府主義者的演劇運動

呂訴上《台灣電影戲劇史》載稱，台灣的新演劇（即「新劇」）始於民前一年。它主要是直接受到「祖國如火如荼的文明戲運動」以及「日本明治開化時期的政治劇的新演劇」的雙重影響，而在台灣融合發展為「改良戲」。一九二〇年五月四

台北朝日座的廣告。

日，日本新演劇元祖川上音二郎（1864-1911）的劇團在台北朝日座演出社會悲劇，是為殖民地台灣新演劇之始。第二年，也就是一九二一年，在台日人庄田警部補與朝日座主人高松豐治郎（1872-1952）等馬上招募了一批台灣人，組織閩南語改良戲劇團，由川上音二郎劇團的演員高野氏任導演，採擷台灣的時事為題材，以「愛國婦人會籌募基金」的名義，巡迴全台各市鎮，演出《廖添丁》《巨賊簡大獅》《周成過台灣》等劇碼。由於這些台籍演員大都是台北市的流氓，一般人不但不稱它「改良戲」，反而統稱為「流氓戲」，所以沒有受到民間社會的重視，不久就解散了。

起初，「改良戲」的發展一直只是受到外來影響的內容與形式的移植而已。後來，台灣的知識分子逐漸認識到，戲劇作為一種運動的形式，可以作為反日民族解放運動的一把利器。留學東京的吳三連、黃周、張深切等人在大陸人士田漢、歐陽予倩及馬伯援等人的支援下，首先組織了一個劇團，在中華青年會館演出尾崎紅葉原作的《金色夜叉》和《盜瓜賊》。接著，一九二一年成立的台灣文化協會更在一九二三年十月十七日的第三屆定期總會中把「文化演劇會」明文列入文協「為改弊習涵養高尚趣味」的經常活動之一。此後，文協所屬支持的思想團體即在基隆、新竹、彰化、台南等地展開蓬勃的「文化劇」運動。

此一時期，大概只有思想上信仰無政府主義的星光劇團的演劇運動「完全與文化協會無關」。星光劇團是以張維賢為中心而展開的。關於張維賢的戲劇活動，一九三九年日本警務局編印的內部機密資料「台灣總督府警察沿革誌第二篇領台以後的治安狀況（中卷）」《台灣社會運動史（一九一三年—一九三六年）》——第四章《無政府主義運動》之第四節「孤魂聯盟與無政府主義的演劇運動」（一九八九年六月林書揚等五〇年代白色恐怖政治受難人集體翻譯並集資出版中譯本），以及張維賢本人一九五四年八月在《臺北文物》第三卷第二期發表的《台灣新劇運動述略》與《我的演劇回憶》，都做了詳細的敘述。

一九二七年的張維賢。（周合源提供）

張維賢（1905-1977），即張乞食，台北日新町人，曹洞宗中學畢業後跳出孤島，遠赴南洋、華南一帶謀生，飽受了各式各樣的刺激，從而開始對人生與社會有所探求。喜好戲劇的他，離台之前，看過京戲、四枰（棚）、亂彈、九甲、布袋戲或傀儡戲，可總覺得這些都與人們的實際生活距離遙遠，所以是多餘的。他總是思索著台灣怎麼沒有比較接近現代生活的演劇呢？後來，他讀到了田漢、徐公美、侯曜、歐陽予倩等人的劇作，興奮地以為理想中的真戲已在祖國產生了，於是為推展演劇而返台。可他演戲的理想始終無法在孤島實踐，只好讀讀劇本，聊以自慰。

一九二四年，事情終於有了轉機。通過摘星網球會球友陳奇珍的介紹，張維賢認識了來自廈門，與廈門通俗教育社的文明戲團有相當關係，對做戲稍有經驗，而且還懂化妝的陳凸。陳凸時

❶ 一九二四年冬星光演劇研究會公演紀念。後左起：張維賢、王井泉、陳奇珍、000、翁寶樹、陳凸、潘薪傳弟，前左起：潘薪傳、000、歐劍窗、賴麗水、楊木元、張才。
❷ 一九二六年一月星光演劇研究會宜蘭公演。
❸ 周合源、施乾（後左一、二）與愛愛寮的乞丐。
❹ 一九二七年五月的「孤魂」──周合源（左起）、張維賢與施乾。
（以上皆由周合源提供）

常向張維賢等一班球友介紹廈門的文明戲。這樣，他們這些對落伍陳腐的台灣戲劇演出早已失去興趣的人，又萌生探索追求一種新戲出現的熱情，於是糾集王萬德、潘欽信、王井泉等同好，組成台灣藝術研究會，請陳凸為師，排演胡適的三幕劇《終身大事》（一九二三年四月十五日《台灣民報》創刊號轉載），入冬之後，在陳奇珍的大厝試演。演出普受各界關注，同時因為男女老幼、社會各階層均能理解劇情，頗獲好評。但是，該會在內部檢討會上卻因意見不同而分裂了。張維賢「稍獲自信，又受各界鼓勵」，乃和陳奇珍、陳凸、王井泉，另邀賴麗水與歐劍窗、詹天馬等劇人成立星光演劇研究會，於翌年（一九二五年）十月，在永樂座新舞台，正式公演《終身大事》與《芙蓉劫》（八幕劇）、《火裡蓮花》等戲。

星光同仁「大半都是受過中等教育以上的業餘者」，在當時的社會，一般都認為是「最規矩正經的模範青年」，再加上演出劇碼的內容標榜「打破舊習、改良風俗」，公演以後，不但改變了一般民眾認為戲劇「晦淫、妨害善良風俗、有傷風化」的觀感，而且使得「過去不許女人及子女看戲的家長，反而敦促子女來看」。從此以後，一般人對於演員「不加輕視譏評」了，團員的家長也不再反對其子女演戲了。一時之間，新劇在台北風行，新劇團如雨後春筍般出現。

一九二六年一月，星光演劇研究會更到民風淳厚的宜蘭公演，把台灣新劇運動的種子散播到偏遠的後山。[1] 一九二七年五月，為了替施乾（1899-1944）主持的乞丐收容所愛愛寮募集資金，興蓋寮舍，星光增加了尾崎紅葉（1868-1903）「未完成」的《金色夜叉》劇碼，在永樂座及艋舺萬華戲園分別公演了四天及三天。也許因為《金色夜叉》是日本明治時代最暢銷的一部通俗悲劇小說，除各項開銷外，「淨賺幾千元」。張維賢也因此結識了倡設「人類之家」、「稻江義塾」的無政府主義者稻垣藤兵衛，並在其倡議下，結合周合源、林斐芳等無政府主義青年，組成孤魂聯盟，宣稱「孤魂就是生前孤獨、死後無寄的可憐靈魂，其悲慘哀痛恰似我們無產階級農民現在的生活。我們組織孤魂聯盟，就是要推動我等的光明及無產階級解放運動」。

儘管星光演劇研究會標榜「希望通過演劇而達到教化社會的目標」，但在日本殖民當局看來，它更重要的目的還是借演戲活動擴大無政府主義的思想影響，因而加以監管。再加上，張維賢熱衷孤魂聯盟的活動，劇團的發展又無其他團員熱心協助經營，漸漸地，星光演劇研究會便因為資金不足而自然解散。

通過星光的演劇活動與孤魂聯盟的社會實踐，張維賢深深體認到：在殖民當局用心良苦的愚民政策下，知識水準尚低的台灣一般大眾不能理解體會正在蓬勃發展的社會運動。他覺得，無論如何應先從事文化啟蒙運動，使台灣大眾有充分的理解力和判斷力之後再談別的，於是決心組織職業劇團，專門從事巡迴全島的演劇。他也深切知道，如不力求深造，過去業餘的演劇既無法代替擁有大量觀眾的舊戲和歌仔戲而深入民間，更無法得到知識階級的長期支持。二十三歲的他乃於一九二八年東渡日本東京築地小劇場學習。

---

1 一九二八年十二月，宜蘭街的無政府主義者黃天海（1904-1931）也在張維賢影響下組織宜蘭民烽劇團，排演托爾斯泰的作品及《金色夜叉》、《行屍》等劇本，直到一九二九年二月，因為缺之熱心的會員與經費拮据才解散。

二　在民烽劇團登台的宋非我

築地小劇場的指導者小山內薰（1881-1928），是「日本新劇之父」，就讀東京帝國大學英文科的一九〇三年發表梅特林克的《群盲》譯作而開始參與日本的新派劇[2]活動，後來對日本新派劇絕望，轉向歐洲近代劇創始人易卜生，並同島崎藤村和田山花袋等人組成易卜生會。一九〇九年十一月又與市川左團次二世（1880-1940）合作創立自由劇場，首次導演易卜生《約翰・蓋勃呂爾・博克曼》（森鷗外翻譯）的實驗演出，隨後又陸續導演了高爾基《夜店》（《在底層》）與梅特林克《奇蹟》等劇目。一九一二年年底出國考察，受到蘇聯莫斯科藝術劇院K.C.斯坦尼斯拉夫斯基（1863-1938）和德意志劇院的奧地利著名導演M.萊因哈特（1873-1943）的強烈影響，認識到戲劇的發展必須從上演「翻譯劇本時代」向演員的「演技時代」過渡。一九一三年十月，在自由劇場重新導演高爾基《夜店》和蘇聯白銀時代（大約1890-1920年）小說家安德烈耶夫（1871-1919）創作的劇本《走向星空》，積極開拓

一九二七年築地小劇場演出羅曼羅蘭的《狼》。（堀野正雄／攝）

戲劇的新道路。一九二三年九月關東大地震。一九二四年六月，他和土方與志（1898-1959）等弟子共同修建築地小劇場，作為新戲劇運動實驗基地，陸續導演了契訶夫的《海鷗》（日譯《白鳥之歌》）《櫻桃園》《三姐妹》《萬尼亞舅舅》《紀念日》，馬佐《休假日》，B.比昂松《新婚夫婦》，斯特林堡《閃電》，果戈理《欽差大臣》，坪內逍遙《修行者》，托爾斯泰《黑暗的勢力》，中村吉藏《大鹽平八郎》，北村小松《有人物的街頭風景》，莎士比亞《馬克白》（同青山杉作合作），秋田雨雀《國境之夜》，屠格涅夫《村居一月》，以及自編的《地獄》和《兒子》等劇目。

張維賢來到東京專攻演劇的一九二八年冬天，恰逢小山內薰逝世後築地小劇場分裂為「新築地劇團」和「劇團築地小劇場」。土方與志組建的「新築地劇團」加入無產

張維賢（右）在築地小劇場參與演出。（周合源提供）

2 所謂日本新派劇，初名壯士劇或書生劇，明治維新後改良歌舞劇而成，以寫實手法表現現實生活，用對話體自由發揮演出，並採用近代舞台裝置。

者劇團同盟，陸續上演了小林多喜二的《蟹工船》等無產階級戲劇，和官府的對抗逐漸變得激烈。另外，村山知義（1901-1977）「主持的左翼劇場，亦剛抬頭」（新協劇團）。日本新劇運動進入全盛時期。因此，張維賢就「像是出世不久的嬰兒」，與來自祖國大陸的「毛一波、丙希可等社會革命者、文學青年，常常充滿著知識分子的歷史感，漫遊神社之旁的墓園，研究、討論，並且因為在那裡看到許多勞動者的實際行動，而激動地不但動容，而且手口並動了」。

一九三〇年張維賢從東京返台，立即指導台北、彰化的無政府主義青年及剛剛成立的台灣勞動互助社，計畫新劇運動的再興。同年四月十二日，他寫好民烽劇團的宗旨、規約及宣言，致力招募團員。宣言強調「處今之世，如何諒解並關懷人生，並揭露那御用藝術的黑暗，是我們努力以赴的目標」。六月十五日，民烽演劇研究會創會式在台北蓬萊閣舉行。然後，應募而來的二十餘名會員，每天晚上七點半到十點，在研究會所研習以下課程：台灣語（連雅堂）、文學概論（謝春木）、演劇概論（黃天海）、音樂（吉宗一馬）、繪畫（楊佐三郎）、演劇史與演員的實際演技（張維賢）。大約半年之後，有的會員因為家長反對，外埠來的則因為住宿費用，走得只剩下十幾名。

一九三三年初，張維賢暫時中止了研究會的活動，再度赴日，到東京舞蹈學院學習達達魯庫羅茲（1865-1950）的律動運動（Dalcroze Eurhythmics）。半年後回台。他再度糾集昔日的研究生，另加幾個新進者，一面研究學習，一面準備再組劇團。正是這個時期，剛滿十七歲的宋獻章參加了劇團，從此投入台灣新劇運動。

一九三〇年六月十五日民烽演劇研究會創會式。（許月里提供）

一九二八年黃天海、張維賢（右一、二）、周合源（前拄杖者）與宜蘭民烽劇團團員在羅東車站前。（周合源提供）

投入台灣新劇運動隊伍的青年宋非我。

這次，在訓練方法上，張維賢「不重理論，而重實習」。他把思想「非常絕望」近於安德烈耶夫的猶大戲劇家達比特・賓斯基（David Pinski，1872-1959）創作的獨幕劇《一$》（A Dollar）做訓練劇本，「由淺入深，從實際研究訓練中，使之知由來，識本源……逐漸明白演劇的真諦。」入秋之後，他與這批學員就以民烽劇團的名義，假永樂座公演四天，劇碼是獨幕劇《飛》（徐公美作）、九幕劇《原始人的夢》（佐佐春雄作、張維賢改編）、獨幕劇《一$》（張維賢改編）及易卜生的五幕劇《國民公敵》（張維賢譯）。演出時，一切不可或缺的舞台設施都具備了，因此被認為是「台灣初次唯一的新劇公演」，備受各界，尤其是文化界人士的重視。

初上舞台的宋非我得到張維賢的賞識。但是，他也聽到一些劇團支持者在背後為他感到可惜，說他演得不錯，但年紀，說大不大，說小不小，實在沒有什麼前途。他聽到這些話，立刻去找張維賢，如實轉述聽到的批評，希望張維賢明說，他究竟是不是演戲的料？他強調，如果不是，不如趁早離開，不要耽誤劇團與自己的前途。張維賢聽了就笑著勉勵宋非我，說他已經是第三次組劇團了，一直到這次才發現宋非我這塊寶石。他並且提醒宋非我，在未來新劇運動前行的路上，一定要按著斯坦尼斯拉夫斯基的方向走，否則，就不要走演劇這條路。

張維賢應該是在築地劇場通過小山內薰而間接認識到世界三大表演體系之一的斯坦尼斯拉夫斯基體系（另外兩個是布萊希特體系以及梅蘭芳戲曲體系）。斯坦尼斯拉夫斯基既是蘇聯莫斯科藝術劇院創辦人，也是傑出的戲劇大師。他的一整套戲劇教學和表演體系總結了「體驗派」戲劇理論，強調現實主義原則，主張演員要沉浸在角色的情感之中，合二為一，進入「無我之境」，通過逼真的生活化的表演，在時空集中的舞台上再現生活。它注重將觀眾捲入戲劇，引導觀眾對戲劇產生感情，投入規定情境以進入情節，親近角色，最終置身劇情，接受感染，從而達到與觀眾間接交流的目的。它的美學特徵正是通過「移情——共鳴」的模式，讓演員通過情感間接體現劇作思想，製造逼真的生活幻覺。

對宋非我來說，張維賢的一席話不但堅定了他對自己在演劇上的信心，而且也指導了他一條前行的方向。這樣，他也因為受到無政府主義思想與斯坦尼斯拉夫斯基表演體系的影響，同時給自己取了一個藝名「非我」，意思是說我是「非我之我」，演出時要進入「無我之境」。

隔年（一九三四年）二月二十五日至二十八日，張維賢與在台灣出生的日本人中山侑（1909-1959）等組織的台北劇團協會，為了使一般大眾更易理解新劇，主辦為期四天的新劇祭。其中，二十七、二十八兩天，由民烽劇團與日本人組成的演劇俱樂部、新人座劇研究會及

宋非我在一九三四年的台北新劇祭嶄露頭角。

台北演劇集團在西門町榮座聯合公演。對民烽劇團來說，作為唯一獲邀參演的被殖民統治的台灣人劇團，這次的新劇祭意義非常重大。張維賢於是刻意選擇當時日本人比較熟悉的拉約斯・美拉（Lajos Biro，1880-1948）的作品《新郎》（花婿），改編為中國的故事，讓演員身穿中式服裝，以閩南話演出純粹中國風味的獨幕劇。宋非我足蹬三寸金蓮，反串劇中的「瘦姑媽」一角，並且榮獲新劇祭最佳演技獎。

新劇祭後，張維賢雖然努力要把民烽組成職業劇團，巡演全島，但因「經濟無著、演員不夠、沒有文藝部門人員」，以及「沒有戲劇作家」等種種主客觀的條件限制而作罷。這年春天，他「於是奔赴上海，打算一面考察劇運及實際舞台活動，一面也許可以為大陸的劇運，盡一份綿力。民烽劇團的活動從此停擺」。

三　皇民化下的轉軌

一九三六年九月，日本海軍預備役大將小林躋造接掌第十七任台灣總督。日本在台灣的殖民統治進入後期武官總督時代。隨著日本軍國主義侵略中國的進程，總督府對殖民地台灣的控管迅速加劇，並且強力推行去中華民族化的「皇民化運動」。一九三七年四月一日，首先下令全面禁止使用中文；《台灣日日新報》、《台灣新聞》、《台南新報》等三報的漢文版廢止，《台灣新民報》則縮減一半並限令於六月一日全面廢止。七七事變爆發後，日本軍國主義全面侵略中國。台灣殖民當局深恐台灣人心向祖國而對台灣的文化控制更加嚴厲，意圖以「大和文化」取代中華文化的意識型態與傳統習俗。同年九月，通過「強化國民意識」的國民精神總動員實施綱要，企圖從思想上消除台灣人民的祖國意識。「皇民化運動」也進入國民精神總動員時期。在皇民化政策之下，殖民地台灣作家被迫書寫「皇民文學」，教忠教孝的台灣傳統的歌仔戲、布袋戲強被禁演。然而，沉寂一時的台灣新劇，反而被當成宣傳工具，借著「皇民化劇團」的名義乘機抬頭。

一九三九年五月十九日，小林躋造在東京旅次中對記者宣稱：當前治台政策的三個重點為「皇民化、工業化與南進」。同年，宋非我參加了原星光演劇研究會台柱歐劍窗[3]與乾元藥行店東張清秀組織的職業性劇團——星光新劇團，全省巡演《何必情死》《火裡蓮花》及《金色夜叉》等劇碼，每個地方公演十天。一年後，也就是一九四〇年，劇團因為財務糾紛而分裂瓦解。歐劍窗於是出資，由宋非我糾集其妻月桂等演員，另組意在喚醒大眾的鐘聲新劇

宋非我的妻子月桂。

團，在台北萬華王祖厝排演《二人母》及《善者勝利》兩劇碼，然後巡迴全省公演。

宋非我為了更進一步學習劇場表演與理論，於這年的五月一日遠赴東瀛，進入日本大學綜合藝術科，一面學習斯坦尼斯拉夫斯基的戲劇體系，一面觀摩日本的左翼劇場。幾個月後，他因為父喪而回台，並且再度投入鐘聲劇團的巡迴公演。

一九四〇年五月到日本學習斯坦尼斯拉夫斯基戲劇體系的宋非我。

一九四一年年底，太平洋戰爭爆發。隨著時局緊迫，殖民當局對台灣劇團的管理監督更加嚴厲。一九四四年，甚至以在巡迴全省演出時積極宣傳抗日民族思想為由，拘捕歐劍窗入獄，嚴刑拷打而瘐死苦牢。

在這樣的政治壓制下，日據末期的宋非我不得不策略性地轉到廣播電台，主持放送劇。通過音波的放送，迂迴進行反對日本殖民統治的戲劇運動。他在一篇題為《愛的劇場——寫於文藝公演之際展望演藝界》的雜感，既透露了他當時的工作狀態，也一定程度上反映了他的戲劇審美的觀念。我們不妨看看他完整的論述，明的暗的，究竟要傳達什麼理念。他舉日本電影《音樂大進軍》和德國電影《希望音樂會》為例寫道：「敏銳的製片人總是會製作出符合當前時代要求的積極向上的作品。就算觀看這些極盡完美的作品，我仍察覺到後方依舊在追求著明快的作品。那麼，面對時代的要求，我們應該如何為國民提供積極的娛樂機構呢？關於這一點，時代的指導者，即建設緊追潮流娛樂機關的文人及藝術家們必須自覺地承擔起責任。換而言之，因為供給和需求總是相對的，所以要根據實際的使用限度。我們的工作應立足於在精神饑渴症患者出現缺少之前，先提前預備好精神食糧。然而，對於『台灣的演劇界是怎樣的？』這一問題，我必須有所反省。正是由於那些存在的問題，才導致台灣演劇或其他娛樂等方面，問題層出不窮。儘管如此，我並非僅埋頭於演劇之中，而是投身演播室，自言自語般，通過麥克風傳遞這些故事，有時候甚至覺得自己已經化身為配音演員。所以，與其說這篇小論是我的抱怨之詞，不如說是我渴望演劇有實質性發展的一個發言。今後的演劇界首先是需要一位『開明』的管理者。即需要一位熱愛藝術的資本家。需要這位管理者，既擁有資本家的手腕，同時也擁有藝術修養。因此，他需要兼具事業野心和藝術良心，並有將其合理利用的本領。另一方面，需要能在培養藝人的同時，又能夠在娛樂行業恣意地展現本領的人才。能夠看清時勢，頭腦靈活的藝術企業家渴求有兼具肚量、氣質、教養的演員。『學而不厭問而不恥』，適時活用每天浪費在牢騷、嫉妒等上面的時間，默默勤勉地

3 歐劍窗的父親名歐陽德，原籍廣東新會，入贅大稻埕陳家。劍窗名藤，承雙祧，戶籍名登記為陳歐陽藤。戶政單位以其易與日本人混淆而改登為陳歐藤。藤幼拜劍樓書塾主人趙一山為師。趙師為他取字劍窗，於是以字行。劍窗曾設帳於稻江（今迪化街）城隍廟右側，署其齋為「浪鷗室」，也曾開設漢醫私塾，又集其門人創立潛社，一九三三年改稱北台吟社，以詩歌鼓吹民族思想。劍窗素好戲劇，因此加入張維賢創立的星光演劇研究社，登台演出，漸成劇團台柱。

練習藝能，這樣才是真正的演員。文藝行業歡迎身心得到鍛煉且具有職業素養的演員。要駁斥『烏合之眾』、『底層垃圾』、『搬戲仔』等說法，最重要的是演員自身素養的提升。藝人要掌握吸引黑粉的藝術才能。最後，要改造不能將快樂明快的劇場和家人般的觀眾聯繫起來的『肥料聯合工廠』，要將其改造成連在攤上喝啤酒的客人都能吸引的完善型劇場。我希望未來的劇場能夠是這樣一個地方：走進劇場的觀眾就像在看自己的親朋好友在表演一樣，從而湧現對演劇的熱愛。」最後，他強調「在事物的發展過程中，難免會有不成熟的幼年期。」但是，「此前，大家對此（台灣的演劇）一直都是持排斥態度，而不是帶著培育的心態去看待事物的發展。」他相信，「就算現在演劇還很不成熟，但只要慢慢引導，不斷批判，台灣的演劇就能取得快速發展。」因此，他「希望有識之士能夠觀看文藝公演，文藝當局今後能夠發揮作用，台灣的藝能文化能夠開花結果。」（林娟芳譯）

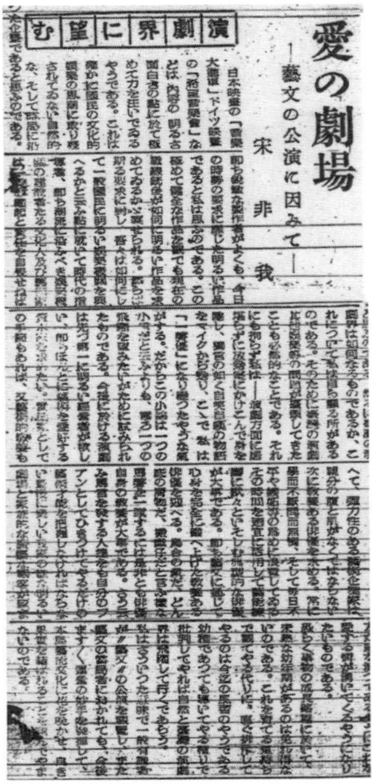
演劇界に望む

愛の劇場

―藝文の公演に因みて―

宋非我

在《興南新聞》發表的雜感。

這段時期，宋非我經常出入戲劇前輩王井泉在太平町（今延平北路二段）經營的山水亭（始於一九三九年三月），在這家被稱為殖民地台灣文化人「梁山泊」的台灣菜館，認識了《臺灣文學》雜誌的同仁。一九四二年五月帶著妻小從東京返台定居的呂赫若的日記，留下了幾則他

一九二八年十一月的王井泉（左）與張維賢（中）。

與宋非我交往的記載。例如，六月十八日，端午節，下午三點四十分，做客王井泉家的呂赫若與王井泉、張文環、呂泉生、任職台北放送局文藝部的中山侑等人，以及支持《臺灣文學》的日本人教授：台北帝大的金關丈夫（1897-1983，醫學博士、人類考古學家，倡議並主編《民俗台灣》）、中村哲（1912-2003，憲法學專家）和中井等教授，一行十二人，由士林下基隆河，坐小艇去社子看賽龍舟。但是，賽龍舟卻因有關當局沒批准而沒看成。於是由當地人請客，吃了非常豐盛的晚餐。他所提到的請客的社子「當地人」，可能就是任職台北放送局的宋非我吧。一九四三年四月二十三日下午，他與呂泉生找正在草擬「厚生演劇研究會」章程草案的呂赫若茶敘。五月二日，《臺灣文學》同仁又從台北橋乘舟泛淡水河到社子。六月二十九日下班後，他和呂赫若、張冬芳、林搏秋在山水亭喝啤酒，呂赫若答應接受宋非我所組新劇團的諮商等等。

宋非我也認識了剛從日本學習戲劇回台灣的簡國賢。因為同是戲劇工作者，簡國賢時常聽宋非我的放送劇。之後，他就經常編寫一些日文劇本提供給宋非我放送。主題主要是控訴日本帝國的殖民統治，描述一些路見不平、拔刀相助、伸張人民正義的故事，迂迴反對日本帝國主義。因此奠定了兩人在光復後的台灣劇壇共同戰鬥的基礎。

第三幕

尋找簡國賢

青年簡國賢。（簡劉里提供）

簡劉里女士。（藍博洲／攝）

歷經多方尋訪之後，我終於通過五〇年代白色恐怖時期因為桃園電信案而繫獄三十三年的徐文贊先生（1929-2021）的探聽，尋訪到了簡國賢遺孀的下落，並在徐先生的陪同下，前往桃園中山路一家中藥店的二樓，見到了蟄居簡國賢老家的簡劉里女士。但是，四十幾年了，簡國賢離家以後地方特務的騷擾，以及白色恐怖的陰影籠罩，依然使得簡劉里女士面對我們的來訪顯得有點坐立不安。在她那裡，我很難有條理地採訪到有關簡國賢的種種。至於簡國賢當年的照片、書籍及相關的書信，她說因為不堪忍受特務的騷擾並免累及無辜而付之一炬了。多年以後，她才由別的親友那裡看到一張面對鏡頭的結婚紀念照。

後來，我與餘悸猶存的簡劉里女士進行了長期的交往與訪談。一九九〇年元月五日，我也安排並陪同簡劉里女士及其養女同往苑裡，向當年收留簡國賢的石聰金先生及一對農民夫婦面謝。

再後來，我也通過簡劉里女士的介紹與作陪，先後於一九九〇年八月十三日與一九九四年五月三日，採訪了當年因為收留逃亡中的簡國賢而牽連入獄的童年好友陳克城先生，以及簡國賢的公學校同學王木財先生。通過採集這些相關的歷史見證人長期刻意遺忘的記憶，聆聽他們有所保留的敘述，我逐漸進入簡國賢的生命，並在歷經多年的尋訪之後，寫成〈尋找劇作家簡國賢〉一文，於一九九〇年十月十四、十五兩日在曾經短暫任職的《自立早報》「人間實錄」版發表。這篇非虛構的報導文學後來也被選入爾雅出版社印行的《七十九年短篇小說選》。

二十四年以後的二〇一四年五月，隨著台北國史館印行出版《戰後臺灣政治案件簡國賢案史料彙編》，以及檔案局的檔案解密，我又看到了以往不能看見的與簡國賢有關的大量官方文書。

簡國賢夫婦結婚紀念照。

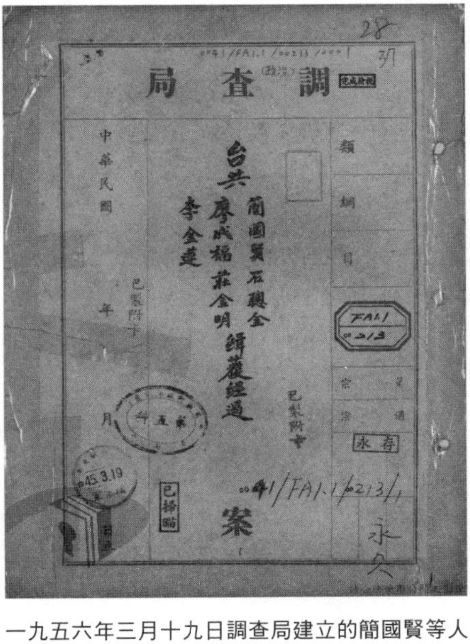

調查局

類
綱
目

台共
簡國賢 石聰金
廖成福 莊金明
李金蓮
緝獲經過

中華民國 年 月

案

一九五六年三月十九日調查局建立的簡國賢等人檔案。

不管這些文件是否完全符合事實，既然存在，總是應該去面對並處理的史料吧。基於歷史的責任，我於是重新展開尋找劇作家簡國賢的工作，沉浸面對這些字跡潦草而難以辨讀的冰冷史料，從中探尋並改寫劇作家在歷史的長河走過的斑斑血路。

一 擬從宗教改造社會的少年

根據戶籍資料所載，簡國賢出生於日據下的一九一七年二月二十日，生父謝喜，生母張得，排行五男。但他從小就被簡家收養。養父簡觀雲是漢學家、漢醫，養母簡林冰。他們自己沒有兒子而全力栽培簡國賢。簡國賢的成績總是排在前六名，桃園公學校同學王木財說，畢業後去台北念台灣商工學校（今開南商工前身）。

「從小，簡國賢就經常輔導我做功課。」年紀比簡國賢大一、二歲的陳克誠說。一九五四年四月三日，他在台灣省保安司令部軍法處看守所第十五押房寫的陳情報告，比較詳細地敘述了他與簡國賢「認識之動機及情形」謂：「在押人十七年前（一九三七年）患嚴重肺病，住簡家，經其父親（業醫師）醫治。其間，（病況）厲害，吐血數次，躺在床上，聽從醫師之戒，嚴守死體形，安靜不動。大小便，吃稀飯，擦澡，皆由簡國賢親自照料。十數天，日夜不離地懇切看護，且他絲毫不介意被傳染之危險，連在押人吃剩下來之菜也敢吃。情比親兄弟較濃。且當時因一般認為肺病是死病（在押人長兄也二十歲時患肺病死亡）。在病之痛苦與悲觀心理交集之下，突生厭世，企圖自殺，也被簡國賢隨機防止。由他安慰勉勵二、三個月後，離開簡家。回家後，他繼續地常送來藥品、營養品、肺病療養書（和）基督教書。有時接到在押人因病情不順而悲觀的信，他即日不辭南北距離二百多公里之遠路趕來勸慰，使在押人我感激流眼淚。」

然而，一九五四年四月二十一日，同看守所第十六押房，簡國賢養母的結拜姐妹的兒子陳定坤所寫的陳情報告，與他「實屬親戚關係」的簡國賢卻有著另外一種完全不同的性格面貌。他說：「民與他的性格，自少年時起就相反而互相不能容納……又簡國賢生平性情粗暴而且狂傲。因此民自幼以來就很害怕他的牢騷（他的父母姐妹也同樣害怕他）。少年時代以來，他與民打架十數次，皆由他的母親勸解。」儘管如此，台灣商工學校畢業後，簡國賢於一九四一年赴日本東京，就讀日本大學文科藝術科，並與在東京讀齒科的姐姐罔市租屋同住。那時候，就讀順天中學的陳定坤，還是與他們同住了約二、三個月。

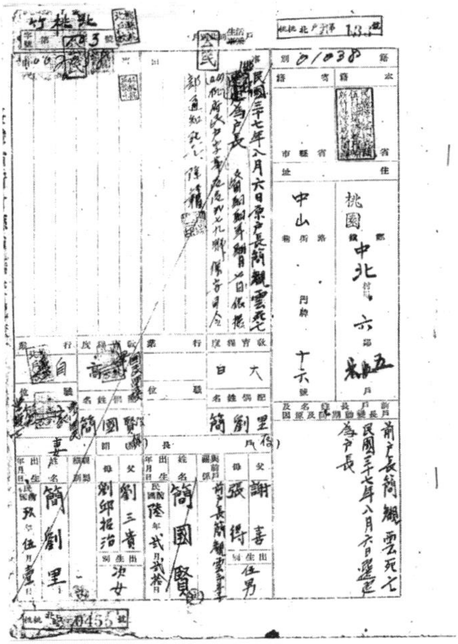
簡國賢戶籍資料。（簡劉里提供）

「他時常關心在押人之病體。」陳克誠的陳情報告繼續寫道，「連他在日本東京遊學時，得到在押人〔又〕住台北帝國大學附屬醫院醫治肺病之消息，不但時常寄送營養品、慰問信來安慰，且請其兩親帶藥來探病等。受他這樣友情關照，在押人非常感激萬分，深深銘感在五腑，以他為在押人再生之恩人。而後每逢舊病復發，必受他寄藥照料。日據時代，因單身無眷，如逢有事上北，必定訪問簡家，受他兩親好像對親生子般之親熱歡迎」。

陳克誠因此與簡國賢自然產生了「彼此溫暖不勝可貴之友情」。

可以想像，陳定坤的上述說詞，其中有事實，可能也有為了脫案而說的不實部分吧。然而，不管實或不實，在歷史長期被湮滅的情況下，它們都是能夠幫助我們側面理解簡國賢及其時代面貌的證言之一吧。而陳定坤出獄之後顯然沒有與簡劉里來往聯繫。所以，我也沒有機會當面聆聽他訴說他和簡國賢有過怎樣的牽連。尤其是，他們在東京那段同居歲月的具體情況。我只在他的報告中看到，「自少年時以來」即「虔信我主耶穌基督新教」的他「二十一歲時在〔東京的〕柏木教會施洗禮」。

那麼，彼時的簡國賢也是基督的信徒嗎？陳克誠在接受我的採訪時說，簡國賢在日本留學時喜歡念哲學，非常景仰基督教社會主義者賀川豐彥和日本淨土真宗的開山初祖親鸞上人。據悉，賀川豐彥（1888-1960）組織過日本第一個勞工團體勞工聯合會（1918），創立了第一個農民合作組織農民聯盟（1921）和反戰同盟（1928），是日本大正至昭和時代的一位基督教社會運動家、社會改良家、工農領袖、和平主義者與作家，也是戰前日本勞動運動、農民運動、無產階級政黨運動和消費合作社運動中的重要人物。因為他實踐了基督教的博愛精神而被稱為「貧民街的聖者」。親鸞（1173-1262）則是日本鎌倉時代（1185-1333）的佛教改革家，以農村為基礎布教，創立「淨土真宗」，不十分注重勤修稱名念佛，強調「信心正因」，並提出「惡人正機」，認為惡人正是阿彌陀佛拯救的對象。在宗風上，還允許僧侶食肉、娶妻。受了他們的精神影響，簡國賢也曾經在西田天香（1872-1968）和尚的弘法道場——燈園寺（一九〇五年成立於京都）剃髮。西田天香依據青年時期的宗教體驗，積極推動無我、離欲、懺悔等精神運動，又仿印度甘地的「完全自治運動」之名，設立「籽鄗群撣劇團」，致力於文化、出版、教育等事業。簡國賢跟隨他苦修了一年，經常穿著袈裟沿街托缽，並且到妓女區打掃廁所，然後再把世人的奉獻拿回廟裡，讓所有的修行者一起享用。

「我少年即抱定思惟人生與社會改造問題，擬從宗教方面改造社會，」一九五三年十二月十七日簡國賢被捕後的「談話筆錄（第一次）」寫道，

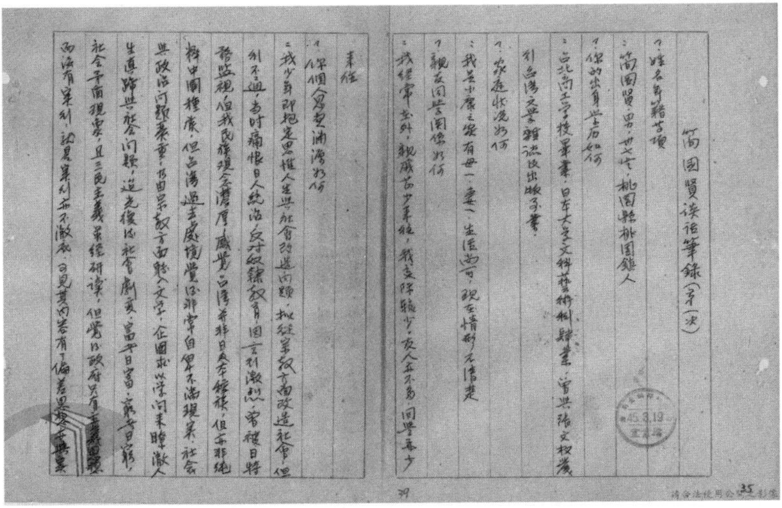
簡國賢談話筆錄（第一次）
問：姓名年籍等項
答：簡國賢，男，卅七歲，桃園縣桃園鎮人
問：你的出身學歷如何
答：台北商工學校畢業，日本大學文科藝術科肄業，曾與張文環等
創台灣文學雜誌及出版各書。
問：家庭狀況如何
答：我是小康之家，有母一、妻一，生活尚可，現在情形不清楚
問：親友同學關係如何
答：我經常出外，親戚甚少來往，我交際較少，友人亦不多，同學甚少
來往
問：你個人思想演變如何
答：我少年即抱定思惟人生與社會改造問題，擬從宗教方面改造社會，但
[illegible]不過，當時痛恨日人統治，反對奴隸教育，因之被激起，曾被日特
務監視，但我民族思想濃厚，感覺台灣並非日本領土，但亦非純
粹中國領土，但台灣過去處境覺得非常自卑不滿現實，社會
與政治問題嚴重，由宗教方面轉入文學，企圖求以學問來喚醒人
生真諦與社會問題，遂光復後從事社會劇運，富者日富，窮者日窮，
社會全面現象，且三民主義雖經研讀，但覺得政府只有[illegible]
而沒有實行，結果實行亦不徹底，可見其內容有了偏差[illegible]
45.3.19
39
請合法使用公[illegible]之影像 35

一九五三年十二月十七日簡國賢第一次偵訊筆錄首頁。

「但行不通。當時痛恨日人統治，反對奴隸教育，因言行激烈，曾被日本特務監視。但我民族觀念濃厚，感覺台灣並非日本種族，但亦非純粹中國種族。但因台灣過去處境，覺得非常自卑，不滿現實，社會與政治問題嚴重，乃由宗教方面轉入文學，企圖求以學問來瞭澈人生真諦與社會問題」。

二　日據下的戲劇活動

我們大體知道了青年簡國賢的思想與文藝審美的傾向。但是，我們無法確知的是，他究竟何時回到台灣從事戲劇創作。劉里知道的是，就在簡國賢前往日本留學的那年年底，太平洋戰爭爆發。之後，她應召被派赴香港陸軍醫院當看護。當盟軍猛烈空襲台灣時，她又回到台灣，改調桃園街役場（鎮公所）任職。不久，二十五歲的她就奉父母之命，與剛從日本回來，虛歲二十八的同鄉青年簡國賢結婚。婚後，她仍然在街役場上班。簡國賢則待在家裡埋頭寫劇本。可她一個婦道人家，對他的寫作事業所知不多，只知道都是一些控訴日本殖民統治的作品。

一九三七年日本全面侵略中國的戰爭爆發後，殖民當局積極推動皇民化政策，文化管制日趨嚴厲，禁用漢語和方言，全面禁演歌仔戲、布袋戲等台灣傳統戲劇，新劇運動也隨著銷聲匿跡。但是，殖民當局以公學校及街庄役所（鄉鎮公所）為中心，由公學校老師領導青年團從事演劇活動，積極展開由青年自創劇本、進行排練，並在各地公會堂上演的青年劇。一九四一年四月，台灣皇民奉公會成立，並在中央本部娛樂委員會之下設置電影、演藝、音樂及其他等四個分會，積極推動各地青年演劇活動，作為推動皇民化劇的主力。桃園親日士紳簡朗山之子簡長春等人在桃園街役場組織皇民奉公會，同時奉命組織雙葉會，作為演劇奉公團體。一九四二年三月十三日，皇民奉公會的外圍行政機構台灣演劇協會成立，作為管理劇團、樂團與劇本審查取締的指導機關。台灣戲劇界正式進入國家機器統制時期。殖民當局更將青年團編入皇民奉公會青年壯年團，加強統一團員的活動，並利用青年劇充作宣傳工具。

簡國賢的公學校同學王木財加入了桃園雙葉會。他說，劇團的主要成員是公務員，以及像簡國賢、林摶秋（1920-1998）那樣從日本學戲劇回來的人。他們經常在武陵里車站對面的林家，由林摶秋導演，排練以寫作維生的簡國賢編寫的劇本。他記得的劇目有《桃太郎的美國之行》《茶花女》《大鼻子的故事》等等。正當日本政府利用改編的皇民奉公會青壯團的戲劇宣傳，極力壓迫台灣人民的文化運動之時，一九四三年一月十七日，桃園雙葉會卻演出一齣簡國賢編劇、林摶秋導演，以吳鳳「殺身成仁」的故事為主題的民族劇《阿里山》。

一九四七年八月二十日，黃得時為了介紹陳大禹編導的《吳鳳》演出而撰寫的〈吳鳳史

要求「藝能奉公」的皇民化劇。

實的戲劇化〉指出，吳鳳的史實最初見於《雲林採訪冊》，後來連雅堂的《臺灣通史》卷三十一也有一篇《吳鳳列傳》。日據時期，小學校及公學校的教科書均採「吳鳳殉職」的史實做教材。一九四〇年，他自己「完全是為青年演劇寫成」的三幕劇《義人吳鳳》，「恐怕是吳鳳正式踏上舞台的第一步」。簡國賢就是「根據這篇《義人吳鳳》，翻案為《阿里山》」的「吳鳳演劇化的第二次」。

《阿里山》一劇是桃園雙葉會第四次公演的劇目，演出地點在桃園座。它「增加幕數」，以較好的內容，並請呂泉生負責舞台音樂，「加強音樂效果」，對抗皇民奉公會所屬農村厚生挺身隊的公演。

呂赫若在日記寫道，公演當天，他和中山侑、張文環等《臺灣文學》同仁專程坐火車去桃園看戲。在劇場，他們與簡國賢、林摶秋見了面。其後，台灣演劇協會實際負責人松居桃樓（1910-1994）也來一同吃晚飯。七點，演出開始。呂赫若看了覺得「相當好」，讓他「感動讚賞」，尤其認為簡國賢的「那個劇本很好」，從而督促「自己也一定要嘗試描寫吳鳳」。

《阿里山》頗受好評。台灣總督府因此邀請雙葉會於二月十二日在台北公會堂（今中山堂）的「台灣文化獎之夜」加演一場。二月一日，林摶秋於是與呂赫若洽談合作事宜，並一起和呂泉生討論音樂。四日，林摶秋和簡國賢又去找呂赫若商量《阿里山》公演的事情。五日，林摶秋再與呂赫若商量《阿里山》公演的事宜，最後「硬是」把呂赫若拉去參加演出。

二月八日早上，呂赫寫就一篇題為《阿里山——雙葉會的公演》劇評，並於十二日的《興南

《阿里山》劇照。（簡劉里提供）

新聞》刊出。他大加讚賞「《阿里山》一劇不論在劇本、演員、導演、演出過程或是幕後工作的合作上，都達到了渾然一體的境界；其中，簡國賢編作的劇本極具技巧，不僅台詞優美，並且適度掌握了劇中人物的性格描寫及心理狀況的表現。」同時也敏銳指出「通事吳鳳『殺身成仁』的主題牽涉到歷史的、哲學上的諸多問題，不能不考慮時代的考證等問題。」當天晚上，台灣總督長谷川清親臨台北市公會堂觀賞《阿里山》。呂赫若又化了妝，身穿鄒族傳統服飾，在第一幕「祭神」開幕之前，客串演唱作曲家江文也的作品。這種戲劇與管弦樂團、聲樂家的組合表演是台灣新劇的一大突破，因而使觀眾對新劇產生新的期許。雙葉會也因為《阿里山》一劇在編導等方面的成熟，成為備受矚目的青年劇團體。

其後，簡國賢與林摶秋、呂泉生也參與了以王井泉、張文環、呂赫若等為核心的《臺灣文學》雜誌同仁的厚生演劇研究會籌組工作。四月二十九日，集結台灣的文學、戲劇、音樂、美術等各界菁英的厚生演劇研究會在台北山水亭成立了。它強調以「台灣」為主體的戲劇革新立場，主張「戲劇取材應以本地人民

呂赫若（第二排右三）在《阿里山》演出後與雙葉會成員合影。（簡劉里提供）

的生活情感以及時勢為對象」，反對戰時官方主導的戲劇改造方針。與此同時，它也由文藝演出部主任林摶秋帶領來自桃園、士林、新莊、三重埔一帶的演員，像「一步步前進的牛」那般，「從《地熱》四場開始」，一本接一本地閱讀「〈閹雞〉（前篇）二幕六場、〈從山上看見街市的燈火〉三景、〈高砂館〉四場、〈巴達維亞的暴風〉三場、〈雲雀姑娘〉六場」等腳本。

七月十三日，簡國賢與呂赫若一起去看了電影《夜晚的探戈》。十九日，林摶秋首先在《興南新聞》發表〈一步步前進的牛——「厚生演劇」導演手記〉，為即將舉行的公演展開宣傳。二十六日，作為「編導助手」的簡國賢也在《興南新聞》通過〈牛涎：猶如濡浸熱情之火炬〉一文，發表一個劇作家的心聲說：「台灣演劇的現狀是非常寂寥的，最難忍受的正是這種寂寥之感逼上心頭……荒地上的雜草總是要除掉。要揮下開拓的鋤頭就只有靠年輕生命的熱情與力量了。我們因而出發。我們大家都沒有經驗。我們都很貧窮。我們只是想著，從現在開始要認真地活著！要認真地創造！這裡面有我們的夢，有我們的理想，有我們的歡喜，也有我們的煩惱。演劇這條道路，表面上看來充滿著華麗的色彩，但實際上卻是踏襲秋霜前進的一條嚴苛的道路。藝通於道，所以是藝道。藝就是要磨練、試煉我們的靈魂。有志於樹立新文化的我們，將以演劇探求在這個時代中真摯地生存的方法。」他同時對台灣總督府推廣「國民戲劇」及宣揚皇民化政策的戲劇指導者松居桃樓展開批判云：「現在是『國民演劇』高唱入雲的時代。在特殊情況下的台灣提倡『國民演劇』，不用說，非得有特殊的方法不可。形成國民意識的原理是不變的，但不是那種馬上能有具體掌握、直接就能出示該如何之類的事情。」他隨即反問，那麼，「台灣的戲劇將被導引到什麼方向呢？」他強調「這正是我等肩負之責任，不用說，這絕非一朝一夕能完成之事，必須要有恆心做下去才行。正如卡賓特所說：『讓熱情安靜地燃燒吧！猶如濡浸的火炬。』」簡國賢所指的台灣戲劇的道路與方向，就是厚生演劇研究會正在努力進行著的排練。他進而指出：「這三個月來，我們一直默默地工作著，距離發表的日子也近了。林摶秋說：『我們是一步步前進的牛。』一步一步像牛般，我們踏實地走過來，行進中的牛會淌下口涎吧！牛的口涎總是一派悠然自得，緩慢而下的樣子，因而想到『牛涎』這句話，演劇的道路也必須像牛涎一樣呀！」[1]

七月三十一日，《臺灣文學》第三卷第三號發行。原先在林摶秋排練劇目之一的簡國賢日文創作的六景戲曲〈ひばり娘（雲雀姑娘）〉，也在本號雜誌發表。

ひばり娘（六景）
簡國賢
第一景

簡國賢《雲雀姑娘》刊於《臺灣文學》第三卷第三號。

八月九日，厚生演劇研究會負責人王井泉又在《興南新聞》發表〈一粒麥子不死——從民烽到「厚生」的回憶〉，宣示了該會承繼民烽劇團展開「第二期新劇運動」的歷史使命，指出「直接將內地日本的新劇照本宣科地移植是無法解決問題的」，「必須敏銳地攝取觀眾中流動的生活感情以及時勢」，同時主張「唯有將現實理想化，理想現實化之後，才會出現感人的戲劇」。

這樣，九月三日起，一連六天，厚生演劇研究會在台北市永樂座演出由林摶秋編導的〈閹雞〉（張文環原著，呂泉生負責音樂）、〈高砂館〉、〈從山上看見街市的燈火〉及〈地熱〉等充滿民族意識的戲劇。宋非我還在〈地熱〉演出後與觀眾現場「漫談」。這四齣戲以閩南語演出，舞台設計和服裝也都符合台灣的現實，受到台、日人文化界高度矚目而被譽為「台灣新劇運動之黎明」。但是，隨著戰局激化，厚生演劇研究會原擬公演結束後繼續活動的計畫不得不中輟。到了年底，《臺灣文學》雜誌被迫停刊。簡國賢的戲劇活動也暫告中止了。

興南新聞

一粒の麥は死なず

「民烽」から「厚生」への思出

王井泉

ビルマは獨立した

山本和夫

一九四三年八月九日王井泉〈一粒麥子不死——從民烽到「厚生」的回憶〉。

1 轉引石婉舜《一九四三年台灣「厚生演劇研究會」研究》。

❶ 簡國賢遺存的《閹雞》劇照。
❷ 簡國賢遺存的《高砂館》劇照。
❸ 簡國賢遺存的《地熱》劇照。
（以上皆由簡劉里提供）

第四幕

聖烽演劇研究會

一九四五年八月十五日，日本天皇宣布無條件投降。日據五十年的殖民地台灣在開羅宣言與波茨坦條約規定下回歸中國。台灣民眾歷經日據末期戰時統制的黑天暗地、盟軍飛機轟炸時無助的呼天喚地，忽然進入到歡天喜地的狂喜狀態之中。

光復之前，簡國賢還寫了一個題為〈派出所日記〉的劇本。王木財回憶說，大轟炸期間，他擔心在台灣總督府第四課任職的好友林金助的安危，先是在轟炸中即冒險去找他，轟炸後又強拉林的後母的兒子，一起在煙火未熄焦味猶存的現場翻找，最終找到林金助被炸死的遺體。對此，簡劉里女士也追憶說，他還因此悲痛地哭了三天，飯都沒吃。後來，他聽到日本戰敗的消息，就興奮地跑到桃園街上大喊：台灣光復了，中國萬歲。當晚，入睡前，他還故意嚇唬曾經在香港的日本陸軍醫院服務的劉里，說現在日本投降了，妳就要受處分了。經他一嚇，劉里再怎麼也無法安心入睡，立即爬起來，把她當看護士的那些照片和證件統統燒掉。

一　簡國賢與宋非我再度合作

一九四五年九月三日，原台灣義勇隊副總隊長張克敏（1909-？）飛抵台灣，奉台灣義勇隊隊長、「三民主義青年團台灣區團部」主任李友邦（1906-1952）之命，籌畫成立國民黨三青團台灣區團。他隨即與日據時代的台共、文化協會、農民組合、工友會等組織成員頻繁接觸，吸納他們參加三青團，並分任各地分會的負責人。簡國賢在前述被捕後第一次《談話筆錄》中交代，光復後，他目睹「社會劇變，富者日富，窮者日窮，社會矛盾現象」百出，於是如同許多不瞭解祖國實況的台灣進步人士一樣，懷著建設三民主義新台灣的高度熱情，認真研讀了三民主義。但是，後來「覺得政府只有主義思想而沒有實行，就是實行也不徹底。」因此認為陳儀接收政府的施政「內容有了偏差，思想也與實際裂開，名不副實」，因而「就想用文學來改變社會風氣」。

此時，宋非我在中國廣播公司台灣廣播電台（XUPA）任職閩南語播音，經常在節目中播講取材現實生活而編作的故事。簡國賢於是又與宋非我合作，通過廣播劇針貶時政。隨著台灣社會的經濟破敗，接收官員貪汙、顢頇的作風，民怨四起，宋非我就以簡國賢提供的腳本為基礎，再組織點材料，以《土地公漫遊記》為名，利用廣播劇的形式，打響他在光復後以戲劇批評時政的第一炮。

《土地公漫遊記》的內容大致是說：作為廣播記者的我（播音員），目睹了光復以來台灣社會的種種怪現象，於是懷著焦慮與不滿來到觀音山下獅仔頭的土地公廟，邀請土地公出巡人間。我慫恿土地公說，光復到現在有一段時日了，社會也都變了樣，土地公也該出來走走，看看人間的熱鬧。土地公禁不起我的慫恿，就帶著土地婆一起出遊。然而，他們從北到南，走遍台灣各地的大城小鎮，看到的盡是官員的貪汙歪哥，以及老百姓困苦度日的慘狀。土地公於是藉由講述出遊各地的見聞，把接收官員貪汙投機的勾當統統揭露出來。身邊的土地婆一路提心吊膽，勸阻土地公說你自己不怕死沒關係，但不要連累我，得罪了這些有權有勢的官員，可不是鬧著玩的。雖然如此，土地公還是堅持說下去。

由於《土地公漫遊記》是一齣諷刺接收官員「花天酒地」的廣播連續劇，很快就贏得了無數從光復時的「歡天喜地」轉而「呼天喚地」的民眾的收聽與歡迎。就在這樣的基礎上，宋非我和簡國賢又合作了舞台劇《壁》的演出。

二　聖烽演劇研究會

一九四六年四月十日晚上，簡國賢用日文完成了獨幕劇《壁》的創作，隨即自己譯為中文，然後再由預定擔綱出演主角的宋非我於同月十三日完成可以用閩南語演出的編譯劇本。所以，光是《壁》的演出就有日文、中文和閩南語三種劇本。這也可以算是世界戲劇史的特例吧。

簡國賢和宋非我隨即找了林摶秋，希望他來導這齣戲。林摶秋看完劇本後覺得這齣戲很有人道主義，但是紅通通的。他因為以前做戲被關過，知道政治的厲害，就沒答應接這齣戲，並且善意地勸他們說做這樣的戲好嗎？[1] 簡國賢和宋非我並沒有因此而畏縮。宋非我於是

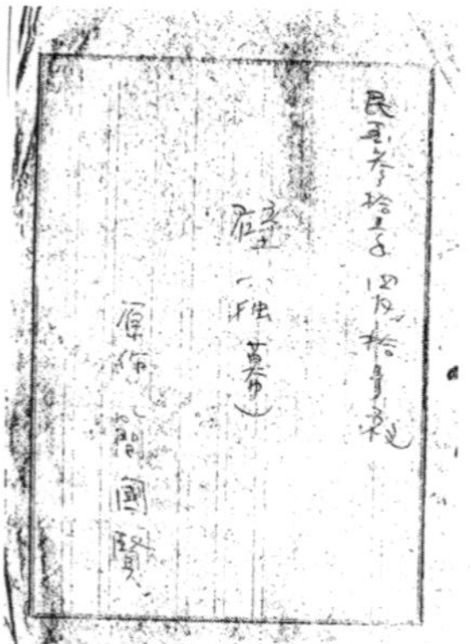

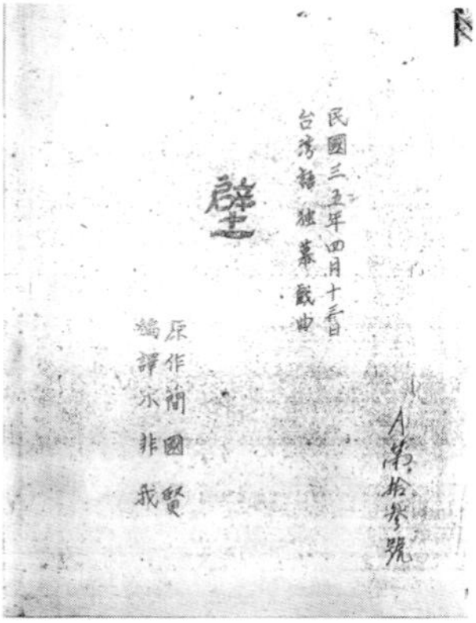

一九四六年四月十日簡國賢用日文完成獨幕劇《壁》的創作，以及《壁》的閩南語版。

決定自己來導這齣戲，並且結合了日據末期台灣幾個劇團的成員，組成聖烽演劇研究會。

從名稱可以看出來，聖烽演劇研究會自覺地要繼承張維賢的民烽演劇研究會與民烽劇團未完成的戲劇理想。聖烽的會長由宋非我自任，副會長是劇團財務實際支持者江金章醫生。另外，原《臺灣文學》創刊的兩根主要支柱——山水亭老闆王井泉與作家張文環掛名顧問代表。簡國賢的頭銜是文藝部代表，顧名思義是劇團的編劇人。當然，它也可以說是厚生演劇研究會在光復後的台灣的繼承與發揚吧。

五月二十六日。聖烽演劇研究會以〈搬戲頭乞食尾〉為題，用宋非我擬寫的「閩南話文」對外宣佈成立宗旨。它針對「有精神光眼可看戲的兄弟姐妹」宣稱：「全世界愈有文明的一等國，即愈愛搬戲，戲即愈賢搬，搬戲愈發展，國家的文化即愈高，這是通天下的文化行情及歷史上已經有證明了，但是證明經過了幾千萬代人的今仔日，聽講咱台灣的文化猶原有普通徹底，不拘現時又時常再聽

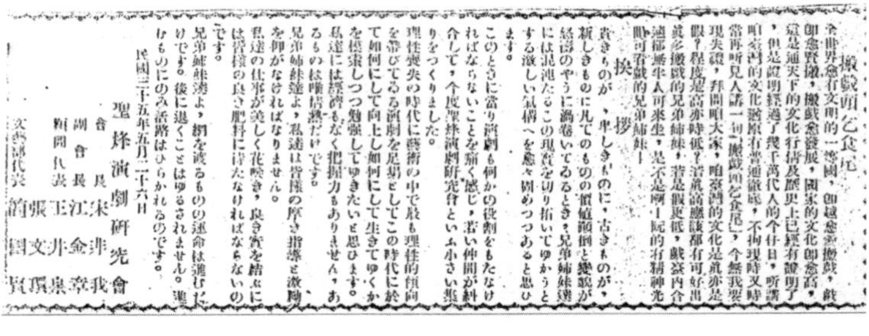
搬戲頭乞食尾

全世界愈有文明的一等國，卽愈愛搬戲，戲卽愈賢搬，搬戲愈發展，國家的文化卽愈高，這是通天下的文化行情及歷史上已經有證明了，但是證明經過了幾千萬代人的今仔日，聽講咱台灣的文化猶原有普通徹底，不拘現時又時常再聽見人講一句「搬戲頭乞食尾」，今無我要現失禮，拜問咱大家，咱臺灣的文化是眞亦是假？程度是高亦時低？若眞高應該都有可好出眞多搬戲的兄弟姉妹，若是假更低，戲臺內合適都無半人可來坐，是不是啊！阮的有精神光眼可看戲的兄弟姉妹！

挨拶

貴きものが、卑しきものに、古きものが、新しきものに凡てのものの價値顚倒と變貌が旋渦のやうに渦卷いてゐるとき、兄弟姉妹達には混沌たるこの現實を切り拓いてゆかうとする激しい氣構へを愈々固めつつあると思ひます。

このときに當り演劇も何かの役割をもたなければならないことを痛く感じ，若い仲間が糾合して，今度聖烽演劇研究會といふ小さい集りをつくりました。

理性喪失の時代に藝術の中で最も理性的傾向を帶びてゐる演劇を足場としてこの時代に於て如何にして向上し如何にして生きてゆくかを模索しつつ勉强してゆきたいと思ひます。

私達には經濟もなく把握力もありません，あるものは唯情熱だけです。

兄弟姉妹達よ，私達は皆樣の厚き指導と激勵を仰がなければなりません。

私達の仕事が美しく花咲き，良き實を結ぶには皆樣の良き肥料に待たなければならないのです。

兄弟姉妹達よ，網を渡るものの運命は進むだけです。後に退くことはゆるされません。進むものにのみ活路はひらかれるのです。

民國三十五年五月二十六日

聖烽演劇研究會

會長 宋非我
副會長 江金章
顧問代表 王井泉 張文環
文藝部代表 簡國賢

一九四六年五月二十六日聖烽演劇研究會的成立宣言。

1 石婉舜《林摶秋》，頁一一六，二〇〇三年台北藝術大學出版。

見人講一句『搬戲頭乞食尾』，今無我要現失禮，拜問咱大家，咱台灣的文化是真亦是假？程度是高亦是低？若真高，應該都有可好出真多搬戲的兄弟姐妹，若是假更低，戲台內合適都無半人可來坐，是不是啊！」它接著又通過日文〈致辭〉[2]公開宣稱：「高貴的變成卑鄙的，陳舊的變成新潮的，在所有事物價值顛倒和變貌，像怒濤一樣捲入漩渦中時，兄弟姐妹們想必愈來愈堅定開拓混沌的現實的激烈思想準備，在此當兒，痛感演劇也必須發揮作用，於是集合年輕朋友，組成聖烽演劇研究會。」它強調，「在喪失理性的時代」，聖烽演劇研究會「以在藝術中最具理性傾向的演劇為立足點，摸索、學習如何在這樣的時代向上，以及如何生存下去。」但是，他們「既無經濟也無把握力，有的只是熱情。」因此它呼籲社會上的「兄弟姐妹們」說，他們「必須仰仗各位的誠摯指導和激勵」，他們的「工作必須等待各位的施肥，才能開花結果。」它也向「兄弟姐妹們」保證說，他們的命運就像「走鋼索者的命運是只能前進，不許後退。惟有勇敢前進者才能開拓活路。」同日，聖烽演劇研究會在省屬《台灣新生報》刊登簡國賢原作獨幕劇《壁》六月「舞台實演試聽」與「宋非我廣播」試聽的廣告，也向「兄弟姐妹」喊話說：「如何看待現代的眾生相呢我們必須具有尖銳的現實批判的眼光我們的演劇也從那兒出發」，同時高喊如下熱烈的口號：「我們沒有藝術」、「我們沒有妝作」、「我們只有熱火」。當天晚上八點至九點，宋非我就應台灣廣播電台（XUPA）之邀，在該台發表台灣第一次以閩南語廣播的「話劇」——《壁》。之後，支持聖烽演劇研究會這次公演的《大明報》，立即以「本省文化界の烽火」為題，預告獨幕劇《壁》將於六月九日起在中山堂公演。它寫道：「在理性喪失的時代，以藝術中最具理性傾向的演劇為立足點，不斷追究於此時代如何向上、如何活下去的聖烽演劇研究會，上回通過 XUPA 於五月二十六日播放宋非我編導的名作——獨幕劇《壁》，忽然間使全省六百萬老幼男女的血潮洶湧，神魂恍惚。本社感到這次劇作所持有的真實性和文化性，有深遠偉大的意義，想廣泛向各界介紹，從九號到十三號，五日間，在中山堂舉行舞台公演。《壁》所具有的文化意義，已經有本省演劇界的巨擘聯名推薦。本社籌畫這次公演，不只能阻止本省的文化退步，事實上也能促進本省文化的向上。因此，想要追求真理的青年男女喲，來觀賞吧！眾生相的內幕在這裡被揭發，時代的批判也在這裡總結！」

六月八日。聖烽演劇研究會又在《台灣新生報》刊登了一則公演廣告：「大明報社主催／劇團宋非我第一回發表會／明天起五日間在中山堂」，開演宋非我編作三幕《羅漢赴會》與簡國賢原作獨幕劇《壁》，時間是「晝一時半」與「夜七時半」，預售「會員券」十三圓。該廣告詞再一次呼籲：「是時代良心的年輕

2 本節的日文材料無註明者均由世新大學劉孝春教授中譯，謹此致謝。

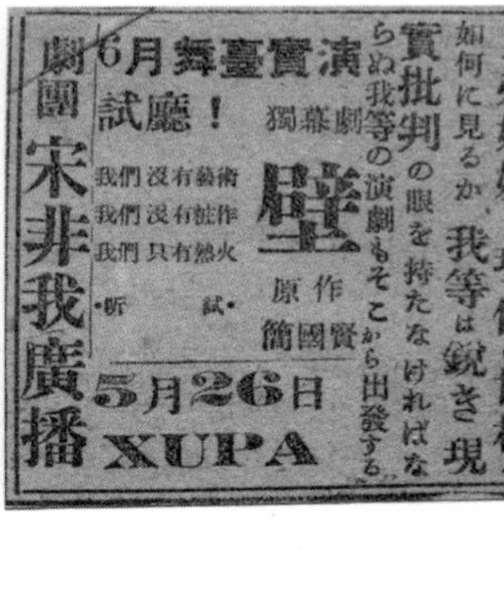

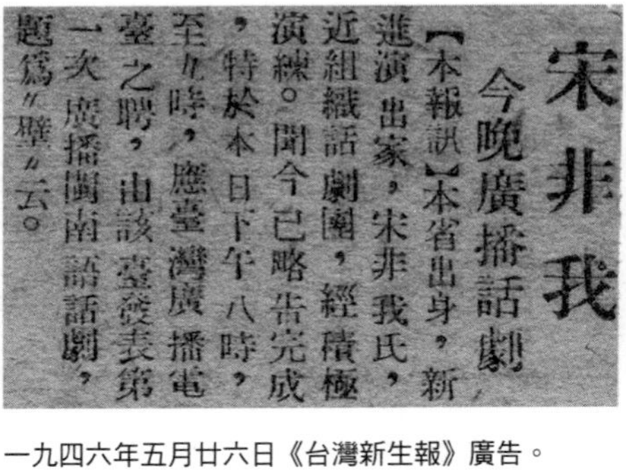

一九四六年五月廿六日《台灣新生報》廣告。

的／青年層喲！／來觀賞吧／被扭曲的眾生相在這兒／對被暴露出的現實的／諷刺在這裡被作出／總結」。同日下午四時，聖烽在中山堂舉行了一場試演會，招待市內各新聞社、演劇界的同仁及主催單位《大明報》社的全體同仁觀賞。第二天，《大明報》題為「撼動靈魂《壁》試演會博得好評」的報導寫道：「聖烽演劇研究會創作的作品兼具劇作的真實性和文化性，力圖喚醒三十萬台北市民的理性……我們早就通過 XUPA 體會到《壁》深遠的文化意義及內容之深刻。但直到昨天觀看試演會的舞台實演，我們才從演員們動人心魄的演技所營造的嚴謹氛圍中進一步認識到《壁》的藝術價值。聖烽演劇研究會成員們以演劇為立足點，不斷摸索如何在這樣的時代力求向上，以及如何生存下去。他們將追求真理的熱情傾注於演劇《壁》及《羅漢赴會》中。我們在《壁》中可以窺見一個背離神意志的世界縮影。以『壁』為界，住著兩類人，其中富人越來越富，窮人愈加陷入貧窮深淵。『壁』正是象徵著矛盾交織且充滿醜惡的當今世界，並將這世界呈現在我們眼前。獨幕劇《壁》的最後，分隔兩者的牆越來越高，越來越堅固，這就如同

魂のゆすぶり
「壁」試演會好評博す

劇作の持つ眞實性と文化性とを以て、三十萬臺北市民の理性を覺醒せんと努力する聖烽演劇研究會では、愈々本九日より向ふ五日間中山堂に於て本社主催、宋非我導演の下に、その獨幕劇「壁」及び「羅漢赴會」を公演することになつて居るが、これに先立ち、同演劇會では昨八日午後四時より同劇場で、市內各新聞社、演劇關係先及び本社職員全部其他多數を招待、その試演會を開催した

「壁」の持つ文化的意義が如何に深遠であり內容の眞實性が如何に深刻であるかは、茲にXUPAを通じて、既に吾々の最も知悉してゐるところであるが、——然し昨日の試演會に於ける舞臺實演を觀るに至つて、吾々は更に更に、その演技の迫力に溢ぎる眞摯な雰圍氣から、「壁」の持つ藝術的價値を認識することが出來た、演劇を足場としてこの時代を如何にして向上し、如何に生きてゆくかと模索を續けてきたこれ等聖烽演劇研究會の男女は獨り眞理のみか覺醒する權利を有する情熱をばこの「壁」と「羅漢赴會」の演劇に注ぎ盡して居るのだ、吾々は此處に於て神の意志に乖離した一つの世界の縮圖を目擊することが出來る一つの壁を境にして隣合せに住んでゐながら持てる者は愈々榮え持たざる者は愈々深淵の底に沈み込む矛盾と相剋に絡む醜惡に充滿した當今の世界は今やその現實な姿を暴露されてゐまさず吾々の眼前にさらけ出して來たのだ、然も兩者をさえぎる壁はいよいよ高くいよいよ確執に築きあげられてゐる劇「壁」の最後は現實の世代と同樣、決してよくはなつて居ない原作者簡國賢氏は醜惡に充滿せる當今の世界を漠然として意識して居ない民衆に對し甄別すべき摘發すべきこの問題を提出したのに過ぎなかつた、さうして彼は吾々に要求してゐるのだ答案を！結論を！知性を！情熱を！されば、世界を良導する諸男諸女よ！來りてこの粉碎すべき問題を研究し給へ！演劇「壁」は諸君の理性を覺醒させると共に、諸君の理性の示唆を欲してゐるのだ作者と讀者、演技者と觀覽者——これ等の理性が融合一體として驅使せる現實のこの世間を解剖し改善してこそ美しき神の國は再び吾々のものになるのである

一九四六年六月九日《大明報》的報導。

當下的現實世界。《壁》的原作者簡國賢被稱為台灣 Molière（莫里哀），他諷刺批判那些看不清當今這個充滿醜惡世界的民眾，他在試圖喚醒我們的靈魂。」因此，它呼籲「引領世界的善男信女們啊，將你們的答案、結論、才智、熱情發揮出來！來研究這些本應該摧毀的問題吧！」它最後強調，「演劇《壁》試圖喚醒人們的理性，同時給予人們理性的啟示。只有作者和讀者、表演者和觀眾的理性融為一體，剖析改善充滿腐敗的這個現實人世間，才能再次擁抱這個美麗的國度。」（林娟芳譯）

六月九日。好戲終於要登場了。台北的各種官、民營報紙都競相報導了這個活動。首先是官方的《台灣新生報》題為《話題作〈壁〉今天在中山堂公開》的報導。它指出「諷刺台灣光復明暗兩種眾生相的社會劇——《壁》，是由同業《大明報》所主催的」，同時強調「《壁》是新進劇作家簡國賢的處女作（與事實不符），由廣播界著名的宋非我氏為會長的聖烽演劇研究會的青年會員所演出。劇的架構是把所謂光復暴發戶的豪華生活和一無所有者底層的生活，以『壁』為對照而戲劇化地諷刺錯雜的社會眾生相，以及對不合理的社會制度加以痛切的現實批判，同時振起社會革新的風氣；作為此話題作，值得推薦獎勵。」《民報》除了告知「聖烽劇團發表會本日起在中山堂公演」的消息，並刊出《壁》之內容概要：「奸商錢某為要囤積日貨，強迫隔壁房客搬家，擬當倉庫之用。該房客係赤貧家庭，主人患肺病，老母盲目，小兒當小販賣煙，每日只吃番薯度日。其兒一日盜錢家養雞之米飯，被視為小盜，房客被迫無法，毒殺其母子，以頭撞壁致死。錢家正因囤米大漲價，開舞會歡樂。」

當天，《人民導報》與主催的《大明報》也都作了相當篇幅的報導。聖烽演劇研究會的第一回實演發表會，的確可以說是「未演先轟動」。它在刊登於《台灣新生報》的廣告更嚴厲批判道：「現實常使富者愈富，而貧者更向絕望的底層下落。隔絕兩者的壁實在太高了。（壁喲！壁喲！為什麼不能打破這面壁呢？）請聽因饑餓而斷送自己生命的劇中人的吶喊吧！」

晚上七點半，以宋非我和簡國賢為中心的聖烽演劇研究會終於突破重重困難，領先其他文藝部門的各種團體，於台北中山堂舉行第一次作品發表會——獨幕劇《壁》與三幕劇《羅漢赴會》。

三　《壁》的反響與評論

《壁》的演出獲得熱烈迴響。

建中校長陳文彬（1904-1982）的女兒，十五歲就寫小說並贏得日本人肯定的陳蕙貞，看完戲後跑來跟宋非我說，她在日本看了那麼多的戲，卻不曾像那天那樣感動過。宋非我回憶說。小說家呂赫若則建議他，不妨讓舞台兩邊的燈光從頭到尾都亮著。

就在公演期間的六月十至十二日，《台灣新生報》連續三天刊載了日據時期台灣文化運動旗手之一王白淵（1902-1965）題為「《壁》與《羅漢赴會》——貫穿兩作」的劇評，高度肯定以宋非我為中心，結合台灣原有幾個劇團的聖烽演劇研究會「是最具藝術性與進步性的藝術集團」。它「領先其他藝術部門於中山堂舉行第一次發表會」，於光復後首先公演現代話劇，對台灣的戲劇文化是「一個劃時代的突破」，真正的戲劇運動也將「從此展開」。

《壁》原定九至十三日止，連演五日，因中山堂十一日有狀況而延至十四日，一天比一天熱烈，盛況空前。

六月十三日，《台灣新生報》刊發了簡國賢用日文所寫題為「被遺棄的人們——關於『壁』的解決」一文，具體說明他的劇作根據的社會矛盾所在：「由於現實的錯綜複雜，一個晚上能夠花費數萬、沉迷於花天酒地的人卻冷漠地面對掙扎於饑餓邊緣的人。當酒家與舞會正謳歌著自由與歡樂時，居住於低矮屋簷下的勞工正呻吟於生活的重壓下。被扭曲的世態恰恰就在『桃花源』盡頭的隔壁。我的《壁》也就出自那裡。」然後，針對《壁》的最後場面所引發的各種議論，他以作者的身分「稍微敘述《壁》之後的事」解釋說：「許乞食一家自殺的場景，或許過於灰暗色彩。一般的觀眾都很同情他們，有人責備作者為冷酷，但這果真是我的罪過嗎？是誰殺了許乞食？他不是死於作者的筆下，而是受到社會制度的傾軋。」他又說，「有人認為《壁》沒有提出解決的方法而對我深感不滿，希望我能謀求解決之道。」對此，他「只提示一個暗示與課題」，

「壁」と「羅漢赴會」(中)
兩作を貫くもの
王白淵

一九四六年六月十一日《台灣新生報》。

那就是，「只有現實的矛盾能解決，《壁》的問題始能解決吧。」他指出，「只要一直存續現在這種矛盾的社會制度，如許乞食的犧牲者不能絕後，精力有限的他，雖然被強迫一天要工作十二小時以上，他依然默默承受，終因操勞過度，得了肺病，他不但沒有拿到分毫的慰問金，反而被雇主像衛生紙一樣的丟棄，這就是台灣勞工的宿命。然而，有誰針對這個問題來討論呢？有誰考慮到他們施行保護的法規呢？」他進一步問說：「啊！這群被遺棄的人們要何去何從？他們只能拚死以頭撞壁嗎？還是要背負現實的苦惱，堅信燦爛的陽光普照他們頭上之日會到來？」問題是他「也不知道如何解決《壁》的問題」。他說他「所知道的，只不過是勞工過度營養不良，以及蒼白的失業者到處氾濫，被遺棄的人們一天天地增加，絕望的深淵不斷地擴大，而握著權力、地位與黃金的人們益加興榮」的現實。他因此感嘆道：「如果能夠的話，我想讓勞工大眾觀賞我們的戲劇。劇場免費開放，以勉勵他們的辛勞。畢竟他們沒有餘錢來買一張十三圓的預售票。可是，這只不過是在經濟上需仰賴他人的我們的一個夢想罷了。啊！到處都有壁。」（林志潔譯）

見放された人々
——「壁」の解決に就て——
簡國賢

一九四六年六月十三日《台灣新生報》。

六月十三日，國民黨所屬台南《中華日報》日文版文藝欄首先刊出邱媽寅題為「壁」的劇評。邱媽寅是台大經濟系學生，後來在五〇年代白色恐怖時期因為牽連中共「台灣省工作委員會學生委員會案」而繫獄十年。他指出，「這場戲劇雖然並非演出技巧完善的一齣戲，但它具有一股革命的蓬勃的熱情，觀眾深刻地垂頭沉思，可以說嶄新的黎明早已來到了。這個劇團所指向的方向是現實台灣革新封建桎梏唯一的真正的方向，貧困和飢餓所導致的結局變成盲目的憤怒與起義之前，指導民眾輿論導向理性的道路，這是戲劇的任務。然而戲劇強烈地認識社會的缺陷，對政治採取參與鬥爭的決定性階段時，一定要覺悟會受到意料之外的無知、保守和壓迫。戲劇啊！不管怎樣，必須推倒『這牆壁，毀了它！』才是。」（葉石濤譯）

六月十四日，《人民導報》「民主店」專欄「綜合各方面的意見」刊出一篇「不算批評的批評」的未署名報導。第一，因為有些觀眾在看完戲後，針對聖烽演劇研究會《搬戲頭乞食尾》的宗旨，諷刺說「搬什麼乞食戲」。它指出，相對於七十軍政治部話劇團的公演，用方言演出的聖烽，雖然戲演得不好，卻獲得更多的觀眾支持。因此它「請

民主店

不算批評的批評

聖烽劇團兌現的演出

一九四六年六月十四日《人民導報》。

各界注意，聖烽是台灣演劇工作者的一群而已，不能代表整個台灣的戲劇水準，請外省人不要以此看輕本省的話劇。這不過是初出的嫩芽，雖然演得不好，總可以想法檢討改進。」第二，因為宋非我過去積累的聲譽與普遍的宣傳（街頭巷尾的剃頭店與飲食店都有演出廣告），所以花圈贊助與觀眾都相當多。第三，許多年老與年幼的觀眾都笑著說戲好看，好看在於對白、各種前所未有的舞台演出，以及有錢人享福、無錢人受苦的劇情等等。第四，天氣炎熱，但為了台灣劇運的前途，演員、後台工作人員和觀眾都在流汗奮鬥。但是，第五，有戲劇見解的人認為，這次的演出可以拿起來說說的只有《壁》而已，演員很努力，可惜劇本卻有以下幾個缺點：故事不健全；許乞食如此貧病與錢金利如此暴發的原因沒有交代；醫生與和尚若改為貪官或政商勾結者，劇情將更加讓觀眾深刻；許乞食的收場太消極，觀眾得不到啟示；最大的缺點是因為劇情不夠簡潔、緊密、集中而呈現著散漫與滑稽，因而缺乏悲劇的統一性。第六，因為演員與腳色的不適合，所以不能感動人；燈光和音樂還可以加強完善。最後，它以某個「內行人」的話，總歸一句說：「聖烽這次的《壁》是失敗的，最大的原因就是缺乏悲劇的嚴肅性，統一性」。因此，它批評「寫劇的人是個現實的投機者，只有皮毛，沒有深刻，只是聽見哭聲，但不會使人哭出眼淚來。這是劇本的不健全，不該由演員負責。」

六月十六日，《人民導報》又刊登了一篇署名林千達的〈觀劇小評〉，強調「藝術是人類的精神活動，而人類是不可能從群體生活的社會現實游離出來的；因此，作為藝術具體的、綜合的表現的演劇，必須反映社會的矛盾——也就是支配和被支配、剝削者和被壓迫者之間的鬥爭，惟有這種戲劇，才能抓住群眾的心靈，並保持其時代性。」他據此指稱：「聖烽的《壁》和《羅漢赴會》因為有這樣的見地而算是成功了。第一作《壁》敏銳地反映了戰後台灣物價上漲、貧富懸殊、階級結構急速變化、工廠慢性停頓、失業大眾湧現、農村疲弊、知識青年失業等瀕臨無能救贖的危機。但它的不成熟，表現在乞丐的社會層不見一般性及其自殺的逃避性。它並未向大眾指示前進的方向，僅僅提出問題而沒有解答。第二作《羅漢赴會》與《壁》不同之處是其幽默的表現。演出雖較《壁》遜色，但它卻向大眾指出宗教是鴉片的事實。就這點而言，《羅漢赴會》就比《壁》提出更多的解答。」

簡國賢遺存的剪報資料，還有未標明出處的王昶雄劇評，以及未註記日期的唐山客在

デモクラシーと演劇

王 昶 雄

王昶雄的劇評。

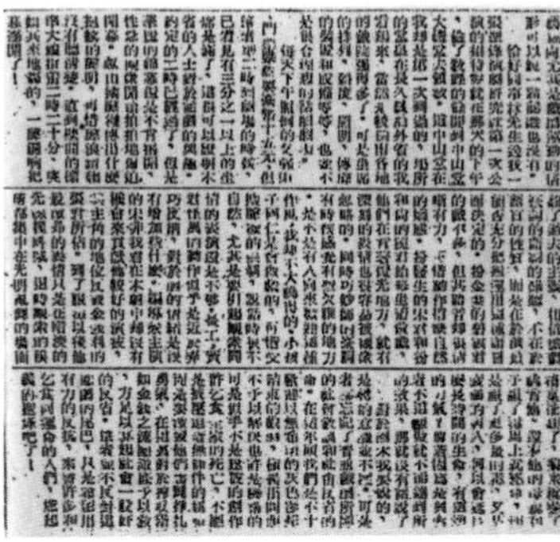
看聖烽劇社公演「壁」後

唐山客

《台灣新生報》唐山客的劇評。

《台灣新生報》的評論〈看聖烽劇社公演『壁』後〉。自稱在外飄泊多年，返台才四十幾天的唐山客，對中山堂的座席排列和斜度，照明，傳聲的裝置和設備，以及演員的語言和演技等，都提出了極為專業的意見，最後並對劇本的灰色意識提出了批評，他強調僅提出問題而不予以解決，不是建設的創作。許乞食全家的死亡，不應該是被壓迫者無條件的命運，而是要激發他們戰鬥掙扎的勇氣。在這裡，對於榨取階級應徹底予以教訓。最後，他「希望用強有力的反抗，來替許多和許乞食同運命的人們，燃起正義的聖烽吧！」

一つの現實逃避

聖烽演劇の發表會

吳濁流

聖烽演劇研究會の第一回発表會が省都の中山堂に於て「壁」と「羅漢赴會」を上演して多大な人氣を呼んだ、否れば不平か、不滿か、溜息か、然らざれば貪官汚吏しか話題を持たない失業ルンペンや氣持の暗い連中にもう一つの話題を提供したわけである。

「壁」は何故、そんな人氣を呼んだか、これにはいろいろの理由があらうが、單に藝だけの問題に過ぎないと表演されてゐた、壁を隔てゝ奸商錢金利が豪華な生活にその動物的性格を恣しいまゝにし、一方では病苦と貧苦と失業に戰きつゝ、遂に絕望觀に追ひ詰められて母や子供を殺して、自分自ら壁に向ひ、壁、壁と叫びつゝ身と共に壁にぶつかつて死んでしまつたのである、しかし此の壁は永久に通り越すことの出來ないものであらうか、作者が何故、それが殺したか、よく判らないが、死そのものが現實逃避ではないか。壁は絕望的人生觀である。歷史を餘りに悲觀的に見てゐる、壁を通り越して行くところに人間の犧牲が初めて意義があるではなからうか、それに比べて羅漢赴會の方が思想的に進んでゐるやうに感じた。乞食の社會にもエゴイズムがある。自分の貰つて來た食物を自分で享樂し腹いでぶでぶ太つた乞食、その反対に鐵羅漢の如き、自分の酒を皆に分配して共に樂しみ、共に苦しむものであつた鐵羅漢の人間味に感じて乞食供が己のものを提供し、遂に太つた慾張り乞食

一九四六年六月二十二日《中華日報》。

六月二十二日，《中華日報》日文版文藝欄又刊登了吳濁流的劇評〈某一種逃避現實——關於聖烽演劇的發表會〉。吳濁流從「一個單純的觀眾」的視角率直質疑說，「這一堵壁是永遠無法超越的嗎？作者為什麼讓窮人自殺死亡……死亡不就是一種逃避現實嗎？」所以，他認為，《壁》表現的「是一種絕望的人生觀」，簡國賢「把歷史看得太悲觀了些」。唯有超越，人的犧牲才有意義。」因此，讓叫化子團結起來對抗救濟會的《羅漢赴會》，相較起來「在思想上有進步

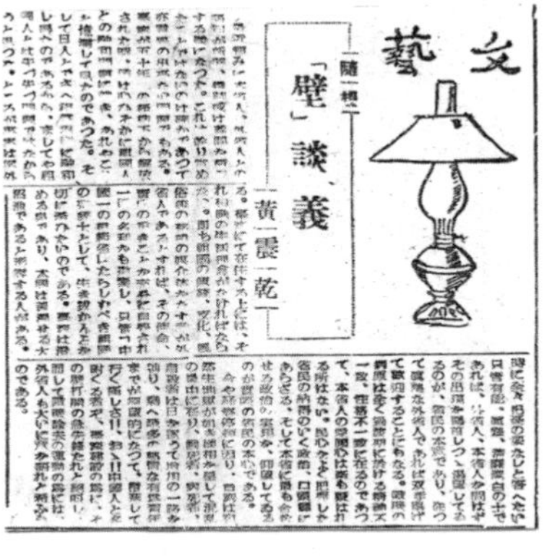

一九四六年六月二十七日《中華日報》。

傾向」。同月二十七日，該報日文版文藝欄再刊「身分不詳的青年」黃震乾的〈關於『壁』〉，從「貧富懸殊的那個壁」引申，去談「本省人與外省人之間的心壁」，並從「收復民心」的立場出發，提出撤銷這個障壁的方法。那就是，一部分不肖外省人務必正確認識到，認為近代化相對先進的台灣是「新開地」、「殖民地」，自己在台灣是「出外人」，都是錯誤的意識。他們必須自覺揚棄因此而形成的「毫無理由的優越感」與「變態性的表現」，把台灣建設成「祖國第一的模範省」。（葉石濤譯）

這樣，通過新聞媒體的報導、評論與人們的口耳相傳，宋非我及簡國賢合作的《壁》，可以說是南北皆知了。

其實，簡國賢的劇作並不只是意識型態指導下的抽象創作，反而一點也不誇張地反映了當時台灣社會貧富差距懸殊的實況。為此，《民報》還特地以一篇題為「吃飯與失業問題」的社論，呼籲「信奉三民主義的為政者」，以和平的方法解決《壁》所提出來的社會矛盾。它首先指出，「吃飯是最起碼的生活條件，也就是最重要的民生問題」，「人民得不到飯吃的國家，絕不能夠隆盛，社會秩序絕不能維持，國家免不了要陷於衰滅」。然而，「抗戰八年，得了勝利的我國，尚須受盟邦美國的善後救濟，國共對立，內戰不息，殆有民不聊生之慨。為供給民食的農業，迄今未見發達，致使惹起糧荒之聲。」它慨地說，「本省夙稱『寶島』，自來不知飢餓為何物，樹上的小鳥都會唱讚美歌。然而光復後，即逢糧荒，可說是未曾有的不幸事，新米上市以來，以為米珠薪桂的噩夢可醒，事實不然，米價略跌復漲，現在每斤又漲至十六、七元，糧食當道雖有調劑糧價之聲，卻又毫不見效。」它因此憂心地說，「照現時世景，沒有錢可買米的小百姓為數不少，在飢餓線上徬徨的同胞之前途堪憂，如長此以往，何以建設康樂的台灣？這種社會病應該趕快治療，尤其站在為民服務的官員，責無旁貸，不容拱手旁觀。」但是，它緊接著批評道：「請看，不管民生如何，一味站在雲上官僚的奢侈生活，著實令人髮指。榨取民膏民血的不肖公務員，因其沉溺不能自救，致使省民抱了黑天暗地的失望，官飽民餓的社會是叛逆民生主義的作風，不特對不起人民，而且是孫國父的罪人。聽吧！看吧！對此營私舞弊的現實，人民的怨氣沖天，罵聲載路。」因此它向陳儀喊話說：「我們熱望民主的長官，不要只信靠下屬的欺瞞報告，請親自暗地下聽聽民聲，深察民情，以大義滅親的英斷，嚴懲貪官汙吏，才能稍舒眼前最嚴重的僵局。」另外，它也指出失業問題的嚴重性說：「失業即是表示沒有飯吃，可是有職業也吃不飽飯的薪俸者也非少數。或說，台省的失業者還不算多，此乃糊塗敷衍了事的說話，事實本省的失業問題，至深且刻，如不火速講究補救方法，恐怕生出種種的罪惡。」最後，它以《壁》為例，語重心長地向當局建言說：「忍苦挨餓是有限度的，常聽見郊外市民因無米可吃，用著豆麩或番薯葉淩餓，日前在省垣中山堂所演過的《壁》劇，在今天的社會正在實演著。這劇是以一片壁為界，一面演著貧者的悲慘生活情形，一面在描寫花天酒地的富者的極樂世界。以和平的方法解決這種社會矛盾，也許是信奉三民主義為政者的責任。我們相信解決吃飯和失業問題，是實行民生主義的第一課，幸勿河漢斯言。」

四　《壁》碰壁了

聖烽演劇研究會公演的最後一天，除了觀眾滿堂，劇場內外也布滿了憲警特務，「真有殺氣騰騰的氣概」。儘管如此，它依然應各界要求，決定自七月二日起假中山堂再演四天，並在《台灣新生報》刊登廣告云：「兄弟姊妹喲！我們的微小工作能引起意外的反響，全是各位厚重援助及同情所賜，對此深表感謝。為回應各位的激勵，我們舉起了再演的旗幟。在觀眾的熱情與演員的熱情交會的瞬間，唯有從那兒迸出的情感的火花才能產生新的啟示。」

七月一日，《台灣新生報》報導了聖烽演劇研究會「為提倡話劇，普及於大眾起見，已訂自明（二）日起，假中山堂再演四日」的消息。然而，就在七月二日當天，聖烽演劇研究會卻又突然在《台灣新生報》刊登了一則停演的《緊要聲明》謂：「查本劇社所籌演『壁』之劇目因一切籌備手續未十分完善又奉令暫停演出因此未能如

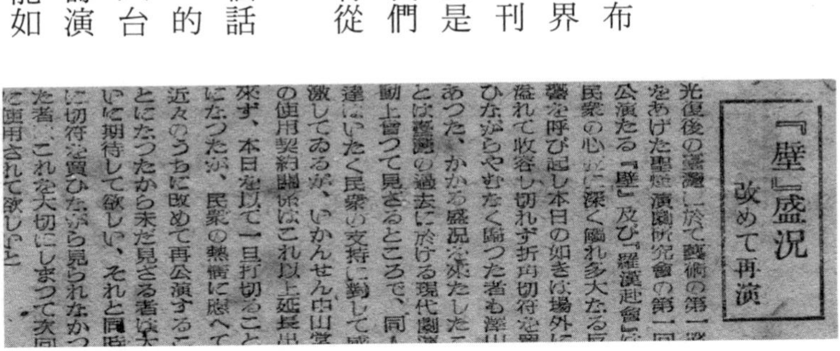

『壁』盛況
改めて再演

光復後の臺灣に於て藝術の第一聲をあげた聖烽演劇研究會の第一回公演たる『壁』及び『羅漢赴會』は民衆の心に深く觸れ多大なる反響を呼び起し本日の如きは場外に溢れて收容し切れず折角切符を買ひながらやむなく歸つた者も澤山あつた、かかる盛況を來たしたことは臺灣の過去に於ける現代劇演劇上嘗つて見ざるところで、同會達はいたく民衆の支持に對して感激してゐるが、いかんせん中山堂の使用契約關係はこれ以上延長出來ず、本日を以て一旦打切ることになつたが、民衆の熱情に應へて近々のうちに改めて再公演することになつたから未だ見ざる者は大いに期待して欲しい、それと同時に切符を買ひながら見られなかつた者、これを大切にしまつて次回に使用されて欲しいと」

《台灣新生報》盛況再演的報導。

期演出特此敬告諸位觀者」。

「壁」碰壁

【本報訊】「壁」眞碰碰壁了，宋非我所創辦聖烽劇團，二日起將舉第二回公演，忽遭禁止，坊間盛傳羅漢赴會一劇，嘲諷市長，而壁亦不少諷刺之處。

《大明報》的報導。

《壁》碰壁了。聖烽演劇研究會的支持者《大明報》報導的標題如此寫道，並且迂迴地指出：「坊間盛傳」聖烽再演之所以被禁的理由是「《羅漢赴會》一劇嘲諷市長，而《壁》亦不少諷刺之處。」長官公署機關報《台灣新生報》也報導了「壁上演禁止」的消息，同時又披露說，警察局之所以禁演，是因為《壁》與《羅漢赴會》的劇本帶有「挑動階級鬥爭」的內容所致。當然，它也轉述了台北市警察局保安科劉科長關於《壁》禁止再演的談話云：「這次的禁止命令是遵照公署的命令。其理由是同劇的腳本未受檢閱，以及劇的內容未必符合社會需要。」

此外，《台灣新生報》日文版「新生墨滴」欄也針對這次的禁演事件作了幾點不平之鳴：一，「關於《壁》禁止再演之事，從青年的立場有話要說。青年是一面毫無瑕疵反映真實的良心之鏡。禁止《壁》的再演在於當局的某種企圖，表示它不願國民反映事實。」二，「新的演劇若加進新時代的要求，其進步性難以預估，那是諷刺眾生相最具效果的。如果當局認為諷刺眾生相是犯法的，不能解除禁令，這也是教人感到無奈的！」三，「《壁》之所以廣獲好評，與其說是因其藝術性的妙味或演技的精湛，不如說是因為它的素材與社會良心的一致。許乞食最後終於寂寞地死去，沒有留下對抗錢金利的痕跡。它只是向大眾訴求窮人不得不屈服於富人之前的淒慘遭遇而已！」四，「這就是說，〔在《壁》〕那兒找不到打倒資本主義的口號。即使有一些這種意識之萌芽，那也是我們國父孫總理的理想，並不是什麼危險的思想。」五，「保安科長所說，腳本未受檢閱及不符社會需要之事，一個是例行手續的檢閱；另外，究竟對社會有必要的演劇是什麼？博得大多數演劇批評家及大眾好評的《壁》若無必要，那麼，如果說所有演劇都是無必要的，也不為過。」六，「更甚者，未受檢閱，對社會也無必要的《壁》的第一次公演，為什麼又被允許呢？我們應可充分瞭解現今當局的政治之一端。」

《人民導報》則通過刊載一篇題為「從壁再演被禁談起」的不具名短評，對當局加以批判。它首先指出，「宋非我劇團的《壁》曾於上月間一度演出，就內容說，意識是並不健全的，但在描寫荒淫無恥與飢餓受難的對比下，卻不失為針對現實的作品，其能受本省同胞之歡迎，正因為它有現實性和諷刺性。但這次再度演出，卻竟被禁止了」。它因此提出幾點質疑：一，「戲劇檢查，光復後中央早已明令取消，僅存電影審查，並由行政電檢所辦理。這次《壁》之再演而受禁，不知作何根據。再退一步說，何以《壁》四次（前四天）上演時可以自由演出，而再演卻遭受禁演，實在令人不解。」二，「據該劇團稱，這次《壁》之重演，已得憲兵隊通過，但警察局卻飭令停止。這又使人莫解，到底誰在負戲劇審查的責任，同時同地，憲警的意見竟不一致。又憲警是否有審查戲劇，操殺生之權，我們更不解。」三，「聽說省署宣傳委員會和黨部審查通過的電影片子，還要向憲警報告登記……弄得戲院不知該受誰管才好。現在《壁》之上演被禁止，不知道又是根據什麼法律？連演個沒有什麼了不起的戲都禁止，真是『民主，自由』云乎哉！」

八月二十二日，日本明治大學文學博士王育德（筆名王莫愁）也在《中華日報》日文版文藝欄發表〈徬徨的台灣文學〉的文末不滿地寫道：「據說台北已經禁止《壁》的再度演出，假若此種遭遇成為命運，將來也始終纏著台灣文學不放的話，啊！這難道不是被詛咒的文學嗎？」（葉石濤譯）

這樣，一方面是因為經濟因素，另一方面則是宋非我與簡國賢都受到監視，聖烽演劇研究會也就因此形同解散了。

九月二十九日至十月三日，人劇座第一回公演林摶秋導演的《醫德》和《罪》。看戲之後，文化評論工作者徐淵琛發表〈戲劇運動的抬頭——兼論藝術領域的大眾化〉一文，有所期待地指出，在國語未普及的情況下，戲劇，可以用閩南語演出而直接讓觀眾了解，既是它的最大特色，也是它比其他文藝運動更好發展的有利條件。因此他以

自由報

一年來文化界的回顧

王白淵

音樂界

美術界

演劇界

文學界

王白淵〈一年來文化界的回顧〉。

一個觀眾的立場，通過《壁》與《罪》兩劇的演出提出了幾點意見，最終強調，在現實生活上，要求根本解決社會的矛盾是有許多困難的，但這樣的追求，卻是與民眾生活密切關聯的戲劇不變的目標，就是戲劇家要努力尋找「出路」的問題，也就是要在藝術中追求政治方面的價值，而這是離不開藝術大眾化的。（曾健民譯）

一九四七年一月一日，王白淵又在《青年自由報》發表的〈一年來文化界的回顧〉強調，儘管聖烽演劇會演員的演技「還有很多的缺點，場面亦有不少多餘的地方」。但是，因為《壁》的內容，描寫了現實社會上「荒淫無恥與飢餓受難」的兩種生活，因而受到感同身受的民眾的歡迎。最後，他論斷了聖烽演劇研究會成功的兩點理由：「第一是思想和言語的自由。在日本統治時代的末期，台灣的話劇在思想上語言上受著莫大的限制，在思想上當然不必說，在言語上則還到不能用台灣語上演的地步，台灣在演劇上可說完全失去自己民族的言語，這是何等苦痛的事實。但，光復一來，我們已經不必再考慮言語問題，盡量可用我們從搖籃裡學出來的自己的言語了。言語的解放和思想的自由（思想的自由當然還成問題），是使聖烽第一次公演，博得那樣盛況的一大理由。第二是內容帶著大眾性和諷刺性。演劇是大眾性，尤其是很富有社會性的東西。如果演劇能夠將民眾的苦悶、不滿、期待、失望和希望等盡量表現出來，一定可以受大眾的支持，達到亞裡斯特爾〔雅里士多德〕所說的『悲劇的淨化作用』。《壁》和《羅漢赴會》在一定的範圍內，有具備著這兩個的要素。」

然而，王白淵期待台灣「真正的戲劇運動也將從此展開」的願望，終究隨著《壁》的被禁，

《壁》近日出版的預約廣告。

以及隨後發生的「二二八事件」而落空了。

我在簡國賢遺存的剪報裡看到，其後，新新月報社出版部刊登了簡國賢著「問題作」《壁》「近日出版」的預約廣告曰：「去年在中山堂和《羅漢赴會》共同上演，在台灣演劇史上受到前所未有的歡迎的《壁》即將在近日出版，再次與世人見面。《壁》既然描寫了去年的社會眾生相，同時也描寫了今年並未改變的社會眾生相。」然而，應該也是因為「二二八事件」的爆發及其後的動盪吧，《壁》的中日文對譯單行本似乎並沒有出版上市。因此，從某種意義而言，《壁》也為日據以來的台灣新劇運動畫上了「休止符」。

第五幕

二二八前後

《壁》與《羅漢赴會》被禁之後，十月一日起，下午八時三十分至九時，台灣廣播電台在「各廠家」支持下，從星期日開始，逐日提供爵士歌唱、聲樂歌唱、民謠、平劇等精彩節目廣播，最特殊的是，其中包括星期五由宋非我主持的「自由談」。由此可見，宋非我當時是多麼受到民眾的歡迎。然而，我們在《台灣電影戲劇史》所能看到有關宋非我的記載，只有一九四七年二月十五日，在長官公署宣委會慶祝第四屆戲劇節的晚會，被請出來報告台灣的劇運。（第三五〇頁）據此，我在第二天（二月十六日）的《民報》題為「劇人紀念戲劇節」的「中央社訊」新聞中看到，宋非我與一九四六年十二月隨新中國劇社來台公演的劇作家歐陽予倩（1889-1962），分別做了《台灣話劇史》與《中國戲劇簡史》的講演。二月十七日，《民報》又以題為「藝術氣氛的會合」的「本報訊」，詳細刊載了歐陽予倩與宋非我的講演重點。報導寫道，歐陽予倩最後強調，「我曾看過台灣的話劇，感覺活潑的很，將來很有發展的可能，現在話劇沒有好的作品，作者要縱〔從〕新估量自己，放大眼光，廣〔擴〕大範圍而來努力。」宋非我則針對當局反諷地說，「今天我有點恐怖心理，日人時代的常被追究，光復後，想可以自由，但我在廣播電台講《土地公》就被人注意監視，後來排演《壁》，又被不知道哪方面的人禁止，所以我很害怕，在講話以前請讓我祈禱」。報導隨即用括號寫著「宋氏接著向上帝祈禱」，然後，接著轉述宋非我的講話道，「台灣藝術界

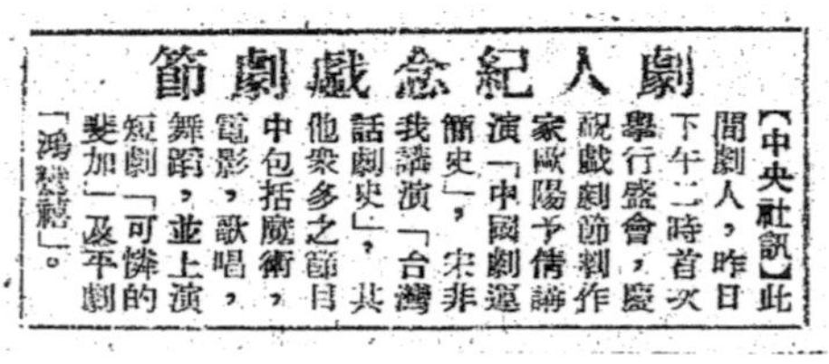
劇人紀念戲劇節

【中央社訊】此間劇人，昨日下午二時首次舉行盛會，慶祝戲劇節劇作家歐陽予倩講演「中國劇運簡史」，宋非我講演「台灣話劇史」，其他衆多之節目中包括魔術，電影，歌唱，舞蹈，並上演短劇「可憐的裴加」及平劇「鴻鸞禧」。

一九四七年二月十六日《民報》。

有了歐陽予倩、蔡繼琨及白克等大先生，一定能發展起來。希望市政府稅務課，對於在苦難中努力的戲劇界，不但免稅，更加補助。又我很希望排演《陞官》關，但聽說要經過四機關的檢查，請各位幫助。希望在台灣能實現藝術樂園，建設藝術學院、自由劇場等。今天只講喜怒哀樂中的喜，至於怒哀樂三項，將待另一機會來講。」但是，兩個星期不到，「二二八」就發生了。此後，宋非我就在歷史的迷霧中消失了。至於簡國賢，就更無片言隻語的記載了。

一　與歐陽予倩的交流

將近七十年後，我們才又在台北檔案局所藏，一九五三年十二月二十九日簡國賢在桃園縣警察局有關他與戲劇家歐陽予倩的關係的《訊問筆錄（第二次）》中看到，同日，簡國賢也出席了在台北植物園舉辦的那場晚會，並且與歐陽予倩談了台灣戲劇問題。但是他

藝術氣氛的會合

歐陽予倩講中國劇運

第四屆戲劇節紀念會

【本報訊】富有藝術氣氛的第四回戲劇節紀念會，于十五日下午在省□電影攝影場舉行，會中歐陽予倩及宋非我兩氏都作當題講演對本省戲劇運動有期待及希望，歐陽氏講「中國戲劇史」大致說：我國現代劇在北伐前是愛美劇，愛美是AMATEOR的意思，北伐時我和田漢已一時參加過南京總司令部政治部工作，清黨以後，左翼戲劇停頓。田漢在上海組織南國社，多演獨幕劇，富有感傷色彩，頗受當時青年的擁護，那時男女合演也要經過鬥爭九一八，一二八以後，民族主義色彩濃厚起來，當時中國旅行劇社比較穩健在南京，北京排演「雷雨」「日出」，非常成功。那時的話劇界沒有固定的組織及劇場，多是業餘劇團，因爲演員的生活困難，所以都變電影演員，八一三以後，上海十二劇團遷，袒而有很多悲壯的故事，到了漢口由政治部改組十隊抗敵隊，分往各戰區，但不大有好果，有的解散了，就是一個（一致調，演員們用上海的作法進入鄉下，才發現從作法不行，要從新換一換，抗戰時期，檢查的限制，非常大麻煩極了，但因爲那時沒有電影，所以話劇運動也和繪畫及木刻一樣，很快展開，在這苦難當中，把握現實代表社會，即寫實主義的方面已有進步。現在處在困難的經濟環境中，各劇團都很困難維持下去，劇作家也嘗到生活困難，無法產生好作，品又話劇的形式也發生問題，寫法已有變化，演員及作者的修養也有問題，又有人在研究改良舊戲，我也在研究，但未能專心，戲劇運動的前途是很不容易。陝北有秧歌劇，形式又不同，從他們看來，話劇有一點裝腔作勢，現在戲劇的中心是重慶，桂林及陝北，陝北的劇人演兵，爲民追真，上海的劇人演起來就不像，我曾看過台灣的話劇，深覺活潑的很，將來很有發展的可能，現在話劇沒有好的作品，作者要擺脫估窠自己。放大眼光，廣大範圍而來努力。宋非我氏說：「今天我有點恐怖心理，日人時代的常被追究，光復後，想可以自由，但我在廣播電台講「土地公」就被人注意監視，後來排演「壁」，又被不知道那方面的人禁止，所以我很害怕，在講話以前請我新聞（宋氏接着向上帝祈禱）台灣藝術界有了歐陽予倩蔡繼琨及白克等大先生，一定能發展起來。希望市政府稅務課，對於在苦難中努力的戲劇界，不但免稅，更加補助。又我很希望排演「陞官」關，但聽說要經過四機關的檢查，請各位幫助。希望在台灣能實現藝術樂園，建設藝術學院、自由劇場等。今天只講喜怒哀樂中的喜，至於怒哀樂三項將待另一機會來講云。又是日在思明氏唱演台灣民謠，平劇「鴻鸞禧」由蔣鄭處長（扮宋金松）陳副官（扮小生）唱演，頗得會衆的喝彩。

一九四七年二月十七日《民報》。

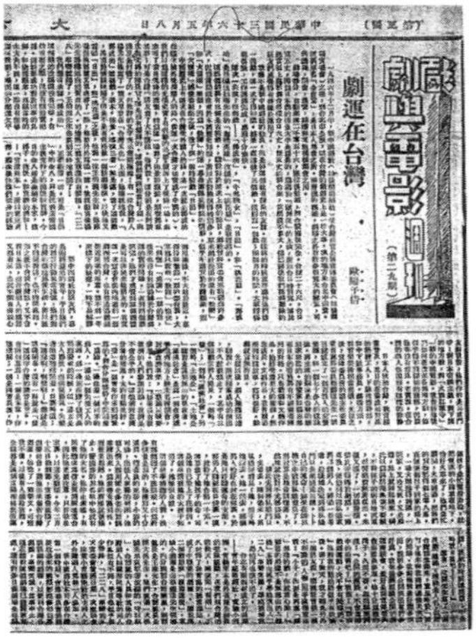

一九四七年五月八日上海《大公報》。

並沒有交代具體談了哪些問題。對此，歐陽予倩在一九四七年五月八日上海《大公報》「戲劇與電影周刊」第二九期發表的〈劇運在台灣〉一文，卻留下了比較詳細的紀錄。他寫道，「因為新中國劇社是由長官公署的宣傳委員會邀約去的，台灣劇人一直以為這是政府的御用團體，不大敢於接近……一直到四個戲演完，他們才感覺到這個團體是可以和民眾做朋友的。」因為這樣，能夠說日語的歐陽予倩，對日據時期受到摧殘的台灣劇運，也有了一定程度的瞭解。他轉述說：「光復以後，（台灣）劇人漸趨活躍，聽說有兩次相當成功的演出，不久就被禁止了。其中有三個短戲常被人提及，一個叫《壁》，一個叫《羅漢赴會》，另一個叫《土地公》……這幾個戲演的時候，那是比甚麼戲都轟動，看戲的瘋狂似地支持著他們。於是就在『挑動階級鬥爭』的罪名下被警備部禁止了。」他特別介紹說，「《壁》的作家簡國賢先生，是個研究哲學的。他是個悲觀論者。他每天坐在書堆裏，和他太太都不大說話，是個苦學者。」而「和他合作的一個劇人宋非我先生卻是個最幽默的人物，《壁》就是他演的。他是台灣才子，民間幾乎沒有誰不知道宋非我。他經常在廣播電台講故事，故事都是他自己編的。材料都是當前的民間生活。他最大的長處是語彙特別豐富。他能把台灣的土語運用得異常新鮮活潑，表情豐富，每逢有他的廣播節目，家家戶戶的收音

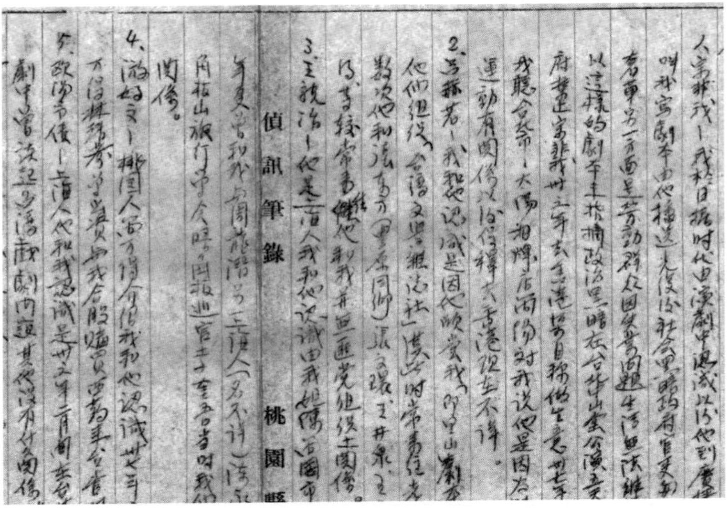

一九五三年十二月二十九日簡國賢第二次《訊問筆錄》所載與歐陽予倩的關係。

機前都擠滿了人。如果他上台演戲，那只要平日收聽他的廣播的人就爭先恐後把座位占滿了。但是聽說他的演技不大像話劇，倒有些像上海的文明戲。我沒有看過，不敢臆斷。總之他在觀眾面前所用的方法是有些不同，對於把握觀眾感情一點，非常有心得。」

歐陽予倩指出，雖然「宋非我所說的故事並沒有印行」，但他卻「從一個按摩醫生那裡，聽到轉述的一個故事」。為了讓大陸讀者具體瞭解宋非我的作品內容，他於是「大略複述一遍」云：「有一個女人張氏，她的丈夫出征戰死，留下她和三個小孩。她在一家人家當女工，那家人家的主人是個私娼。那私娼的情人因為和私娼玩膩了，就看上了張氏，要那私娼替他們拉攏。張氏一氣就辭了工，因此便失業了。三個小孩，一個還小。為著生計，大的販賣香菸，第二個販賣霜淇淋。有一天，她的大孩子被專賣局的稽查追趕，拚命逃走，跌倒在通過市內的火車線路上，香菸散落滿地。第二個孩子急忙幫著去撿，就把賣冰的小箱放在地下。恰好火車來了，他們急忙讓開。火車經過，把他們的貨物壓得個七零八落。在這兩個孩子回家的路上，一場大雨淋得透濕，一回家，又冷又氣，又是恐懼，馬上就發起燒來。張氏以為偶然傷風並不要緊，不料孩子的病日增沉重，而醫藥費無所從出。米價又漲了，一切跟著漲。張氏弄得趨於絕境，一籌莫展，便想到以前私娼家裡那個男人。經過一番考慮，最後她決定到那私娼門口去來回走三趟，卜卜自己的運命——如果在這三趟之中被那私娼看見了，那就算是她命該墮落，不然她就決計不走那條路。」結果，「張氏走到那私娼門口，走過去，剛回過來，那私娼便看見了她，招手叫她進去。她一進去，那個男人恰好也就在那裡。於是她只好聽運命的支配。那男人隨便在口袋裡一摸，就給了她台幣一千元。這算救了她孩子的命。可是她自己染上了花柳病。這個事情被她的大孩子知道了，她悔恨自殺。」

歐陽予倩強調，「這個故事據聽的人說，沒有哪個聽了不流眼淚。因為許多情景是真的，他描寫又十分逼真。稽查員的凶狠，小販的可憐，出征人家屬的窮困，他都入情入理用變化多姿的語調描繪出來。」歐陽予倩接著批判台灣當局說，「為著帶有諷刺性，而效果超越，他的廣播就被禁止，警備部的黑名單中也就有了他的大名。他停止廣播，有無數聽眾寫信去質問廣播電台，因此他更被注意，只好躲在家裡，以避免麻煩。」然後，歐陽予倩又描述了在宣委會組織的戲劇節慶祝會上，宋非我受邀報告台灣劇運的現場情況：「他念了一篇新文，可惜我不懂。以後有人翻給我聽，全篇都是諷刺當局摧殘藝術運動。開場的幾句，大意說：『我在日本統治的時候坐過牢，如今應當是在民主政治的自由天地裡，為什麼我還是害怕？好比《原野》裡的金子，隨時覺得有個撐著鐵拐杖的瞎婆婆跟在後面。今天居然叫我來說話，我來的時候這樣想：不是叫我自首吧？……』」

二 未能演出的《趙梯》

歐陽予倩接著又提到，「一位張先生寫了一個長戲《趙梯》」，並且和他商談過幾次演出的問題。歐陽予倩建議「最好能多演出」，同時「組織公開的劇運座談會，最好是請宣傳委員會也派員參加」。但是，「張先生」卻恐怕因此「遭暗中的迫害」而遲遲沒有答應。歐陽予倩緊接著就寫道，幾天後，他聽了另外一個朋友提到，簡國賢曾被一個不相識的「人物」用手槍指著，威脅不得「再寫《壁》那樣的戲」。他才理解「張君的恐懼不是無理由的」。因此，「本將由延平學院學生演出」的《趙梯》，也因為「『二二八』事變突起，學院被解散，恐怕再也演不出了」。

從文脈來看，歐陽予倩所寫的「張先生」，應該

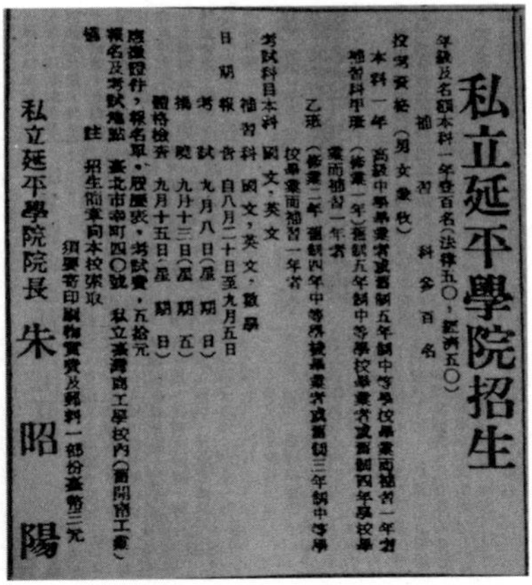
私立延平學院招生
年級及名額 本科一年壹百名（法律五〇，經濟五〇） 補習科參百名
投考資格（男女兼收）
本科一年 高級中學畢業者或舊制五年制中等學校畢業而補習一年者
補習科甲班（修業一年）舊制五年制中等學校畢業者或舊制四年學校畢業而補習一年者
乙班（修業二年）舊制四年中等學校畢業者或舊制三年制中等學校畢業而補習一年者
考試科目 本科 國文，英文
補習科 國文，英文，數學
日期 報名 自八月二十日至九月五日
考試 九月八日（星期日）
揭曉 九月十三日（星期五）
體格檢查 九月十五日（星期日）
應繳證件，報名單，履歷表，考試費，五拾元
報名及考試地點 臺北市幸町四〇號 私立臺灣商工學校內（舊開南工業）
備註 招生簡章向本校索取 須要寄印刷物實費及郵料一部份臺幣三元
私立延平學院院長 朱昭陽

一九四六年八月延平學院在《人民導報》的招生廣告。

就是簡國賢。一九九〇年四月，我在北京採訪流亡大陸的戰後初期學運領袖之一的葉紀東時，第一次聽到這段不為人知的，有關簡國賢在二二八前的創作活動。葉紀東（1927-2000）本名葉崇培，高雄苓雅寮人，日據高雄中學校畢業，台灣光復後就讀台北延平學院，經父親友人孫古平介紹，認識了同是老台共出身的地下黨人廖瑞發，從而加入了組織。他說《趙梯》的劇本是簡國賢寫的。就在二二八事件爆發前不久，他通過台大學生兼《中外日報》記者的地下黨員吳克泰（本名詹世平，1925-2004），拿到劇作家簡國賢編寫的劇本《趙梯》。他剛好想要擴大團結其他幾個讀書會，於是就想借著共同演戲的方式來完成這個要求。在此之前，他已經通過就讀師範學院的雄中同學，以及台大學生的關係，把讀書會搞到這兩個學校了。於是就把《趙梯》發給這些讀書會成員分頭閱讀，然後再分配角色。二月二十六日晚上，簡國賢應邀特地從桃園趕來，為他們講解劇情。他向他們解釋說，「趙梯」其實是閩南話「該打」的諧音，它主要是想通過反映社會上司空見慣的種種不法無理的事，激勵人民起來抗爭，打不平。聽完簡國賢的解說，他們當場決定，從第二天晚上起開始排練。但是，二十七日晚上，葉紀東在延平學院上完課，就要趕去組織排練，延平路上卻傳出了私菸查緝而引起警民衝突的消息。他們的演戲計畫及其他讀書會的活動也只好被迫取消了。大家都起來響應民眾的抗議。

同一期間，吳克泰在接受我的採訪時也說，他曾經在事變發生前專訪過歐陽予倩。因此，他可能從那裡拿到《趙梯》的劇本，然後再轉給葉紀東。而歐陽予倩在二二八事件後發表於上海《大公報》的文章，把劇作者寫成「一位張先生」，卻又刻意提到簡國賢被威脅警告的事情，就可以理解為，這是他為了保護簡國賢，不得不刻意模糊的筆法了。

《台灣電影戲劇史》（第三四一頁）載稱，自一九四七年三月十五日至五月十五日改組省政府止，鐘聲新劇團呂傳財曾依法向省公署教育處第四科藝術教育股登記上演《趙悌（梯）》，至於劇本審查是否通過，是否實際演出，則未見記載了。

三　桃園暴動的主動分子之一

簡國賢在桃園縣警察局的《訊問筆錄（第二次）》，稍稍透露了他在「二二八」事變前某夜的行蹤片爪說，以往，他與台灣商工學校學長、台灣省參議員林日高會晤，總是在另一台灣商工學校學長，也是戲劇界朋友王井泉的家中。可是，那天晚上，林日高卻到桃園，請他的朋友龜山人顏將興叫他，當面對他說「近接獲友人來信，說當局嫌疑你的研究會有共產思想問題，我當你的

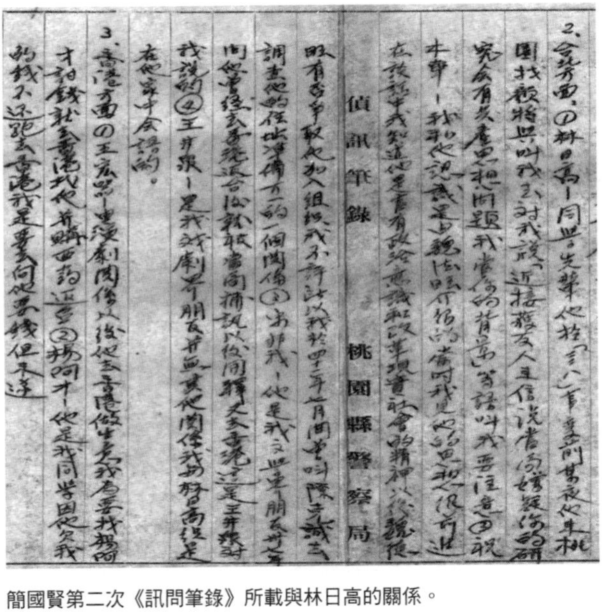
偵訊筆錄　桃園縣警察局

簡國賢第二次《訊問筆錄》所載與林日高的關係。

背景。」等語，並叫他要注意。

顏將興，一九一二年出生，一九三七年台北帝大附屬醫學專門部畢業，服務於台北帝大醫院小田內科，一九四〇年在桃園街開業須賀醫院。據一九四三年三月十五日興南新聞社發行的《臺灣人士鑑》所載，時名須賀正夫。林日高（1904-1955），出身板橋小地主家庭，曾在上海參加何應欽的北伐軍，在廈門海員工會工作，一九二七年七月加入中國共產黨，一九二八年參與台灣共產黨的籌建工作並被選為五名中央委員之一，返台發展組織。一九三〇年四月中旬，為了及時取得中共和共產國際的指示，調整台共對日本殖民統治的鬥爭策略，他作為僅有二十五名黨員的島內台共領導人赴滬，擬了一份關於台灣抗日革命的《報告》，呈中共中央和共產國際遠東局。九月返台後聲明脫黨。但一九三一年三月起日本殖民當局全面檢舉台共黨員時還是被處刑六年，一九三七年中國的全面抗戰打響後出獄。在殖民當局的監視之下，他只好到太平山製銷樟腦油，一九四五年日本投降後又回到板橋，並於九月二十日被任命為三民主義青年團中央直屬台灣區團台北分團籌備處宣社股長。

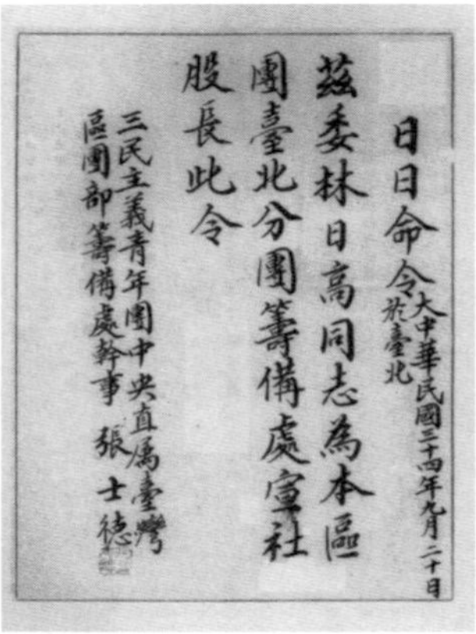
日日命令 大中華民國三十四年九月二十日 於臺北
茲委林日高同志為本區團臺北分團籌備處宣社股長此令
三民主義青年團中央直屬臺灣區團部籌備處幹事 張士德

三青團台灣區團部籌備處的派令。

一九五四年元月十二日，簡國賢在保安處偵訊時供稱，他認識林日高就是在台灣光復初參加三民主義青年團的時候，但關係「並不深切」。

因為距離台北不遠，一九四七年二月二十七日，台北延平路暴動的消息，當晚就傳到平日寧靜的桃園。大約八點多，簡國賢帶著劉里來到大廟。現場已經是人山人海。許多激動的年輕人紛紛跳上戲台，批評政府官員無能腐敗的作風，並且高呼打倒貪官汙吏的口號。台下的聽眾聽了也都鼓掌呼應。不久，縣政府派來一大隊警察到現場驅散民眾。簡國賢牽著劉里，跟著一部分被驅散的民眾轉往桃園座（戲院）。那裡，已經有好幾百名從南洋歸來的青年正在召開群眾大會，議論沸騰。後來，有人認出了簡國賢，就邀請他上台講話。簡國賢雖然口才並不流利，卻也不推辭，從容地走上台，面對群眾講話。劉里女士記得，簡國賢當時所講的內容，除了批評政府的腐敗、官員的歪哥外，還特別呼籲大家不要傷害無辜的外省同胞。

三月八日，國民黨軍隊在基隆登陸，隨即展開肅清。同月十七日，戒嚴令擴大於全省各地。全省各地陸續傳來鎮壓與逮捕的消息。人心惶惶，不可終日。十八日，保密局張秉承「奸情台31號」致電南京言普誠「報國軍圍剿桃園叛徒情形」內稱：「桃園之暴動，簡國賢亦為主動分子之一」。另外，寫於「台灣省警備總司令部別動隊司令部用箋」的「桃園並件」情報則謂，「桃園一帶之反黨」在「三月一日後」，「指揮者皆

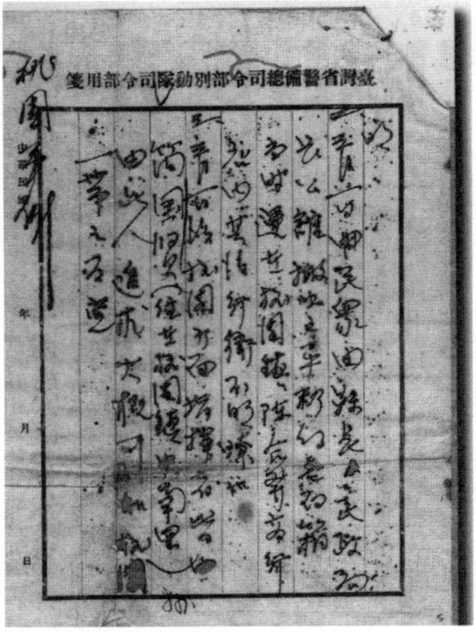
臺灣省警備總司令部別動隊司令部用箋

保密局有關簡國賢與二二八的情報之一。

由簡國賢（住在桃園鎮中南里）」，只要查明簡國賢的下落，就大概可知「桃園一帶之反黨」的行蹤。然而，簡國賢顯然並沒有因此被捕入獄。

簡國賢《訊問筆錄（第二次）》載稱，「二二八」事變後，在顏將興家中，一個叫莊□來的朋友與他「談起謝雪紅在台中埔里的情形，並說謝雪紅已乘船逃亡出境。」同年夏天，他與姐姐介紹認識的上海人王親治、另一名不詳者，還有當時「並無匪黨組織關係」的周龍潛、陳永富、陳麗卿等人，同赴角板山旅行，並「會晤角板巡官李奎吾」。

然而，林日高卻於八月十一日被捕，並於十一月一日被檢察官林炳仁起訴，內稱他於一九四六年六月九日至十三日，與另一省參議員「王添灯發起聯合組織之聖烽戲劇研究會假中山堂公演《羅漢赴會》及《壁》等劇劇情為鼓動無產階級鬥爭並以驅逐台灣政府機關與建立赤色政權為中心思想該項公演旋經由前長官公署宣傳委員會予以禁止」。由此可知，簡國賢與宋非我，乃至於聖烽戲劇研究會所有同仁當時的處境。

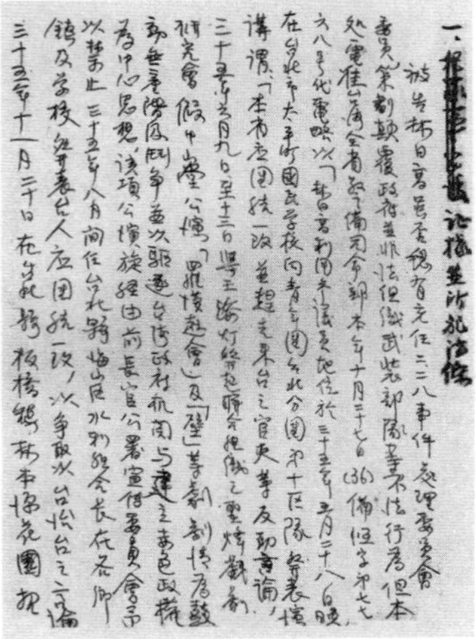

一九四七年十一月一日林日高被起訴為聖烽演劇研究會的後台。

四　由演劇的分析觀察猶大的悲劇

與此同時，十月十日，簡國賢在《潮聲報》發表了中文書寫的〈由演劇的分析觀察猶大的悲劇〉一文。他的「猶大」，就是眾所周知，為了三十兩銀子而出賣耶穌的十二個使徒之一的加略人猶大（Judas）。一九二一年，義大利無神派領袖、著名文學家巴比尼（Giovanni Papini, 1881-1956）因為對第一次世界大戰的痛恨而寫成《基督傳》（《基督的生涯》），並被譯為包括中文的數國文字，廣為流傳。巴比尼認為「猶大為何陷害耶穌」是一個重大的謎題，歷來，有人把它歸諸為猶大對金錢有貪欲，也有人認為是因為他與耶穌對於「上帝之國的見解互異」。因此，簡國賢據此切入，「脫離了宗教的範疇而從演劇的立場」，指出猶大其實是神自編自導的一個「作惡以成善」的悲劇人物。

簡國賢寫道，耶穌相信自己是「上帝的兒子」，是「救世主」，而有「自覺覺人的使命」。所以，「耶穌在十字架上的死，便引起了上帝創作戲曲的動機，以救濟人類為主題——必然要其展開，在將所有的現實生活為舞台戲曲上的登場人物裡，耶穌卻是當主角的為善者，猶大則是對

中華民國三十六年十月十日（星期五）　潮聲報

新潮

由演劇的分析觀察
猶太的悲劇
簡國賢

一九四七年十月十日《潮聲報》。

頭的作惡者。作惡者〔不〕是為〔了〕要使為善者的存在精彩，而是要展開主題的立場上需要〔的〕人物。若無其對象，便不能成立為善者之所以為善。善惡如天秤上的砝碼和物件一般，始終是相對的。惡的重量愈重，其善則愈抬高。猶大的角色就是惡的重量。而其門生賣了他的老師，便是提高其悲劇的效果；且潛在猶大民族性格中的反逆性，卻有帶了辯證的。」他指出，「祕密的耶穌是預先就知道猶大會反逆的」。儘管如此，「耶穌更命猶大說：『你所要做的快做罷！』因為若沒有猶大的反逆，便不能完成自己的使命——帶著宇宙的規模的人類救濟的悲願。」因此，「猶大的惡行，卻也是上帝的主意了。他不過是由上帝任意牽引之線所操縱著的可憐紙人而已。他的反逆是依照上帝的戲曲的總綱的，因之便造成總綱的轉機——把耶穌殺害。」所以，他認為，倘若耶穌是為了救人類而上了十字架的受難者，那麼猶大也是承擔人們的咒罵的受難者。差別在於「耶穌是已意識到自己的角色；但猶大並不意識到自己的角色了。在無意識之中，他當了上帝的戲曲的登場人物之一。猶大的悲劇，便從此而開始。」他強調，一直到「背叛耶穌之時」，猶大都是「舞台戲曲上的登場人物」，嗣後，因為不被上帝「關心」了，他才脫離「由上帝所繫的線」而回到人間，並在感受到「優伶猶大時代」的無情行為時不禁上吊自殺。他感嘆道，上帝或許想不到「猶大之死」吧！甚至欣喜「自己的戲曲」能因此更加精彩，而不考慮要如何洗雪「猶大所留下的汙名」。以至於後來，但丁（1265-1321）在《神曲》的第一部「地獄篇」把猶大推到地獄的最底層。他又不平地說，「但背叛耶穌的，不僅猶大一個；連彼得亦如耶穌的預言，他說三次不知道耶穌，而終於反背了對於耶穌的信義。」然而，「不同的是，猶大因自責自殺而死，永遠沉淪於地獄；彼得卻因自責痛哭悔改而成為初期教會的棟梁。在英文裡，猶大幾乎等於『叛徒（traitor）』的同義詞了。」

彼時彼地，簡國賢發表這樣帶有生命哲學反思的短文，是不是反映了他在歷經二二八動盪之後的思想狀態呢？

五　組織民主自治同盟

一九五三年十二月十七日被捕之後，簡國賢在台中市警察局的「第一次談話」，稍稍交代了二二八之後的思想狀態。他說他在日本殖民統治的「十餘歲時就開始關注及研讀共產主義思想，經日人壓迫而放棄」。光復後，因政府失政，使他「又燃起共產主義需要的思想」。就在這時，他的「思想又起了轉變」，並且在後來參加了共產黨的組織，而他「加入共產黨組織，應該先從民主自治同盟說起」——還是在日據時代，他「和簡萬得因對戲劇興趣相投，時常往來」。簡萬得並向他借閱書籍。後來，他們又與

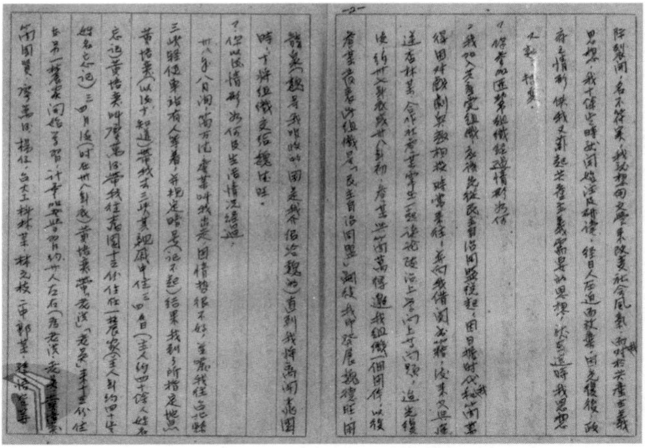

簡國賢「第一次談話」稍稍交代了二二八之後的思想狀態。

「運送店林某及合作社詹某常在一起談論政治上、學問上等問題。」台灣光復後，大約一九四八年底或一九四九年初，詹某與簡萬得又邀他「組織一個團體。以後詹某發表此組織是『民主自治同盟』。」

在情治單位的檔案記載中，簡萬得是「中共省工委桃園區委會區委及支部書記」，化名「謝仔」、「阿順」。至於簡國賢所說的「運送店林某」，根據台灣省保安司令部（40）安潔字第二九二二號判決書所載，應該就是後來被判死刑的桃園倉運公司運送店店員林挺行。另據（40）安潔字第二四七五號判決書，「合作社詹某」則是以所謂「中共省工委桃園區委書記」頭銜而被判死刑的桃園信用合作社職員徐木火。

一九五三年十二月二十九日，簡國賢在桃園縣警察局的「訊問筆錄（第二

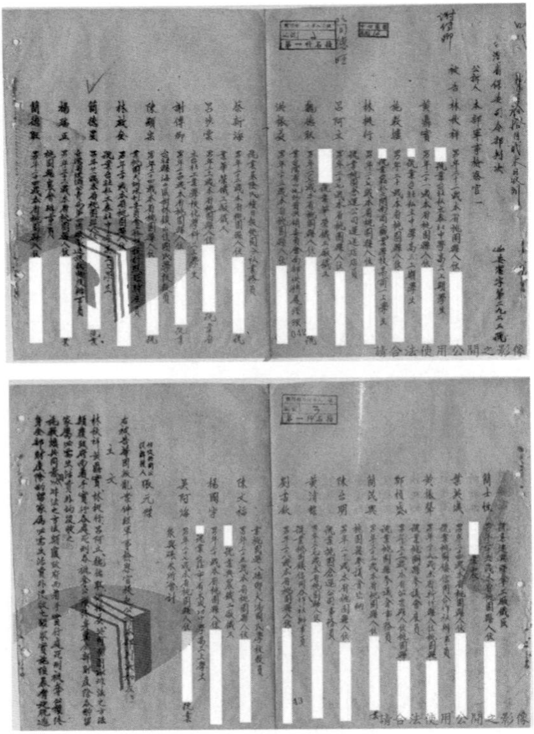

一九五一年七月九日，林挺行與魏德旺判處死刑、吳阿海處有期徒刑十年的判決書首兩頁。

次）」又稍加具體地補充了他參加組織的經過情形說：一九四九年五六月間，簡萬得、徐木火在簡國賢家叫他發起組織一個團體，起初並無名稱。經過半個月後，徐木火就說這個組織是「民主自治同盟」，領導人是簡萬得。工作任務是「發展關係，建立舊新竹縣組織」。簡國賢的地位是「桃園地區負責人」。

那麼，這裡的「民主自治同盟」是否就是謝雪紅等人在香港成立的「台灣民主自治同盟」呢？

一九四七年七月以後，因為參與二二八鬥爭被通緝而流亡上海的謝雪紅、蘇新、楊克煌等老台共，經由中共上海局安排，陸續轉往香港，共同創辦了「新台灣出版社」，出版《新台灣》叢刊。為了「工作方式」的便利，他們以香港為據點，向台灣宣傳國

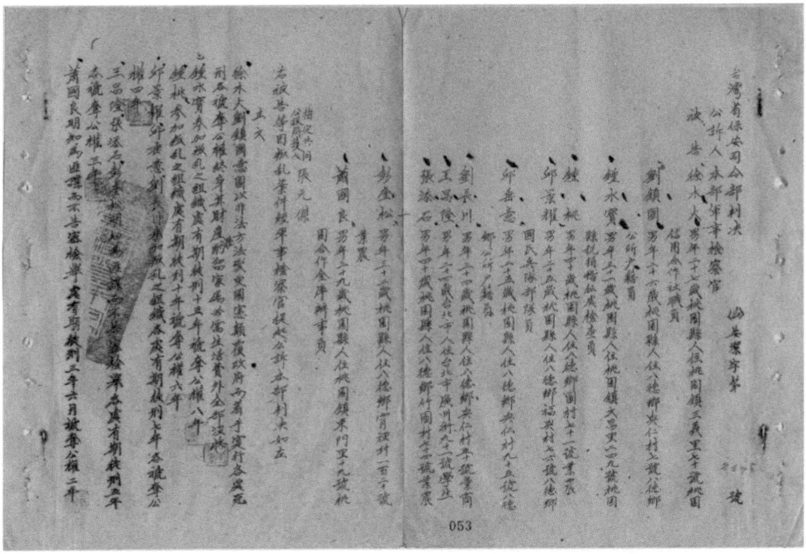

一九五一年六月六日，徐木火判處死刑、鍾水寶處有期徒刑十五年的判決書首兩頁。

內外形勢，特別是國內革命情況；向國外或大陸揭露蔣政權壓迫和剝削台灣人民的情況。同時利用香港的報紙，公開反對託管運動和美帝侵略台灣的陰謀，把在大陸及海外的台胞聯繫起來等等。他們認為，最好用一個政治團體的名義出面，比較便於進行這些工作，也比較有效果。更重要的是，他們從二二八鬥爭的失敗經驗認識到：如果沒有一個強有力的「統一戰線」團結各階層的革命力量，就不能與共同的敵人鬥爭到底，在鬥爭的過程中，革命力量必被敵人分化。然而，如果沒有一個包括各階層的政團，提出代表各階層利益的政綱，公開出來號召，要團結各階層的民眾，也是不可能的。由於這樣的血的教訓，「統一戰線」的組織就成了台灣革命運動者二二八後的重要任務。他們於是根據台灣人民追求民主自治的政治訴求，在十一月十二日組織了「臺灣民主自治同盟」。但是，為了避免被香港政府發覺，他們暫不公表該盟「籌備會辦事處地址及會員名單」，並且公開聲明在台北成立，總部設在台北。以後，它的一切聲明、宣言、新聞消息等等，都用「台灣通訊」的形式或以「台盟」的名義發表。

《新台灣》叢刊。

一九四八年年底，簡國賢也去了一趟香港。簡國賢《訊問筆錄（第二次）》載稱，他聽王井泉說，宋非我「自稱做生意」於一九四七年去了香港，一九四八年間返台後就被當局逮捕偵訊。後來，他又聽《壁》與《羅漢赴會》兩劇的舞台裝置，在台北市開太陽招牌店的簡換陽說，宋非我「因為與廖文毅獨立運動有關係」而被捕，保釋以後又去香港了，情況不詳。他於是想去香港找宋非我。

關於「廖文毅獨立運動」，安全局機密文件《歷年辦理匪案彙編》第二輯「偽台灣再解放聯盟台灣支部黃紀男等叛亂案」記載：一九四七年六月，出身雲林縣西螺鎮地主士紳家庭的廖文毅（1910-1986）、廖文奎（1905-1952）兄弟以「獨立台灣」為號召，在香港九龍半島酒店組織「台灣再解放聯盟」，企圖爭取國際同情，協助台灣「獨立」或「託管」（第八十五頁）。《歷年辦理匪案彙編》第二輯「匪外圍組織『愛國青年自治同盟』黃崇國等叛亂案」另載，一九四八年四月間，台灣省工委會獲悉「台灣再解放聯盟」在台灣祕密吸收一批青年（共十一人），送到香港，施以訓

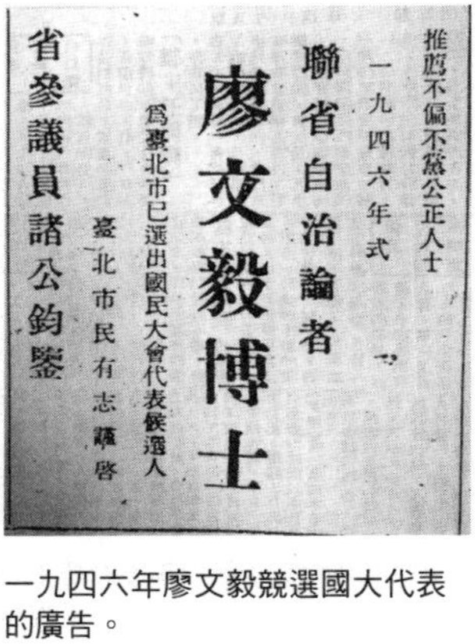

一九四六年廖文毅競選國大代表的廣告。

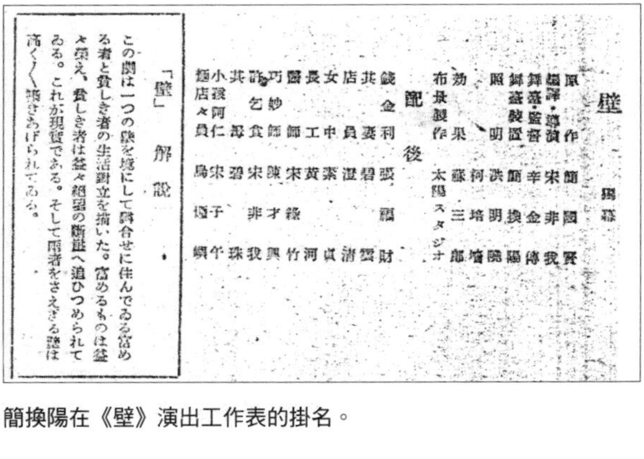

簡換陽在《壁》演出工作表的掛名。

練，作為基本幹部，於是利用這個機會，密遣青年黨員張金海、許希寬等人打入該批青年當中，赴港受訓，很快就把由台灣再解放聯盟直接選拔吸收的人拉到自己這邊來。「台灣再解放聯盟」的組織人員於是停止這批青年的訓練，立刻把他們經由上海遣返台灣並斷絕關係（第三六五—三六八頁）。

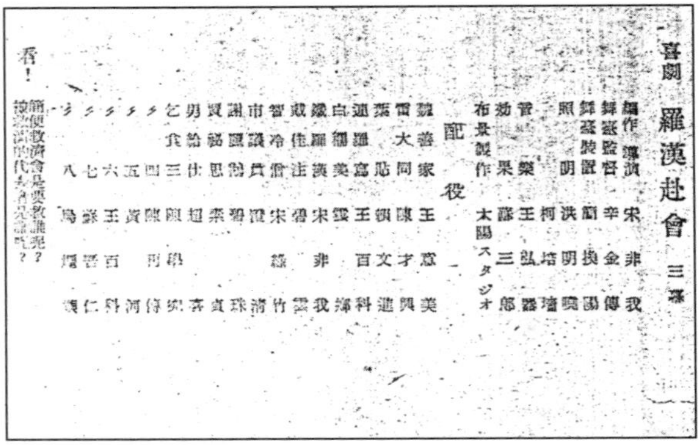

王宏器在《羅漢赴會》演出工作表的掛名。

那麼，簡國賢的香港之行與此有關嗎？

簡國賢《訊問筆錄（第二次）》續載，一九四八年年底，他要去香港，向欠錢不還的同學楊阿才討債，於是由任職台灣省山地物資供銷委員會南部供銷處經理的魏德旺介紹，認識了台灣省合作金庫研究室統計課長祝木華，並借得一筆款項，充作旅費。但是，款項取得後卻遭人騙去。他又向台北市某茶葉公司老闆借款，始能成行。出發前，簡萬得介紹桃園人游好文給簡國賢認識，又找了同事林清發，四人合股出資，讓簡國賢購買西藥回台販賣。到了香港，簡國賢也去找負責《羅漢赴會》的音樂，《壁》被禁之後去香港做生意的演劇界朋友王宏器，打聽宋非我的下落。雖然，錢沒要回來，宋非我也行蹤不明，簡國賢還是購買了一批西藥返台。

四十年的歲月匆匆流逝。

當我在台北社子找到宋非我的時候，首先把自己第一次聽到他的名字的情況告訴他。同時也向他求證林雪嬌女士所說他在「二二八」的廣播等事情。可是，他對我所提的話題並沒有正面回應，既不承認，也不否認。顯然，他還是有相當的顧慮。後來，經我一再提起，他才向我透露一些自己在「二二八」之後的遭遇。

宋非我回憶說，二二八事件後，特務頭子林頂立（化名張秉承）說他整日到晚跑來跑去，不知在做什麼，就把他抓到警備總部關了起來。他看到許多有名的人都被抓進去了。後來，他才曉得國民黨抓這些人並不是真的要找他們的麻煩，而是希望這些台灣名人能夠出面安撫民心。半年之後，他就因為查無犯罪事實，在台灣仕紳許丙（1891-1963）作保之下暫時保釋。但是，出獄以後，他還要定期向管區報到。後來，因為生意的需要，電台又跑來找他回去上班。雖然他們說政治的歸政治，廣播的歸廣播，但他對國民黨已經完全絕望了，再加上不願再受情治單位的騷擾，到了一九四九年，中華人民共和國成立之後，就於適當機會，以到日本做生意的理由，離開台灣，然後再從日本轉赴上海。

這樣看來，雖然名稱、性質類似，但簡國賢等人所成立的「台灣民主自治同盟」，與謝雪紅等人在香港所成立的「台灣民主自治同盟」，顯然並無實際的從屬關係。《訊問筆錄（第二次）》也記載了簡國賢「民盟時代在桃園鎮活動經過情形」：

當時，除了徐木火、簡萬得之外，時常在簡國賢家中出入，或他較常接觸的有泉興碾米所會計吳阿海、桃園縣稅捐稽徵處檢查員鍾水寶、周龍潛、王木財、林壽鎰、陳定坤、顏將興、陳長清、陳長鍾、林挺行、林秋興等地方青年，大部分是借看小說，有時也談到現實社會問題。但他因「家庭經濟不佳，父母雙亡，所以工作未十分積極」。嗣後，魏德旺從屏東返桃園，簡國賢就吸收他加入組織。但是，組織沒有經費。同年六月，簡萬得計劃去向他老闆林書亨要錢，可他「太年輕，不好意思開口」，就介紹簡國賢與林書亨認識。七月間，有一天，簡國賢就向林書亨說：「現在我們需要一些錢，但這個錢不是我個人要用，請你幫助。」林書亨知道簡國賢是一個有「共產思想問題」的人，也知道他和簡萬得來往非常密切，有「共產黨的組織活動」，當然更知道他要的錢是「組織需要」。但他還是「滿口答應幫助」他們。

六　轉入地下

不久，簡國賢在三民主義青年團時認識的林阿鐘來他家通知他說：「我聽到外頭有風聲說政府要抓你。你要趕緊逃避。」簡國賢向簡萬得匯報並觀望了約一星期之後決定轉入地下。臨走前，簡國賢把周龍潛交給魏德旺領導。他考慮到，除了陳長清和陳長鐘之外，其他幾人都和魏德旺認識，所以就沒有特別介紹。臨別時，他又囑咐他們有事與徐木火、簡萬得聯絡。

簡劉里女士回憶說，有一天，簡國賢突然神色凝重地向她說，現在外頭亂，他想到日本做點生意。她想到他那向來愛批評時政的個性不知哪天就會出事，當下就答應他，說出去也好，不然，他一張嘴愛說話，早晚要出事的。可她怎麼也沒想到，他這一去，竟然就沒再回來了。

簡國賢《談話筆錄（第一次）》與《訊問筆錄（第二次）》續載：一九四九年八月間，他由簡萬得帶去台北市大世界戲院附近的林書亭家。除了簡萬得，林書亭的雇員林清發和經理游昌雍都是地方組織的重要幹部，但和簡國賢都沒有正式組織關係。

彷如當年辦案的情治人員一般，歷經輾轉數年的循線尋訪之後，一九九四年五月十三日，我在桃園市中山路一座市場內的小草藥店採訪了老家在蘆竹鄉中福村，一九四九年十一月間「經簡萬得介紹，參加匪幫中福村支部，負責探取情報等工作」而被處刑十五年的游昌雍先生。他向我證實說，那時候，他在台北康定路一家私人公司當經理。林書亭是董事長。他也記得見過簡國賢。但沒有直接關聯。

簡國賢在林書亭家住了約十天。簡萬得又向他傳達「詹某」的指令，說「情勢很不好」，叫他要轉移。因為這樣，他還沒有取到林書亭答應幫助卻「有事耽擱」的那筆錢，就離開林家了。他遵從簡萬得通知的時間，

一九九四年五月十三日游昌雍。（藍博洲／攝）

涉案人犯處理情形

姓名	性別	年齡	籍貫	出身	職業	參加匪黨時間	匪黨職務	處刑情形
黃培奕	男	31	台北	台北第二商業學校畢業	公論報會計室課員	三七年二月	匪海山桃園地區負責人	自首
龔阿斗	〃	29	〃	國校高等科畢業	煤礦工人	三八年八月	圳子頭支部書記	〃 〃
陳清要	〃	34	〃	國校畢業	〃 〃	三八年八月	圳子頭支部副書記	〃 〃
謝萬福	〃	29	〃	國校一年	流氓	三七年六月	匪武裝工作隊員	〃 〃
鄭媽意	〃	24	〃	國校畢業	煤礦工人	三九年三月	〃 〃	〃 〃
林金標	〃	25	〃	未讀書	〃 〃	三九年五月	〃 〃	〃 〃
謝錦珍	〃	25	桃園	高中畢業	國校教員	三九年二月	黨員	自新
黃則榮	〃	23	台北	私立泰北中學高中肄業				自首
葉天籌	〃	47	〃	國校二年	印刷工人			〃 〃

前台灣省保安司令部報奉國防部四十二年五月十七日（42）昌署字第一五〇三號暨（42）昌署字第三七二二三號兩代電核准。

檔案號：FA1.1/236

安全局機密文件的黃培奕等人檔案。

來到台北縣三峽輕便車站，然後按照規定的聯絡暗號，與一個叫做老沈（以後知道本名黃培奕）的人接晤。老沈就引介他住在一個年約四十餘歲，名叫阿鉤（本名謝錦珍）的親戚家中。大約一周之後，九月初，老沈又介紹廖萬得帶簡國賢到十三份山村。

第六幕

從十三份到圳仔頭

一九八八年十月二十六日晚上九點多左右，我的尋訪簡國賢的旅程，從台中縣大甲鎮循線轉移到大安溪北岸。在苗栗縣苑裡鎮一處位於荒涼的墳地旁的簡陋工寮，一個佃農家庭出身的革命者石聰金先生（1925-2018）向我詳細憶述了他與簡國賢一起流亡的生涯。他說他認識簡國賢是在桃園山地鄉一個叫做十三份的山村。於是，我第一次聽到十三份這個不為人知的紅色山村的地名。訪談一直進行到第二天天亮。說到痛心處，石先生號啕痛哭了好幾次。而談起十三份，他說就得從太平洋戰爭說起。

二〇一六年五月十六日石聰金與筆者。

一　見證人石聰金

一九四一年太平洋戰爭爆發後，石聰金被日本殖民當局徵調到海南島，充當海軍農業員，因而結識了一個來自桃園十三份，原本是車床工人，在部隊裡充當海軍工員的同年兵廖成福。兩人很快成為好朋友。那時候，海南島經常有一些抗日的共產黨游擊隊出沒。有一回，他們目睹了日軍砍殺十五個被俘游擊隊員的慘烈景象。後來又有一個當地青年告訴他們，說中國有兩個黨，一個是有錢人的國民黨，另一個是窮人家的共產黨。由於童年時候的窮苦經驗，他們對這個窮人家的黨感到好奇，就開始打聽有關共產黨的種種事情。

隨著戰況惡化，兵員消耗，從一九四四年九月一日開始，日本殖民當局也針對台灣籍民實施徵兵制。從此以後，不管喜歡或不喜歡，台灣青年被迫要為日本帝國主義的侵略戰爭服兵役。一九四五年春天，年滿二十歲的石聰金與廖成福也被徵調去當日本兵了。他們跟隨部隊先到海口，然後搭船到廣東省的雷州、湛江，一路走到廣州。就在這時，日本投降了。戰爭結束。他們與其他台灣人日本兵和三百名女護士，總共五千人，都成為軍俘，集中在花地「國民政府軍事委員會廣州行營台籍官兵集訓總隊」。

集訓總隊主持人是原東區服務隊領導丘念台（1894-1967）。他任命原隊員、台北帝大醫學部畢業的屏東佳冬人蕭道應（1916-2002）為中校政訓主任，蕭道應的妻子黃怡珍（1917-2005）則被派為少校教官兼女子大隊副大隊長。其他台籍的輔導教官還包括文學家王詩琅（1908-1984），以及張旺和鄧錫章等人。他們為這些戰俘組織了學習班。經過學習之後，石聰金與廖成福就和同年兵邵水木及黃培奕，以及女隊員高草等幾個思想左傾的隊員，組織新台灣建設協會，準備回去建設台灣。

一九五〇年代的蕭道應與黃怡珍。

一九四六年，他們四個男隊員一起回到台

灣。由於整個社會的經濟不景氣，他們也都成了失業青年。有一天，石聰金讀到《台灣新生報》社長李萬居一篇談失業問題的文章，對他的一些看法感到不滿，於是找到黃培奕與邵水木，一同到報社找他辯論。李萬居見了來勢洶洶的三名青年，不但不動怒，反而很高興，說他回來台灣已經六個多月了，今天是頭一次有台灣青年來找他談問題。之後，他們就應李萬居之邀，共同從事失業救濟的工作。二二八事件後，李萬居被趕出《新生報》，十月二十五日又創立了《公論報》。他立刻叫他們三人到報社工作。黃培奕與邵水木管會計。石聰金負責發行。

與此同時，一九四六年三月下旬，嘉義新港籍中共黨員張志忠（本名張梗，1910-1954）化名楊春霖返台，組建中共在台地下黨組織。七月，台灣省工作委員會在台北成立，張志忠擔任台灣省工委委員兼武裝工作部部長。同年冬天，返台後擔任台大

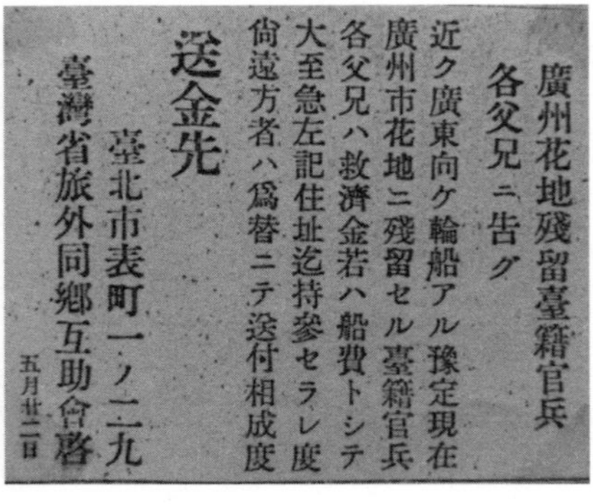
廣州花地殘留臺籍官兵
各父兄ニ告グ
近ク廣東向ケ輪船アル豫定現在廣州市花地ニ殘留セル臺籍官兵各父兄ハ救濟金若ハ船費トシテ大至急左記住址迄持參セラレ度尚遠方者ハ爲替ニテ送付相成度
送金先
臺北市表町一ノ二九
臺灣省旅外同鄉互助會啓
五月廿二日

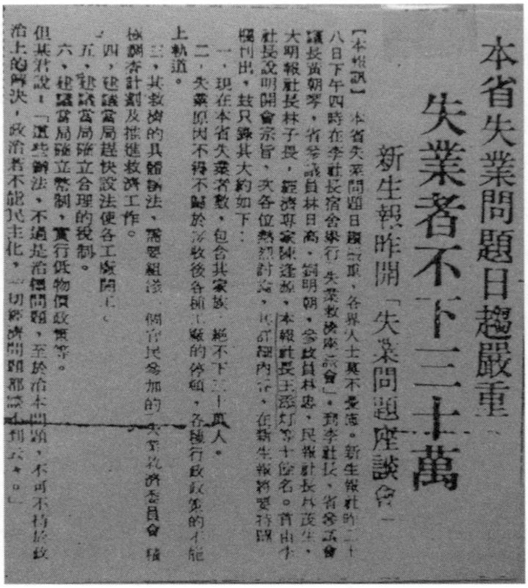
本省失業問題日趨嚴重
失業者不下三十萬
新生報昨開「失業問題座談會」
【本報訊】本省失業問題日趨嚴重，各界人士莫不憂慮。新生報社於二十八日下午四時在李社長宿舍舉行「失業救濟座談會」，到李社長、省參議會議長黃朝琴，省參議員林日高、劉明朝，參政員林忠，民報社長林茂生、大明報社長林子畏，經濟專家陳逢源，本報社長王添灯等十餘名。首由李社長說明開會宗旨，次各位熱烈討論，[illegible]討論內容，在新生報將要詳細刊出，玆只錄其大約如下：
一、現在本省失業者數，包含其家族，絕不下三十萬人。
二、失業原因不得不歸於光復後各種工廠的停頓，各種行政政策的不能上軌道。
三、其救濟的具體辦法，需要組織一個官民參加的失業救濟委員會，積極調查計劃及推進救濟工作。
四、建議當局趕快設法使各工廠開工。
五、建議當局確立合理的稅制。
六、建議當局確立統制，實行低物價政策等。
但某君說：「這些辦法，不過是治標問題，至於治本問題，不可不待於政治上的解決，政治若不能民主化，一切經濟問題都[illegible]。」

上：一九四六年五月二十五日《人民導報》。
左：一九四六年八月二十九日《人民導報》。

法醫室主任的蕭道應由「廣東東江縱隊薛某」介識張志忠，並由他吸收入黨。一九四七年年底，蕭道應帶領張志忠來到位於縱貫鐵路桃園到鶯歌下坡路段的黃培奕家，並將黃培奕和石聰金介紹給他認識。一九四八年，二二八周年紀念日前兩天，黃培奕和石聰金就到離黃家兩公里處山邊的駁崁，用油漆書寫大字標語：「毋忘二二八，血債血還！」「記住二二八，台灣青年起來！」事後，蕭道應向他們轉達說張志忠看了這標語非常滿意。後來，張志忠又把因為台南的組織暴露而轉入地下的原台南新豐農校校長陳福星（化名老洪）帶到鶯歌黃家隱蔽，並領導新竹以北所有組織，積極展開活動。黃培奕和石聰金也奉命同時辭掉《公論報》的工作。黃培奕回鶯歌發展組織。石聰金回老家苑裡推動三七五減租的農民運動。

二　十三份

一九四九年，隨著大陸國共內戰的局勢演變，台灣地下黨的工作也急遽展開。安全局機密文件載稱，八月下旬，國防部保密局破獲中共在台地下組織的《光明報》及「基隆市工委會」後，省工委會相關組織相繼被破獲瓦解，全省各地有大量同志遭到國民黨特務的監視或通緝。一時之間，風聲鶴唳，情勢頗為危險。張志忠於是面示陳福星積極整頓「台北縣海山區（鶯歌、樹林、三峽三個鎮），桃園縣大溪、龍潭區，新竹縣關西、新埔、竹東區，苗栗縣大湖區」等地的組織，「進行深入隱蔽之群眾運動，挑選積極分子，策動進入山區……編組小型武工隊，開展地下武裝活動，逐步壯大，擴展成為游擊根據地，然後始能做到裡應外合，配合解放軍之攻台」。這樣，地下黨員廖萬得的老家，在地理上離三峽、台北不遠的桃園十三份山村，也被開闢為重要基地，擔負起收容桃園地區流亡地下黨人的責任。（《歷年辦理匪案彙編》第二輯第三九三至三九四頁）

一九五三年十二月十四日廖萬得被捕後在台中市警察局的「偵訊筆錄」載稱，他的正名叫廖成福，萬得是他的乳名，桃園大溪十三份人，日據時代先在十三份日語講習所受教育，以後又入日本早稻田大學附設中學函授學校，畢業後做工為業，父存母亡，生活非常困苦。

❶

匪台灣省工作委員會叛亂案

偵破時間：三十八年十月三十一日至三十九年二月十六日

地點：台北、台中、高雄、基隆等地

匪諜及處理情形

姓名	年齡	籍貫	處刑	姓名	年齡	籍貫	處刑	姓名	年齡	籍貫	處刑
蔡孝乾	四六	台中	自新	陳定中	二六	廣東	自新	林青	二六	廣東	刑十五年
陳澤民	四二	福建	自新	陳克鳴	二七	廣東	自新	張世藩	二九	廣東	刑十五年
洪幼樵	三五	廣東	自新	馬雯鵑	一七	江蘇	自新	李振芳	四七	台北	刑十五年
許敏蘭	二五	安徽	自新	張志忠	四四	嘉義	死刑	楊克村	三八	彰化	刑十五年
蔡寄天	三二	廣東	自新	謝富	四六	台中	死刑	林坤西	四四	台中	刑三年

判決文號及日期	死刑執行日期
一、國防部四十年三月三十日則副字〇四一九號代電及四十三年三月十二日清澈字七五一號令核定。	二、四十年四月三日及四十三年三月十六日分別執行

案情摘要

共匪中央於三十四年八月，派蔡孝乾為台灣省工作委員會書記，蔡匪於同年九月由延安出發，間道潛行三個月，於同年十二月始抵江蘇淮安，向匪華東局（原稱華中局）書記張鼎丞，組織部長曾山，洽調來台幹部。三十五年二月，蔡匪率幹部張志忠等，分批到滬，與匪華東局駐滬人員會商，并學習一個月，同年四月，首批幹部先由張志忠率領由滬搭船潛入基隆，台北開始活動。蔡匪於同年七月，始潛台領導組織，并正式成立，「台灣省工作委員會」，由蔡本人任書記，直接領導「台灣學生工委會」，「台北市工委會」，「基隆市工委會」，「台灣省山地工委會」，「台灣郵電職工工委會」，「蘭陽地區工委會」，「台北峯地區工委會」等機構工作（後交由徐懋德統一領導）。先後并以陳澤民任副書記兼組織部長，領導台南、高雄、屏東等地區工作。洪幼樵任委員兼宣傳部長，領導台中、南投等地區工作。（後交由張伯哲領導）張志忠任委員兼武工部長，領導海山、桃園、新竹等地區工作（後交由陳福星領導）。案經保密局偵悉破獲。

❷

涉案人犯處理情形

姓名	性別	年齡	籍貫	出身	職業	參加匪黨時間	匪黨職務	處刑情形
陳福星	男	37	台南	日本大學畢業	新豐農業學校校長	三五年秋季	省委書記	自新
曾永賢	〃	28	苗栗	日本早稻田大學畢業	新竹議會總務主任	三六年六月	省委	〃
劉興炎	〃	28	新竹	日本藥科專門學校肄業	竹東香料公司職員	三八年一月	〃	〃
林希鵬	〃	26	苗栗	省立師範學院肄業		三七年九月	〃	〃
黎明華	〃	29	廣東	高中畢業	義民中學教員	三三年冬季	〃	〃
蕭道應	〃	37	屏東	台北帝國大學醫學部畢業	台大醫學院講師	三六年冬季	〃	〃

判決文號及日期：前內政部調查局與前台灣省保安司令部會銜報奉國防部四十二年十二月二十八日（42）昌署字第三七二三號代電暨國家安全局四十四年六月十五日（44）金甌字第一四二〇號代電核准。

檔案文號：FA9 30

❶ 安全局機密文件《歷年辦理匪案彙編》第一輯第十一至十二頁。

❷ 安全局機密文件《歷年辦理匪案彙編》第二輯第二二四至二二五頁。

簡國賢在十三份工作了五個月。他的兩次《訊問筆錄》綜合載道，一九四九年九月初，他由廖萬得帶到十三份基地。十月間，黃培奕來十三份，叫簡國賢寫自傳交給他，由他介紹參加中國共產黨，同時結束與「民主自治同盟」的關係。黃培奕並發給簡國賢十四年式手槍、子彈與手榴彈一枚。年底，黃培奕帶老洪與老吳（張志忠）來十三份，住在另一農家，並由老洪主持，在游阿文家中開約十天的學習會，除了老洪、老吳和黃培奕之外，參加者有簡國賢、廖萬得、老傅（蕭道應）、林元枝（原蘆竹鄉長）、楊仔（「四六事件」頭號要犯的原師範學院學生自治會主席周慎源）、二中郭某、台大工科林某（桃園武裝組織負責人、省工委會桃園縣委書記，化名老卓）、孫悟空（桃園人李詩漢、聯絡組組長）、林慶壽、水來仔、吳敦仁（化名阿成、魏仔）、謝錦清、王子英、李金吾、老林、瘦仔、黑人等，研讀《新民主主義》《七一文獻》《新中國》等理論。學習會之後，簡國賢就由老洪宣布為正式黨員，並指定與廖萬得、二中郭某等三人為一小組，起初由廖萬得任小組長，以後又改選簡國賢為小組長及十三份基地負責人，主要任務是鞏固群眾關係，

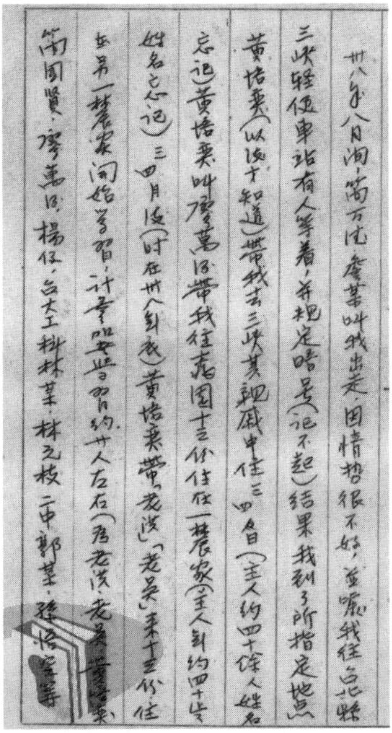
卅八年八月間，簡[illegible]叫我出走，因情勢很不好，並囑我往台北縣
三峽鎮車站有人等着，并規定暗号（記不起）結果我到了所指定地點
黃培奕（以後才知道）帶我去三峽某親戚中住三四日（主人約四十餘人姓名
忘記）黃培奕叫廖萬得帶我往桃園十三份住在一農家（主人年約四十歲
姓名亦忘記）三四月後（時在卅八年底）黃培奕帶老洪「老吳」來十三份住
在另一農家開始學習，計參加學習約廿人左右（為老洪、老吳、黃培奕、
簡國賢、廖萬得、楊仔、台大工科林某、林元枝、二中郭某、孫悟空等

簡國賢第一次《訊問筆錄》有關前往十三份的經過。

發展組織，建立游擊武裝（掩蔽）基地，教育幹部。之後，他吸收了當地農民郭成與邱順興，然後透過邱順興的關係，吸收了約九名群眾。透過郭成關係，在水流東也吸收了三人，其中兩名很年輕，一名是煤炭工。這段期間，他也曾與廖萬得和二中郭某同去角板山，找南桃警察分駐所巡官李奎吾（一九四七年夏天顏將興介紹認識），來往約五次，先是以感情聯絡，接著把老吳分給的數百元送他，然後拿《新中國》給他研讀，爭取加入組織。

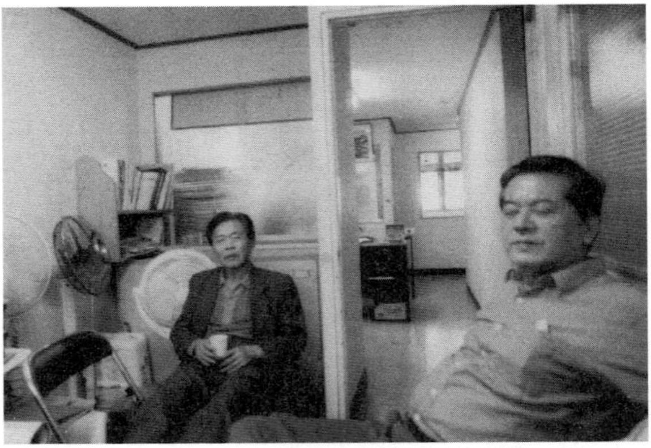

一九九四年十二月郭維芳（前）與黨人黎明華。（藍博洲／攝）

簡國賢所供的「二中郭某」，本名郭維芳，原台北二中學生，在情治單位的檔案裡是「省工委會海山區委會區委，化名老陳」。一九九四年十二月二十三日晚上，他在台北某茶藝館接受我的採訪時說，簡國賢可能是通過簡吉介紹給張志忠而到十三份的，然後和他一起被派去角板山做少數民族的工作。後來，原住民巡官李奎吾跟郭維芳要子彈打獵，這讓他警覺到不安全，於是就與簡國賢撤回十三份。

一九四九年年底，石聰金因為和廖萬得的關係密切，奉令以「民主人士」身分轉移到十三份，並且認識了簡國賢、林元枝、呂喬木（簡國賢所說的水來仔）、彭坤德等桃園地區流亡者，以及周慎源等人，一面從事勞動生產，一面展開集體學習。多年之後，他向我追憶說，他到十三份以後被派到慈湖翻過去頭寮山上的小礦坑挖礦，晚上才和郭成及他太太娘家的人（姓林），跟簡國賢一起學習。但是，他剛到的時候，並不知道簡國賢的本名，以及他的身世背景，只知道他叫老張。後來，他才漸漸知道，原來老張就是二二八前曾經轟動一時的《壁》的劇作者。

據我多方詢查之後得知，石聰金所說的「姓林」的，是家住頭寮，未滿二十歲的林先富（1931-2012）。一九八九年八月二十八日晚上，林先生在時為台北縣的新莊市丹鳳的住家接受我的採訪。他說，日據時代的公學校畢業後，他即在家務農。因為性格活潑，好交朋友，也就認識了公學校畢業後以海軍工員身分去日本學機械的郭成。當時山上沒電，照明要點油火。他在三井製茶廠負責機械維修，跟茶農接觸的機會也多。有一次，郭成帶他去十三份，認識一些朋友。聊天時，其中一位談到人類社會的發展過程、勞動的價值、生產關係、經濟的剝削與階級等等問題。因為使用的語言簡單，他都聽得懂，也聽得入耳。那個人，就是後來知道本名叫簡國賢的老張。身為佃農的他也因而明白，為什麼他和父親辛苦耕種十甲的農地，卻年年不夠繳租（一甲三十石），自己要吃的米還要偷偷藏起來。因為這樣，他就經常去聽居無定所，四處教育群眾的老張講道理。他也知道了，所謂政治，就是某個階級為了維護自身的利益而壓迫某個階級的具體表現。

十三份只是個茶村。石聰金又說，除了一家三井製茶廠外，沒有其他產業，田裡所產的十分之九是地瓜，剩下的十分之一才是米，一般副食品則以薑、桂竹筍等山產為主。居民的物質生活非常困苦。廖萬得的身分尚未引起當地村民注意，通過他，簡國賢的物質生活基本上還不成問題。他大部分時間住在年約四十歲的當地農民邱順興家。全村總共一百多戶人家，他只要一家輪流吃一餐，就可以解決溫飽問題。簡國賢又是個人道主義的文學家，對人性理解透徹，懂得如何安慰當地百姓的痛苦，因此，時常有村民把自己捨不得吃的雞蛋送給他吃。

簡國賢《訊問筆錄（第二次）》供稱，「十三份基地幹部每人均有自衛武器，有的是短槍，有的是手榴彈，有的兩樣皆有。大約有手槍十餘桿、手榴彈十餘枚。」於是同時在十三份農民莊新祿（莊絡）家中成立武裝部隊，由林元枝統率「武工隊長兼第一組長」仁仔與隊員民仔、共仔、何仔、谷仔等五人，準備開始武裝游擊行動。簡國賢也參加他們，研究文件。林先富也說，讓他印象特別深刻的是，有一次，他幫忙油印學習文件，看到老張用播種來比喻群眾工作的方法與順序，同時強調

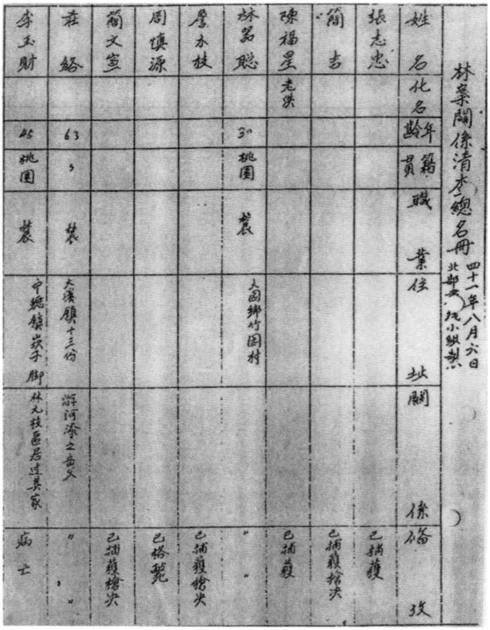
林案關係清查總名冊
四十一年八月六日 北部專案小組製

姓名	化名	年齡	籍貫	職業	住址	關係	備攷
張志忠							已捕獲
簡吉							已捕獲槍決
陳福星	老洪						已捕獲
林茗聰		30	桃園	農	大園鄉竹圍村		〃
廖水枝							已捕獲槍決
周慎源							已格斃
簡文宣							已捕獲槍決
莊絡		63	〃	農	大溪鎮十三份	游河添之岳父	〃
李玉財		45	桃園	農	中壢鎮崁子腳	林元枝曾居住其家	病亡

《林（元枝）案關係清查總名冊》上的莊絡。

以免解放時無力配合。

林元枝（1910-1982）是桃園縣蘆竹鄉南崁人，日據台北二中第五屆畢業，經營小型煤礦生意，也是蘆竹地區有名的抗日分子，光復後任該鄉第一屆民選鄉長，二二八事件時曾率領鄉內青年包圍南崁派出所，要求警察交出武器，並進攻埔心機場，奪取空軍武器。事件後被政府通緝而逃亡，端午節後經簡吉介紹給張志忠而加入中共地下黨，受張志忠領導，與簡吉、陳福星合作發展組織，並協助張志忠發展武裝工作。其人脈多，交遊廣，行動力強，從台北到苗栗都是他的活動範圍。在情治機關的追緝名單中，林元枝、簡國賢分別名列桃園地區殘餘「匪犯」之第一、二名，且簡國賢因曾參與林元枝主持之武裝組織，而被列為「台共武裝組織林元枝案之逃犯」。

簡國賢兩次《訊問筆錄》續載，一九五〇年四、五月間，水流東的當地警察發覺武裝基地的草寮並前來檢查，當場檢出他的身分證內有「蘇俄國歌」歌詞。他看情勢不對，立即逃跑。警察開槍。他也還擊。雖然脫逃，但他的身分證已被警察取走。經過這次風波後，他已經無法在當地立足了。五、六月間，黃培奕於是通知林元枝，派龜山鄉農民「仁仔」與「民仔」到十三份附近，接簡國賢轉入台北縣三峽圳仔頭武裝基地。

石聰金見證說，有一天，十三份外面路口封鎖，攔檢身分證。郭成來跟石聰金說，他接到組織的通知，希望石聰金趕快離開，去應該去的地方。他們沒有明說地點，可石聰金知道，這個應該去的地方就是鶯歌黃培奕家。那天傍晚，吃飽飯後，他就帶了一個飯包和一小瓶酒，跟隨郭成安排的一位原住民朋友，摸黑走獵路，走了十幾個鐘頭，褲子都破了，到了天亮時，才走到烏塗

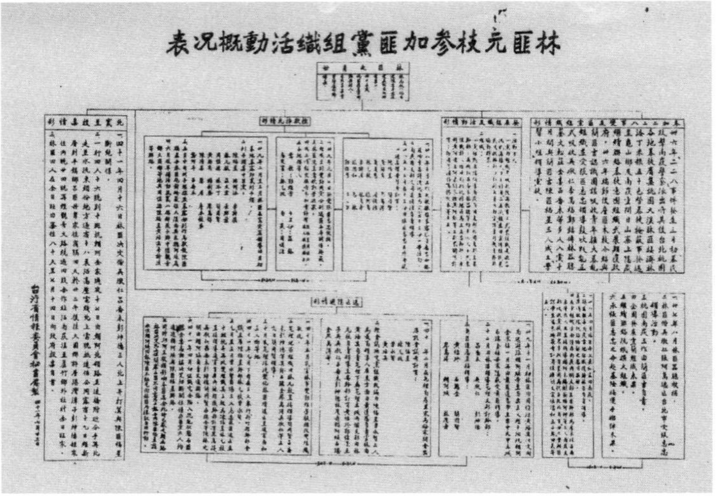
林匪元枝參加匪黨組織活動概況表
台灣省情報委員會秘書處製

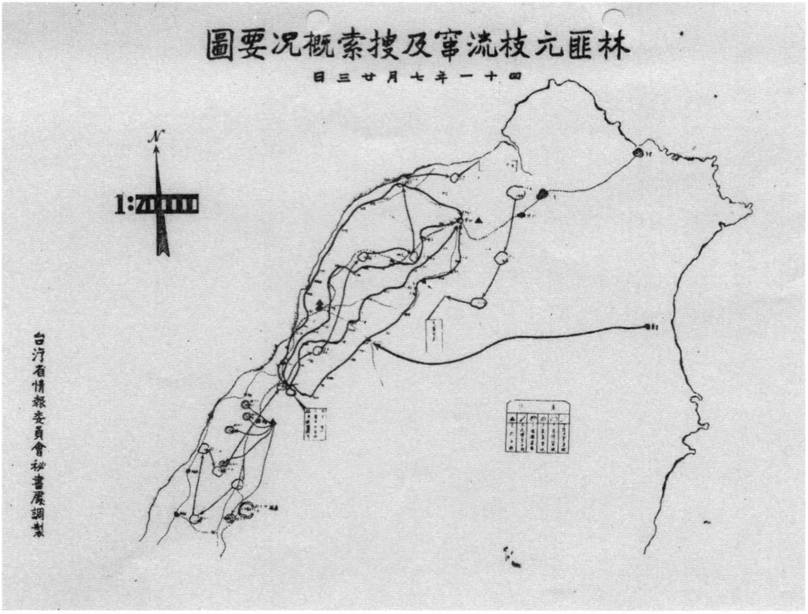
林匪元枝竄流及搜索概況要圖
四十一年七月廿三日
N
台灣省情報委員會秘書處調製

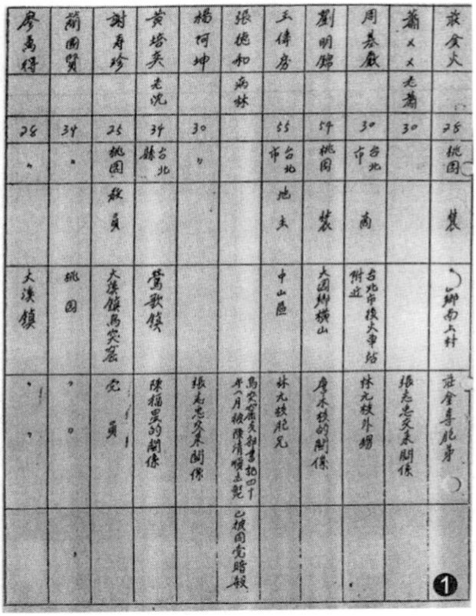

❶《林（元枝）案關係清查總名冊》的簡國賢。
❷《林（元枝）案關係清查總名冊》的「民仔」等人。
❸《林（元枝）案關係清查總名冊》的「仁（人）仔」等人。

窟。原住民在此和他分手。他就走到黃培奕的舅舅謝錦珍家換衣服，住了一晚。第二天再走到鶯歌黃家。黃培奕看到他，這才放心地鬆了一口氣，然後告訴他說十三份發生問題了。後來，他才知道，十三份整個村子遭到清鄉掃蕩，凡是十六歲以上的男女都要出來辦「自首」，而被捕後遭到槍決的村民有邱順興、郭成、莊新祿等四、五個人。說到這裡，他沉痛地表示，這實在是一段不堪回首的慘痛往事啊！

林先富是一九五一年七月二十五日晚上十二點多在家被捕的，然後歷經桃園警察局、保安處而押到軍法處，十二月二十日判決：因為「於民國三十九年春經匪幹郭成吸收加入匪幫」，而以「參加叛亂之組織」罪名，處有期徒刑十年褫奪公權五年。他記得，在軍法處看守所看到六十幾歲的莊新祿被點名出去時，還不知情況似地向他們打招呼說：「你們保重，我先回去了。」

三　圳仔頭

一九四九年年底，張志忠離開十三份以後在台北被捕。安全局機密文件《歷年辦理匪案彙編》第二輯「策反台北縣三峽牛角山地區匪黨武裝基地案」第三九四頁載稱，一九五〇年一月，「以陳福星為首之北部黨組織，開始重整省委組織，由陳福星、黃培奕、林元枝、周慎源組織臨時領導機構於烏塗窟」。黃培奕又奉命往中南部，整理雲林、屏東兩縣黨組，以為重建全省黨機構張本。同年三月，各地組織繼續被破，烏塗窟、十三份山區基地成為各地逃亡幹部之避難所。

林元枝也率領「武工隊」十五人撤至烏塗窟基地，由黃培奕收容，但一短時期後，紛紛外出自首。黃培奕即率所屬「武工隊」由鶯歌鎮屬山區轉移三峽鎮屬山區圳仔頭。《歷年辦理匪案彙編》第二輯「匪重整後『台灣省委』組織『老洪』等叛亂案」第二〇五頁另載，五月，以老洪為首的北部台共組織已設法與中共中央取得聯繫，接到「中共中央一九五〇年四月指示」，乃即召集全省高級幹部，商討再建「臨時領導機構」，重整組織。

簡國賢兩次《訊問筆錄》供稱，他在圳仔頭與「廖萬得及三兄弟」一起住「草房間」。當時，圳仔頭基地計有：黃培奕，廖萬得，林元枝及其武裝部隊人員——仁仔、民仔、谷仔、共仔、和仔，「一個喜歡賭博者」及其妻；另有「鬍鬚」及其曾在三峽煤礦當辦事員的妻子要仔、標仔、年仔、年仔之弟、彭仔（彭坤德）、郭維芳、林仔、水來仔、吳敦仁等十餘人。在這裡，每位幹部都有武器。簡國賢因是避難身分，周旋約二、三個月期

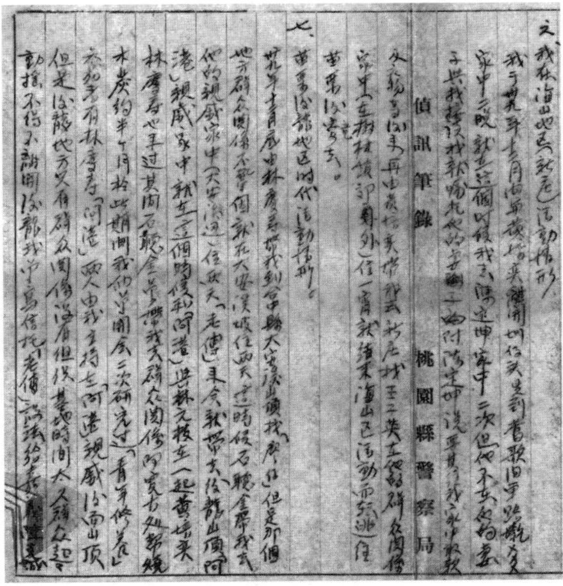
偵訊筆錄　桃園縣警察局

簡國賢第二次《訊問筆錄》有關圳仔頭基地的一頁。

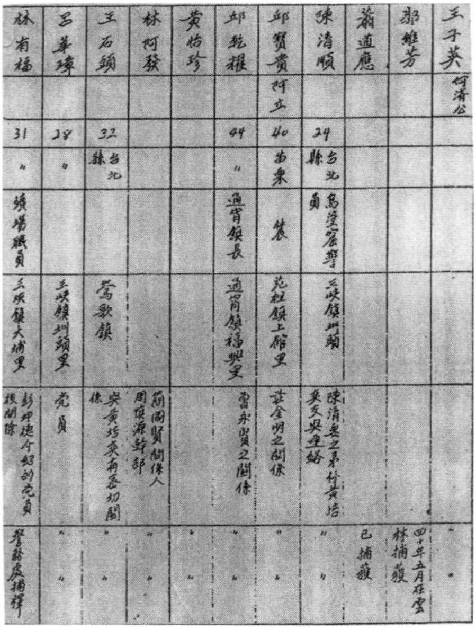

王子英	何清公						〃
郭維芳							四十年五月在雲林捕獲
翁道應							已捕獲
陳清順		24	台北縣	烏塗窟學員	三峽鎮[illegible]	陳清要之弟 介黃培奕交與連絡	〃
邱寶貴	阿立	40	苗栗	農	苑裡鎮上館里	莊金明之關係	〃
邱乾權		44	〃	通霄鎮長	通霄鎮福興里	雷永賢之關係	〃
黃怡珍							〃
林阿發						簡國賢關係人 周慎源幹部	〃
王石頭		32	台北縣		鶯歌鎮	與黃培奕有密切關係	〃
呂華璋		28	〃		三峽鎮圳頭里	黨員	〃
林有福		31	〃	礦場職員	三峽鎮大埔里	彭坤德介紹的黨員 被開除	警務處捕釋

《林（元枝）案關係清查總名冊》的王子英、郭維芳、呂華璋等人。

間，一切生活及住宿問題，都由在地幹部彭仔、年仔、標仔及「鬍鬚」等設法解決。他也因為是避難身分而沒有負擔工作任務，主要就是與他們研究理論及各種文件，如《向群眾學習》《新民主主義》《思想與工作》《七一文獻》《新中國》等。期間，原台大工學院學生王子英曾帶來油印機及收音機，準備收聽解放區廣播，印發黨的報刊，但因電力不足而沒有落實。一九五〇年八月間，「圳仔頭武裝部隊」住地發生危險。黃培奕於是囑咐簡國賢，帶領「武裝部隊」的仁仔、民仔、共仔、和仔、年仔等部分隊員，回到十三份附近的水流東，設法掩蔽。途中，遇到一位圳仔頭人，身材中等，年四十一餘歲，名不詳。他們聽說他知道武裝基地情形正要去報告政府，於是將他綁押談話，未久就將他拖到路邊刺殺。一行人隨即續向水流東前進，並計畫伺機「襲擊搶劫茶廠」。到了十三份後，他們徵求當地群眾阿才的意見。阿才反對。他們於是中止計畫，並即刻返回圳仔頭基地。然而，基地正面臨嚴重的經濟困難。黃培奕和簡國賢商討，要他出面，去向大豹煤礦林搏秋借貸鉅款來維持。但此一計畫終究未實行。就在這時，簡國賢的日式手槍被王子英調換了一支毛瑟手槍。後來，圳仔頭「斗仔」岳母家被政府人員包圍，情勢嚴重。十二月間，簡國賢才與黃培奕一起離開圳仔頭基地。

四　鬍鬚的證言

為了更為具體地瞭解簡國賢在圳仔頭的生活狀況與思想狀態，幾經尋訪聯繫之後，一九九二年元月八日，我在台北武昌街城隍廟旁巷弄裡的一家日文書店，見到了當年化名「鬍鬚」的呂華璋先生。星期天的下午，店裡的顧客按例不會太多，呂先生就約我到他開設的店裡，作了一個下午的訪談。

一九二五年出生於日據下桃園北門口的呂先生強調，當時桃園地區「紅」的組織很普遍，國民黨也把桃園看作是「台灣的延安」，所以後來的犧牲很大。

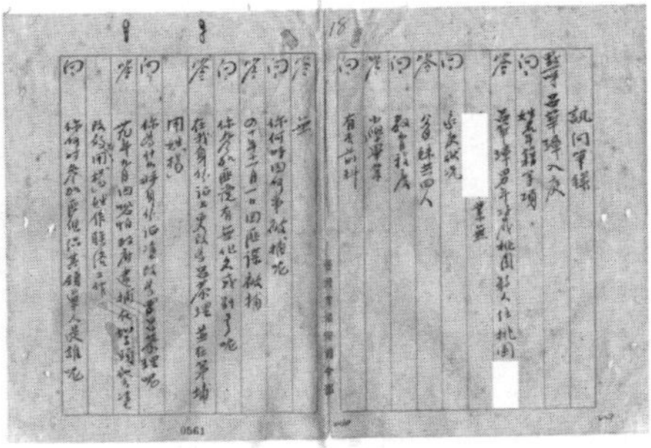

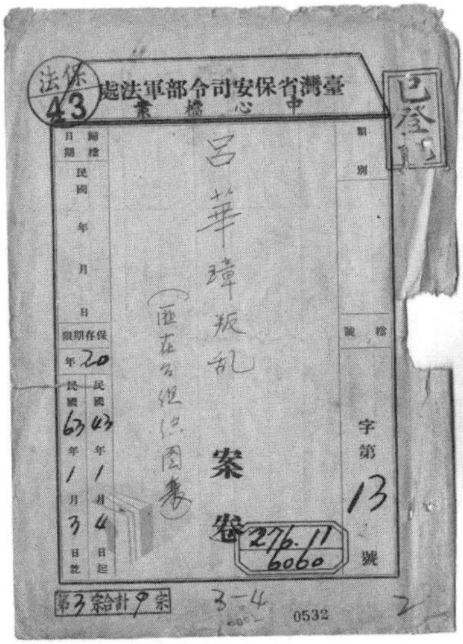
臺灣省保安司令部軍法處
中心檔案
呂華璋叛亂
案卷
0532

一九五一年十一月十四日呂華璋自首後的訊問筆錄首頁以及軍法處建立的案卷。

呂華璋回憶說，他因為一直想到大陸參加抗戰，十九歲那年，看到殖民政府徵募通譯到海南島的廣告，就立刻去應徵。後來，他也和海南島的抗日組織聯繫上了。第二年四月就跟另一個同學逃離日本軍營，去參加抗日游擊隊。抗戰勝利後，他們這些台灣人日本兵的身分變成「日本俘虜」。雖然日本軍隊還留了一些米給他們吃，但是，他們就這樣被國民政府拋棄了。第二年的六、七月，他只好賣了自己的衫褲，坐船回台灣。回台以後，他馬上面臨失業的問題。二二八後，他就通過秋興仔的介紹，參加了中共地下黨領導的革命。他解釋說，秋興仔的本名叫林秋興，家在桃園中山路，跟劇作家簡國賢是同一條路。簡國賢的家在下街，而秋興仔在上街。他的一切組織關係都是從秋興仔來的。一九四九年十月秋興仔在基隆港口被捕之後，他也開始轉入地下。組織派來一個叫做黃培奕的直接上級來接他。這個人，他只知道是鶯歌人，原來不認識。因為他爸爸從前在三峽開炭礦，是他的第二故鄉，有很多人認識他。起先，他就跑到三峽大埔再進去的圳子頭，他進去之後，一些「友仔」（流氓）也跟著進去。因為這樣，他也曾經與同樣在跑路的簡國賢做伙。

呂華璋接著憶述了他和簡國賢在圳仔頭相處的印象。他說，在圳仔頭之前，簡國賢在十三份待了有一陣子。十三份，一般人當然不知道。可是有關係的人卻稱十三份是解放區。因為它較靠山，只有載柴的輕便路可走，一般車子還到不了。桃園地區有問題的人就跑到那裡去躲。而他所認識的簡國賢，是一個人道主義的知識分子，起初並不是什麼社會主義者，更不是共產黨員，只是一個心地慈善的基督徒，原本認為基督教可以救世、救艱苦人，後來終於認識到基督教終究無法救世。他認為，簡國賢是一個敢於對政府的失政提出批評的正直的人。他舉例說，一個從前是簡國賢好朋友的特務就曾找他，勸他不要這樣。可是簡國賢卻回答說他就要，因為他心裡如果有什麼怨氣而不說出來，會受不了。那人就說你如果再這樣的話會被抓去關。簡國賢就說你們要抓我就跑，這是很簡單的事情。他才不會坐在那裡白白讓他們抓。那特務再勸他，說他只要講一些政府的好話就行了。簡國賢回答說他才不會出賣自己的靈魂。從這幾句對話，就可以瞭解簡國賢是怎樣的人。他雖然是一個地主出身的人，但是對自己的佃農非常寬大、慈悲。後來，特務要抓他，他就開始跑。

呂華璋最後說，他不知道簡國賢是怎麼跑的，聽說是當時的蘆竹鄉長林元枝的幫忙。好像是因為這樣，簡國賢才跟組織有了聯繫。究竟是不是這樣，他也不是很清楚。他強調，如果講得嚴格一點，一個革命分子應該要有獨立生存和工作的能力才對。然而，講是容易啦，事實卻沒那麼容易。尤其是在國民黨全國最精銳的特務都集中在台灣的那段時期。簡國賢雖然是一個公子哥兒，讀書人，卻能忍耐、克服在山上跑路的艱辛的生活，總是不斷改造自己來適應農村的生活，儘管體力無法承擔那樣的農村勞動，還是努力做一個革命分子該有的實踐。一句話，是真正的人格者。

第七幕

流亡大安溪流域

一九五〇年六月二十五日，韓戰爆發，歷史的進程從此改變了軌道。敗退台灣的蔣介石政權靠著出賣民族主體性而重新取得美國帝國主義有條件的支持，一場全面而徹底的「紅色肅清」於是在島內展開。

一九五四年四月法務部調查局編印「機密」的「保防參考叢書之一」《台共叛亂史》（作者郭乾輝）轉引陳福星（老洪）《一九五〇年工作總結》指稱，地下黨省工委以下，以陳福星（老洪）為首的倖存幹部總結了「台灣省工作委員會」時期的幾點錯誤：一、忽略了組織的原理，犯了求多不求精的偏向。二、對城市幹部的教育，偏於理論教育的灌輸，忽略了配合實際工作；對鄉村幹部的教育則淪於實際工作的領導，忽略了與理論灌輸的配合。三、關於策略性的教育工作做得太不夠，因此，在客觀形勢惡化時，個別的黨員沒有工作的能力，個別的組織也沒有單獨作戰的經驗，致使組織鬆散，遭受潰敗。鑒於客觀的形勢顯然已對運動的發展不利，他們估計，必須要經過長期艱苦的鬥爭，甚至在必要時須採取獨立作戰的方式，才能把組織保留下來，於是決定退守保幹，一切以保存力量為原則，利用地方性、封建性的關係深入隱蔽；與群眾打成一片，在鞏固中積極向鄉村謀取發展。同時要求：停止吸收新的黨員；開辦整風

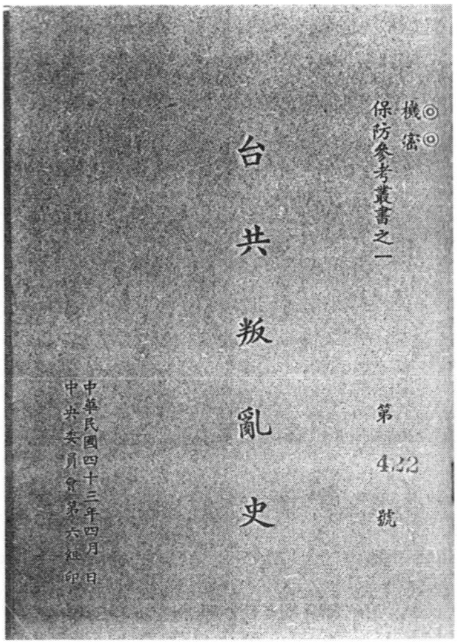

一九五四年四月法務部調查局編印《台共叛亂史》。

學習會，加強理論與實踐統一的教育；提高策略教育，強調「反特務鬥爭」的重要。然而，他們認為，這種策略上的轉變並不是絕對的，而是依據客觀環境的變化所產生的結果。因此，在新的艱苦的歷史條件下，鬥爭的方式也跟著起了轉變。一是由武工活動到利用合法：例如，利用地方選舉時的派系矛盾，進行種種公開的鬥爭；利用三七五減租，把「三七五運動與黨的工作結合起來」等。二是運用勞動方式創立基地：在勞動中求生存、求生活、求安全、求工作，在勞動中團結群眾，教育群眾，爭取群眾的同情；並且利用行政力量薄弱的山鄉地區，建立據點，創立基地，努力「跳圈子」。三是從整風到「反特務鬥爭」：加強氣節教育，訓練必死決心，消除不穩分子，健全支部，鞏固組織，著重調查研究，注重情報工作，研究「反特務鬥爭」的技術方法等。四是從鄉村到山上：加倍吃苦，禁止坐火車、坐汽車、走大路，必須走小路、走山路、走夜路。反對太平觀念，時時提高警覺，要住山寮、住山洞、住溪邊、住荒地、住叢林等。就在這樣的重整原則指導下，到了一九五〇年底，全省各地的地下黨組織又再度有規模地重建起來了。重整省委書記陳福星於是總結強調，「今後的工作計畫」是：「必須鑽進去，為健全支部，鞏固組織而奮鬥。向黨內偏向作鬥爭，克服過去的主觀主義、形式主義的不深入的工作方式，轉為真正的走群眾路線的、深入的、真正為人民服務的思想上一致，政治上一致，行動上一致的，不可戰勝的布爾什維克而鬥爭。」

從海山地區轉往苗栗海線

簡國賢的兩次《訊問筆錄》供稱，一九五〇年十二月間，他與黃培奕離開圳仔頭，先到鶯歌舊車路墘一位群眾家裡住。這段期間，他曾經去找任教鶯歌中學的陳定坤兩次，但都未遇，於是請陳妻代為轉達，拜託陳前往簡國賢家，取款新台幣五十元及皮衣一件、詩集數本等。他後來知道，此前一個月，已有人到鶯歌中學找陳定坤，向他查詢簡國賢的行踪，並說簡國賢是「匪黨分子」。所以陳定坤不敢替他代辦所託之事。

在鶯歌待了兩個晚上之後，黃培奕又帶簡國賢到台北縣新莊鎮找王子英。王子英安排簡國賢在他的群眾家住了約兩星期。這段期間，林慶壽（省工委會海山區委兼鶯歌支部書記、化名肥林）、郭維芳曾與簡國賢會晤。之後，王子英又把簡國賢轉到樹林鎮郊外另一群眾家住了一晚。十二月底，簡國賢就結束在海山地區的活動，由「黃培奕關係人（鶯歌人胖子）」林慶壽帶領，到台中縣大安溪山頂找「廖仔」。

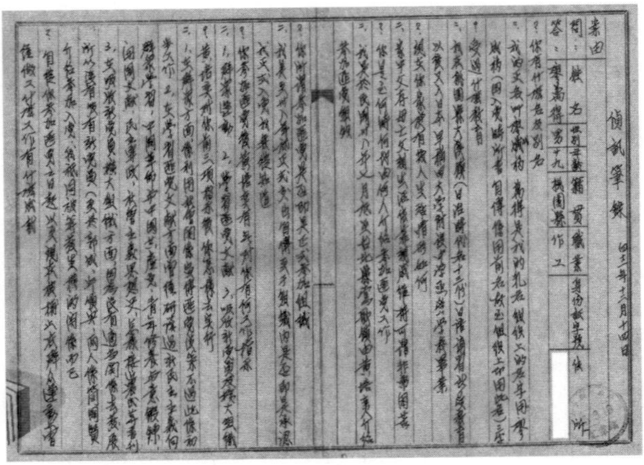
偵訊筆錄

一九五三年十二月十四日廖萬得「偵訊筆錄」。

簡國賢所供的「廖仔」，應該就是廖萬得。他在前述的《偵訊筆錄》供稱：他是因為組織上受到摧毀，身分暴露，在北部不能生存，所以在一九五〇年舊曆端午節後第三天，奉簡國賢之命，轉來中部苗栗地區，找同黨石聰金，繼續堅持活動。他到苗栗地區後，最初受蕭道應領導，與呂喬木、石聰金發生橫的關係。

廖萬得提到的呂喬木，就是圳仔頭基地「武裝隊第四小組長」水來仔（又化名邱仔）。據其一九五二年七月二十二日自首以後的《談話筆錄》所載，他是桃園縣蘆竹鄉人，南崁農業專修學校畢業，曾任蘆竹鄉公所戶籍員。一九四七年十一月中旬經林元枝介紹參加地下黨。一九五〇年二月開始逃亡，與黃培奕、林元枝經常保持聯繫，六月間到達苑裡，復與廖萬得、老傅（蕭道應）和石聰金編成互助小組，由老傅負責。

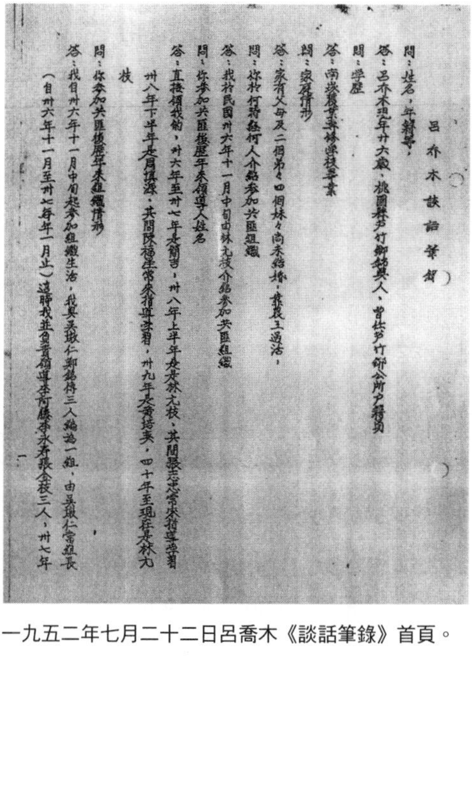
呂乔木談話筆錄
問：姓名，年籍等，
答：呂乔木現年廿六歲，桃園縣芦竹鄉籍人，曾任芦竹鄉公所户籍员
問：学歷
答：南崁農業专修學校畢業
問：家庭情形
答：家有父母及二個弟々四個妹々尚未結婚，靠農工過活，
問：你於何時經何人介紹参加共匪組織
答：我於民國卅六年十一月中旬由林元枝介紹参加共匪組織
問：你参加共匪後歷年来領導人姓名
答：直接領我的，卅六年至卅七年是簡吉，卅八年上半年年是林元枝，其間張志忠常來指導學習 卅八年下半年是周慎源，其間陳福星常來指導学習，卅九年是黃培奕，四十年至現在是林元枝
問：你参加共匪後歷年来組織情形
答：我自卅六年十一月中旬起参加組織生活，我與吳瑞仁鄭錦得三人編為一組，由吳瑞仁當組長（自卅六年十一月至卅七年一月止）這時我並負責領導李阿勝李永寿張金枝三人，卅七年

一九五二年七月二十二日呂喬木《談話筆錄》首頁。

簡國賢供稱，因為廖仔那個地方的「群眾關係不鞏固」，他在「大安溪坡」住兩天，石聰金又來帶他去大安溪邊的親戚家。兩天後，老傅再來帶他，去後龍山頂一個叫「阿港」的群眾的親

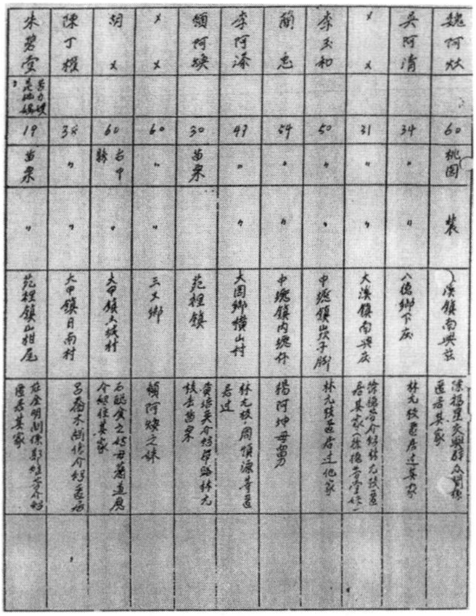

魏阿炊		60	桃園	農	大溪鎮南興莊	[illegible]交與賴阿煥匿居其家
吳阿清		34	〃	〃	八德鄉下庄	林元枝匿居過其家
✕　✕		31	〃	〃	大溪鎮南興庄	[illegible]介紹林元枝匿居其家
李[illegible]和		50	〃	〃	中壢鎮[illegible]子脚	林元枝匿居過他家
簡忠		54	〃	〃	中壢鎮內壢仔	楊阿坤母舅
李阿添		47	〃	〃	大園鄉橫山村	林元枝、周慎源等匿居過
賴阿煥		30	苗栗	〃	苑裡鎮	黃培奕介紹帶路林元枝去苗栗
✕　✕		60	〃	〃	三叉鄉	賴阿煥之妹
胡　✕		60	台中縣	〃	大甲鎮大[illegible]村	石聽金之姑母蕭道應介紹住其家
陳丁[illegible]		38	〃	〃	大甲鎮日南村	呂喬木[illegible]介紹匿[illegible]
朱[illegible]堂	[illegible]	19	苗栗	〃	苑裡鎮山柑尾	莊金明[illegible]介紹匿居其家

《林（元枝）案關係清查總名冊》的賴阿煥。

戚家。

簡國賢所說的「阿港」是原任職《公論報》的前台籍官兵集訓總隊隊員賴阿煥，「阿港的群眾」是指家住苗栗後龍十班坑山區的賴阿煥的哥哥。

安全局機密文件載稱，一九五〇年六月，因為北部風聲緊，幾個零星據點漸感不妥，蕭道應於是通過石聽金安排，從烏塗窟基地轉移苗栗縣苑裡、後龍各鄉鎮，「幫助林匪元枝開闢中部地區工作」。針對這則國民黨官方紀錄，蕭道應向我證實說，十三份破了以後，海山區的人都被黃培奕推掉。林元枝武工隊十幾個沒辦法的人都交給他。他於是把簡國賢等人統統帶去苑裡，交給石聽金。所以，石聽金的功勞和犧牲都很大。對此，石聽金解釋說，整個組織系統遭到破壞瓦解之後，十三份與圳仔頭也難逃即將來臨的厄運。簡國賢、呂喬木、廖萬得、林慶壽、林元枝等人於是流亡到他的家鄉苑裡。起初，他靠著個人在苑裡所有的封建家族關係與社會關係，以及三七五減租運動時發展的農民群眾，掩護他們。那時，他一個星期只回家一、二天，其他時間都在解決這些人的生存問題。但是，一九五〇年農曆八月二十八日，他兒子做周歲那天，苑裡鎮公所幹事林葉洲被捕。雖然他跟石聽金沒有關係，但他在台灣省行政幹部訓練團第一期畢業後被派去蘆竹鄉公所當書記，經呂喬木介紹而與簡吉、林元枝及陳福星相識，並與組織發生關係。因為他知道林元枝等人在石聽金這裡。所以，蕭道應要大家轉移。從此，石聽金就開始轉入地下了。這也導致情治單位對他家人慘無人道的摧殘。一九五三年四月二十一日，時年三十四歲的林葉洲則被判處死刑。

簡國賢的兩次《訊問筆錄》續載，他在後龍阿港的親戚家住約二個多月。這段期間，他和阿港與林元枝在一起，黃培奕、林慶壽也來過。他與林慶壽和阿港曾在後山開會二次，由他主持，研究《青年修養》。石聽金也曾帶他去群眾孫寬喜（化名阿冬仔）處幫忙燒木炭，約半個月。但是，因為後龍地方只有群眾關係，沒有組織基地，時間太久，群眾起了動

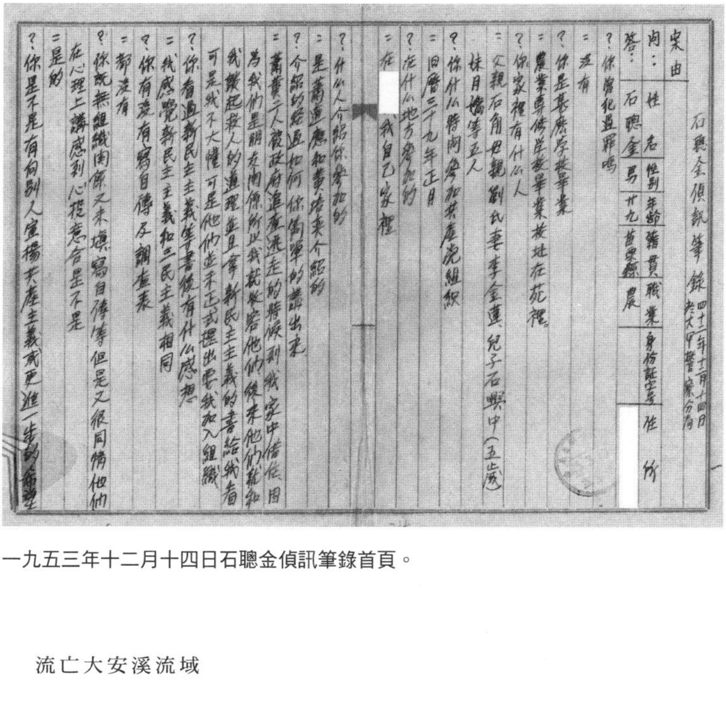
石聽金偵訊筆錄 四十二年十二月十四日於大甲警察分局

案由

問：姓名 性別 年齡 籍貫 職業 身份證字號 住所

答：石聽金 男 廿九 苗栗縣 農

？你曾犯過罪嗎

＝沒有

？你是甚麼學校畢業

＝農業專修學校畢業校址在苑裡

？你家裡有什么人

＝父親石角田親劉氏妻李金蓮兒子石興中（五歲）妹月嬌等五人

？你什么時候參加共產黨組織

＝舊曆三十九年正月

？在什么地方參加的

＝在　我自己家裡

？什么人介紹你參加的

＝是蕭道應和黃培奕介紹的

？介紹的經過如何你簡單的講出來

＝蕭黃二人被政府追查流走的時候到我家中借住因為我們是朋友所以我就收容他們後來他們就和我談起共人的道理並且拿新民主主義的書給我看可是我不大懂可是他們並未正式提出要我加入組織

？你看過新民主主義等書後有什么感想

＝我感覺新民主主義和三民主義相同

？你有沒有寫自傳及調查表

＝都沒有

？你既無組織關係又未填寫自傳等但是又很同情他們在心理上講感到心裡意會是不是

＝是的

？你是不是有向別人宣揚共產主義或更進一步的

一九五三年十二月十四日石聽金偵訊筆錄首頁。

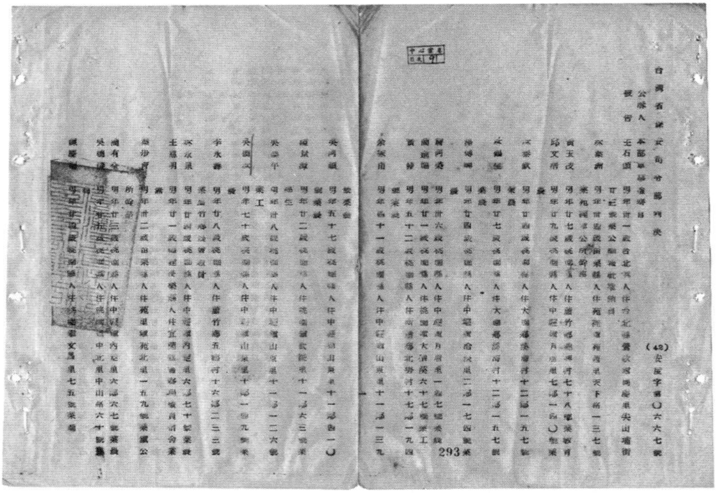

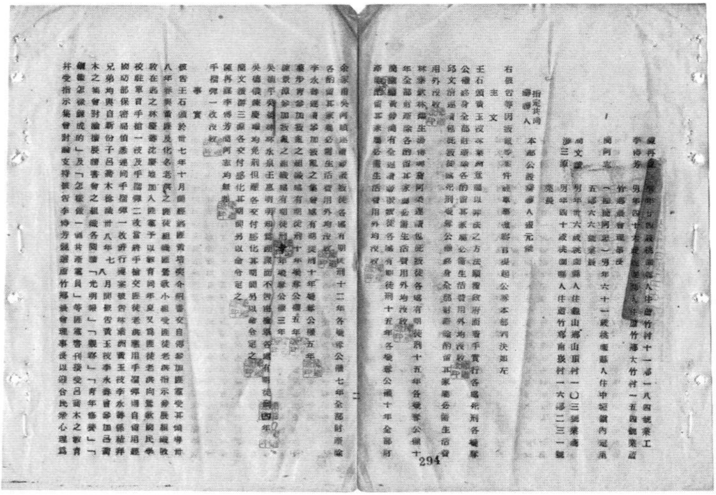

林葉洲判決書的前兩頁。

搖，就不得不離開。他於是寫信給在嘉義水上鄉大崙國民學校擔任教導主任的少時摯友陳克誠，約他在三義火車站附近會面。信托老傅設法轉交。陳克誠也按時來了。他向陳克誠探問嘉義可否避逃。陳克誠告知情況，並給他二十元，就回嘉義了。

二　轉往雲林再回苑裡

簡國賢的兩次《訊問筆錄》又載，一九五一年三月，蕭道應和黃培奕又帶他離開後龍。在三義鄉山區，他將短槍及子彈交給黃培奕，再由黃培奕親手交給蕭道應。手榴彈仍舊隨身護衛。然後，他們轉到乘客較少的南勢站，乘火車去南部。黃培奕在林內附近先下車。蕭道應帶領簡國賢到雲林虎尾，再轉車到崙背鄉，找雲林地區負責人「廖仔」（廖學信）。他們在「廖仔」的群眾家中與「廖仔」會晤。簡國賢就在那地方住下來。以後，他又在附近找到另一個關係，輪流避宿。

高草（1925-1951）。

在此之前，二月間，蕭道應已經通過家在莿桐鄉的花地集訓總隊女隊員高草，安排「重整省委資料組負責人」王子英和郭維芳到雲林地區隱蔽。簡國賢和他們二人於是計畫搜集各種資料，整理後印發書刊，作為教育幹部的材料。簡國賢就把所帶的文件及材料交給王子英集中，並把手榴彈也托給「廖仔」的群眾（後來他把它拋棄了）。

四月間，有一天，簡國賢到虎尾街上的書店，碰到在圳仔頭基地會晤的「鬍鬚」，經接談後知道，他也是逃亡到虎尾的。此外，簡國賢也曾到嘉義找了陳克誠兩三次，表示自己因經營地下錢莊欠債十七萬餘元，恐被債主、流氓逼迫，正在跑路，要他設法幫忙找掩護住所。陳克誠雖「面有難色」，但未拒絕。

五月十八日晨，前內政部調查局幹員據報，會同雲林警方，逮捕了王子英、廖學信、「謝仔」等九人。形勢嚴重。簡國賢和郭維芳離開無法生存的虎尾，去麥寮鄉，找王子英之前

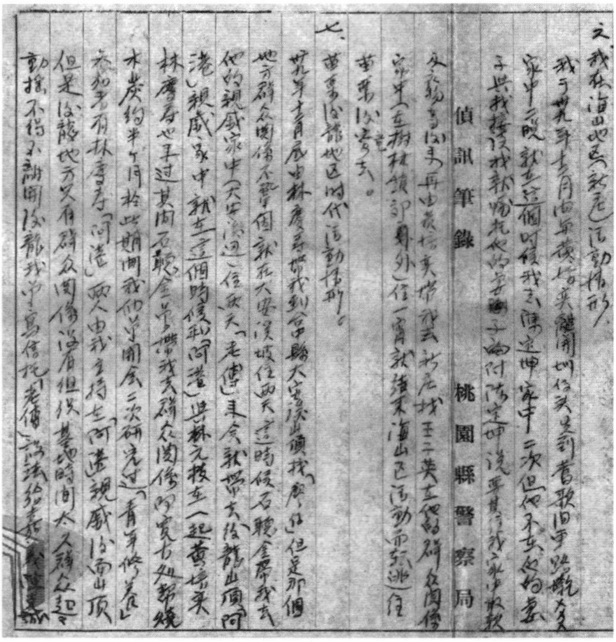
偵訊筆錄　桃園縣警察局

簡國賢第二次《訊問筆錄》有關海山與苗栗地區的活動情形。

介紹的群眾關係匿避。兩天後，郭維芳北上。

多年之後，郭維芳告訴我，他知道，王子英被捕之後勢必要被嚴刑逼供，水要潑有路，而他也不能不供出一些不緊要的信息。因為王子英清楚郭維芳的活動範圍，所以他不得不離開虎尾，徒步十三天，走回鶯歌。不巧的是，王子英在偵訊時供出郭維芳最不可能去的一個群眾的點——鄰近鶯歌火車站的林丙非家。可郭維芳卻為了想要點走路的盤纏，偏偏去了林家，陰錯陽差地就在那裡被捕了。

簡國賢供稱，他到嘉義找陳克誠，在其對面的朋友（蘇尚）家住了兩個晚上。陳克誠給他車費，他又回到台中縣大安找石聰金，石聰金就通知林慶壽去接洽。六月，他再由林慶壽帶去苑裡石聰金的「親戚」莊金明家找林元枝。

石聰金回憶說，組織通過高草的關係，安排王子英、郭維芳與簡國賢從他這裡轉移斗六那邊。他們去不到兩個月，王子英、郭維芳被捕。斗六的線斷了。簡國賢只好跑回苑裡。可是他並沒有告訴石聰金斗六的情況。一直要到一個星期後，他們跟林元枝會面時，簡國賢才告訴林元枝

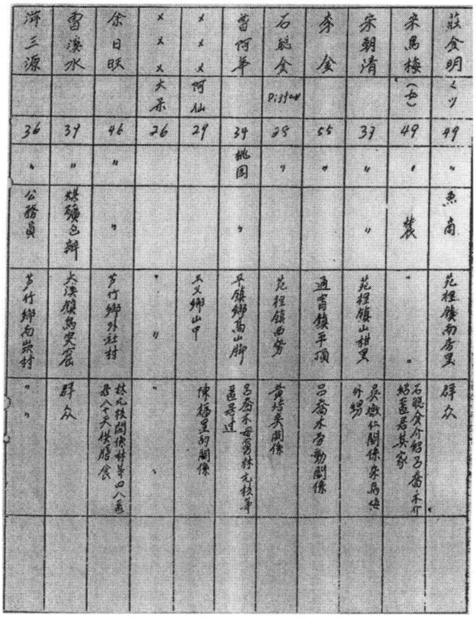

莊金明	くツ	49	〃	魚商	苑裡鎮南房里	群众
宋馬椪（女）		49	〃	農	〃	石聰金介紹呂喬木介紹匿居其家
宋朝清		37	〃	〃	苑裡鎮山柑里	吳傲仁關係宋馬椪外甥
李金		55	〃		通霄鎮平頂	呂喬木勞動關係
石聰金	Pistol	28	〃		苑裡鎮西勢	黃培奕關係
曾阿華		34	桃园	〃	平鎮鄉高山腳	呂喬木要男林元枝等匿居过
×××	阿仙	29			三叉鄉山中	陳福星的關係
×××	大朵	26			〃	〃
余日昳		46	〃	〃	卓竹鄉外社村	林元枝關係林等四人匿居个天供膳食
曾溪水		34	〃	煤礦包辦	大湖鎮馬突宸	群众
游三源		36	〃	公務員	卓竹鄉南崁村	〃

《林（元枝）案關係清查總名冊》的石聰金與莊金明等。

斗六出問題的事。聽他這麼一說，石聰金非常憤慨地對簡國賢說：「你大錯特錯了，高草跟苑裡有關係，你回來的時候就要趕快講啊！為什麼你這一個禮拜都不跟我講呢？」簡國賢解釋說，他怕石聰金知道了會動搖。石聰金不以為然地回他說：「我如果會動搖的話，你現在說，我還是會動搖啊！」

三　反特務鬥爭

一九五一年四月二十二日，前內政部調查局在竹東破獲「重整後台灣省委組織」竹東地區組織，並繼續不斷地嚴重破壞其他地區組織。五月二十五日，該局為全部撲滅「重整後台灣省委組織」，乃將全案偵查詳情函請台灣省情報委員會統籌辦理。台灣省情報委員會為了擴大偵破「匪諜組織」，決定集中力量，由台灣省情報委員會、台灣省保安司令部、台灣省調查處三單位組成「特種聯合小組」，專門偵辦本案。六月一日，特種聯合小組正式辦公，並根據王子英供詞在雲林逮捕高草等十人。六月四日起，又在屏東先後捕獲蕭道應的親屬楊源盛等二十人。經情報治安機關配合行動後，到八月為止，「重整後台灣省委組織」的殘餘幹部以及省委機構已被迫從桃園、新竹，轉移到苗栗地區。「特種聯合小組」認為，在地理環境上，苗栗地區有著複雜的山脈，多曲的溪流，以及綿密的保安山林，很自然地形成一個有利的山川地帶。而且，當地農村的副業發達，農人多種香茅草並從事燒炭，需要大量的生產勞動力。在客觀條件上，也大大有助於共產黨人的發展與活動。根據各方面既有的線索加以分析後，它判斷「匪首老洪及其領導幹部曾永賢、蕭道應等，均潛竄於這一地區，企圖生存和發展。」因此，苗栗地區便成為「特種聯合小組」向「重整後省委領導組織」深入滲透，以利偵破的重要據點。

與此同時，重整省委於四月開始研究反特務鬥爭。它在《關於特務活動的方式及對付的方法》指出，特務的進攻方式有兩種：對城鎮，預先進行相當周到祕密的調查研究後有計畫地進攻破壞。對鄉村，從組織薄弱的部分滲透，索取情報，用威脅、欺騙的方式收買群眾，找出線索，企圖破壞組織。進攻的方式通常是採取公開的行動，大規模的圍索且波浪式的，持續一個相當長的時間。但是，特務也有如下缺點：組織系統、意志行動不一致。它認為，「到現在敵人對我的了解還是模糊。敵人對進攻城市有相當的成就，但由於農村中客觀條件有利於我，故敵人在進攻鄉村方面還沒有顯著成就。」它同時指出，對付特務進攻的方式：首先是整理鞏固整個組織，教育現有的黨員。其次是暫時停止發展黨組織。最重要的是進行隱蔽深入的群眾運動，不要急於發展而把未達水平的群眾組織起來，應注意培養地方核心幹部，使他在農村中進行廣泛深入的宣傳教育。它也強調，目前宣傳教育的重點是：通過時事教育，進行反美運動與階級教育。重整省委同時決定把《論修養》《關於台灣知識份子的教育問題》及《改造小資產階級思想意識》作為整風文件，在五、六、七月間舉辦整風學習，在八、九月間完結整風會議，十至十二月間完成思想與工作的總結。

簡國賢的兩次《訊問筆錄》載稱，一九五一年六月，他去苑裡石聰金「親戚」莊金明家找

共匪附匪自首 檢舉匪諜獎勵 辦法補正

共匪附匪份子自首辦法補正

檢舉匪諜獎勵辦法附件全文

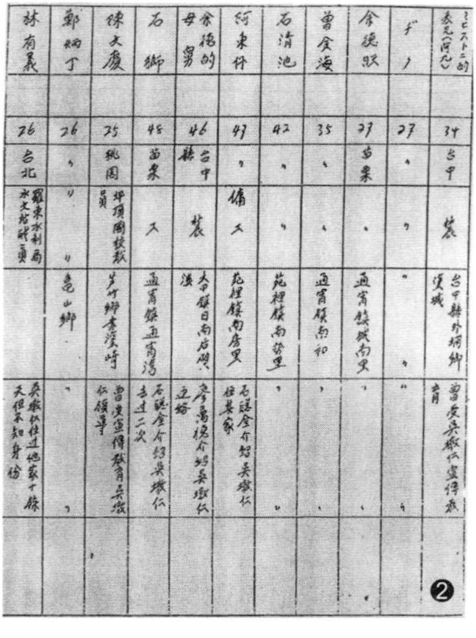

❶❷《林（元枝）案關係清查總名冊》苑裡通霄地區的部分群眾。
❸一九五一年九月十八日《中央日報》。

到林元枝後，就與林元枝負責領導苑裡地區工作。林元枝是總負責人，他是副負責人。除了石聰金、莊金明之外，在這地區活動者計有：廖萬得、吳敦仁、呂喬木、彭坤德（原圳子頭支部小組負責人）、林清發、陳福星、林慶壽、黃培奕等人。之前在林書亨公司認識的林清發又對簡國賢說，「另有一個故人及一個桃園人」。

與此同時，從九月起，情治當局對隱蔽的地下黨人發動「自首與檢舉」的宣傳攻勢。首先，台灣省情報委員會於九月一日成立「林（元枝）案專案小組」，由台灣省調查處刑警總隊兼隊長劉戈青負責策畫偵捕。同月十七日，國防部總政治部副主任張彝鼎召開中外記者會，發布《共匪及附匪份子自首辦法》和《檢舉匪諜獎勵辦法》。十八日，台灣省情報委員會祕書處印《台共組織發展沿革及其策略活動方式之研究》《殘餘潛台共匪重要文件研判第三種：〈台共怎樣發展農村的群眾基礎（兼論農民心理）研究報告〉／第四種：〈台共為什壓垮〉》等內部文件。二十一日開始實施《共匪及附匪份子自首辦法》，為期三個月，限「潛匪」於十一月二十日前辦理自首。情治當局於是展開訓練村里鄰長，開催村里民會議，加強反共宣傳，甚至亂放謠言，並要求嚴格報戶口，摧殘「潛匪」的家族等嚴厲行動。到了十一月，《中央日報》等各大媒體陸續發表被捕黨人王子英、郭維芳等人「自新」的聲明，以及聯名敦促老洪「立即省悟速

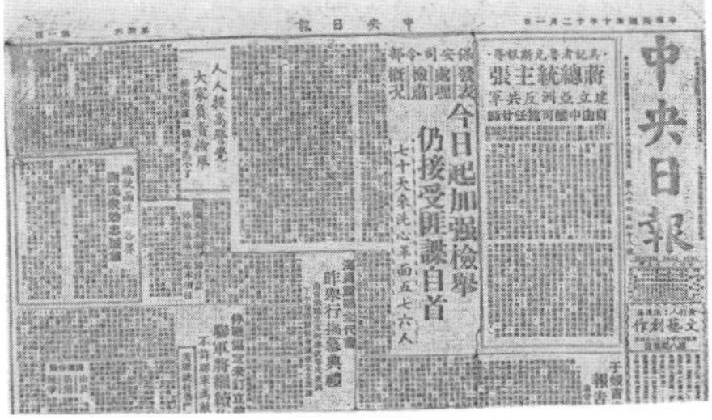
中央日報
今日起加強檢舉 仍接受匪諜自首

一九五一年十二月一日《中央日報》報導一共五百七十六人自首。

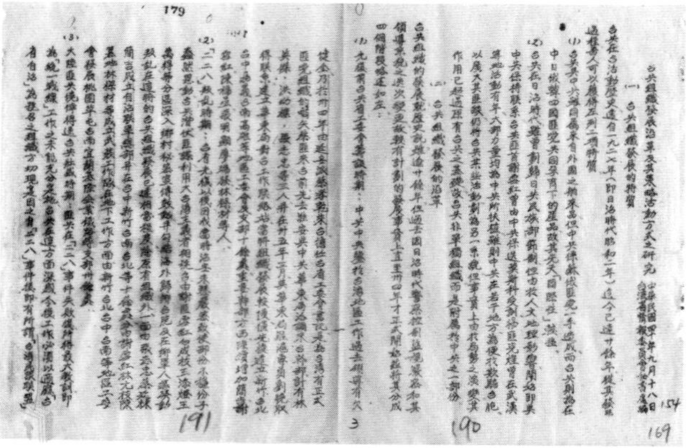

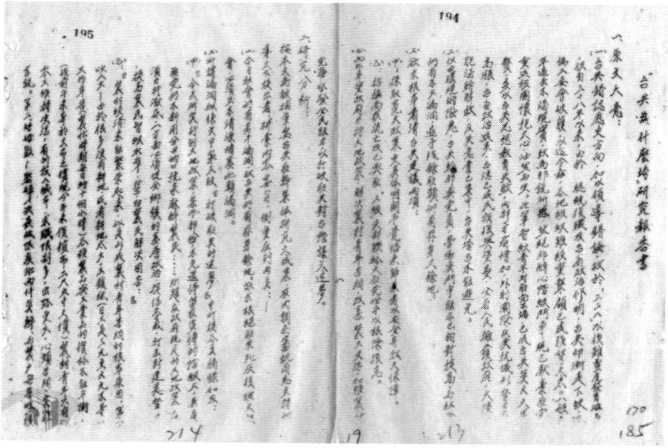

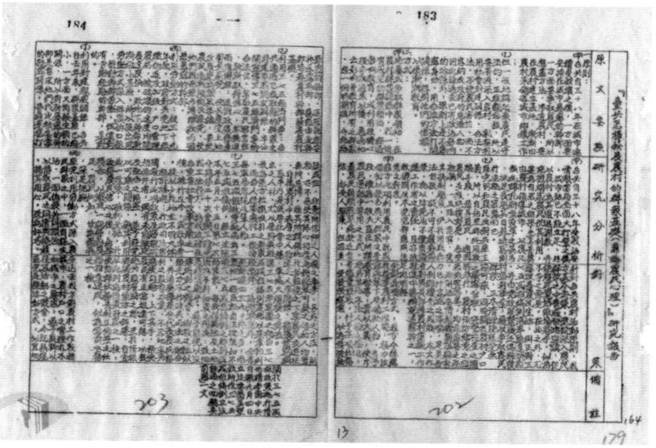

一九五一年九月十八日台灣省情報委員會秘書處印的機密文件。

率從匪來歸」的公開信。保安司令部也陸續公布了三批匿名不自首的「潛台匪諜」名單，並於同月三十日宣布《匪諜及附匪份子自首辦法》截止實施，一共五百七十六人自首。

因為這樣，十一月二十日，重整省委苑裡地區的組織受到摧殘。老洪等領導班子在《台共省委一九五一年工作總結》決議：「加緊研究反特務鬥爭。加緊教育老卓〔林元枝〕，使他努力鞏固組織。成立縣幹部會議。」

對此，林元枝自首（一九五二年七月十六日）後，經肅殘小組「數晝夜之談話與勸勉說服並追訊所有關係線索」後坦白供稱，他於一九五〇年十一月南竄至苗栗地區，負責領導苑裡支部，計有幹部吳敦仁、呂喬木、彭坤德等三人，受陳福星、曾永賢等領導，至一九五二年元月。這段期間，因雲林方面郭維芳等被捕，組織數度變化。

簡國賢兩次《訊問筆錄》則載，他在苑裡、日南間住約一年，任務是組織整風問題及教育幹部、處理文件等，曾經開學習會兩三次，經常舉行整風檢討會。整個組織都在努力鞏固，但沒群眾基礎建立掩蔽據點。經過檢討，他們認為過去的逃亡完全依賴群眾生活，所以不能持久，因此決定完全改變為以勞動來維持逃亡生活，掩蔽自己。期間，他曾和石聰金到苗栗山區燒木炭約三個月。

石聰金見證說，後來，因為警察特務的追緝越來越緊，他不得不切斷各種關係，帶著簡國賢、廖萬得和林慶壽離開苑裡，跟隨一群流動的燒炭工人，流亡到大安溪中、上游一帶，先在三義鄉鯉魚潭酸柑湖一帶的相思樹林燒炭，或者割香茅，以勞動求生存。

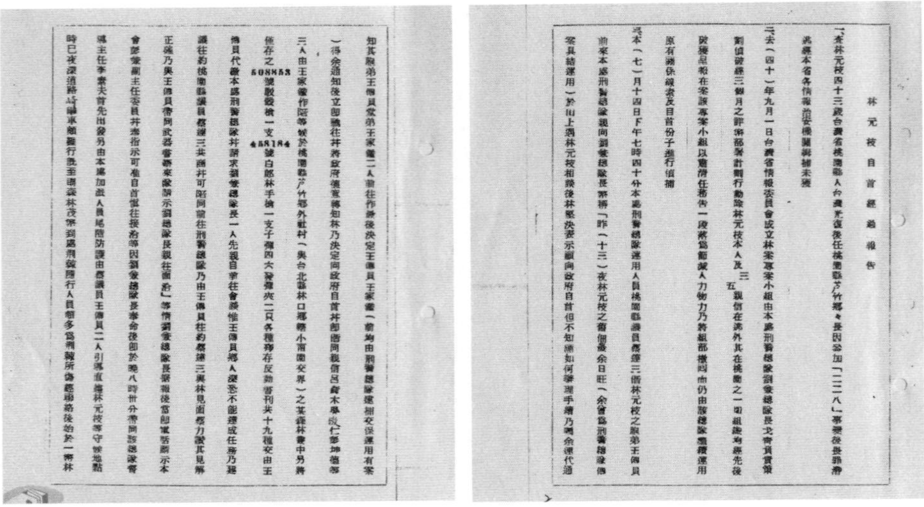

林元枝自首經過報告

一、查林元枝四十三歲台灣省桃園縣人台灣光復後任桃園縣蘆竹鄉々長因參加「二二八」事變後畏罪潛逃經本省各情報治安機關緝捕未獲

二、去（四十）年九月一日台灣省情報委員會成立林案專案小組由本處刑警總隊劉戈青總隊長負責偵劃偵破經三個月之詳密部署計劃行動除林元枝本人及三五親信在逃外其在桃園之一切組織均經先後破獲呈報在案該專案小組以處理任務告一段落爲節減人力物力乃將組部撤回而仍由該總隊繼續運用原有關係線索及自首份子進行偵捕

三、本（七）月十四日下午七時四十分本處刑警總隊運用人員桃園縣議員蔡達三偕林元枝之胞弟王傳貝前來本處刑警總隊親向劉總隊長密稱「昨（十三）夜林元枝之舊佃農余日旺（余曾爲刑警總隊偵案具結運用）於山上遇林元枝相談後林堅決表示願向政府自首但不知應如何辦理手續乃囑余速代通知其胞弟王傳貝堂弟王家儀二人前往作參後決定王傳貝王家儀（前均由刑警總隊逮捕交保運用有案）得余通知後立即趨往并將政府德意轉知林乃決定向政府自首并即偕同親信呂鑫木辜成仁彭坤德等三人由王家儀作陪等候於桃園縣蘆竹鄉外社村（與台北縣林口鄉轄小南園交界）之某森林叢中另將僅存之508853號駁殼槍一支458184號白朗林手槍一支子彈四六發彈夾二只各種殘存反動書刊共十九種交由王傳貝代繳本處刑警總隊并請求劉總隊長一人先親自前往會談惟王傳貝鄉人深恐不能達成任務乃邀議往約桃園縣議員蔡達三共商并可陪同前往刑警總隊乃由王傳貝往約蔡達三與林見面努力說其見解正確乃與王傳貝帶同武器書籍來處請示劉總隊長親往面洽」等情劉總隊長聽報後當即電話請示本會彭副主任委員并承指示可准自首惟往接洽等因劉總隊長奉命後即於晚八時卅分帶同該總隊督導主任李素夫首先出發另由本處加派人員尾隨防護由蔡議員王傳貝二人引導直趨林元枝等守候地點時已夜深道路崎嶇車輛難行既至該森林茂密處刑警隨行人員恐多偽刑警所偽裝聯絡後始於一密林

林元枝自首經過報告。

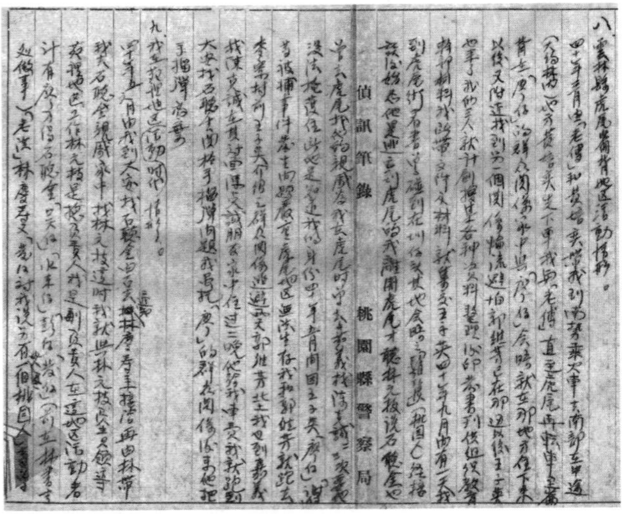

偵訊筆錄　桃園縣警察局

八、雲林縣虎尾崙背地區活動情形。

簡國賢第二次《訊問筆錄》有關雲林與苑裡地區的活動情形。

廖萬得供稱，一九五一年三月間，他被劃給林慶壽領導，同年七月再劃給吳敦仁領導。這段期間，他與簡國賢雖然「偶有接觸」，但此乃「橫的關係」。

「簡國賢是小資產階級出身的知識份子，從來沒有體力勞動的經驗，既不會燒炭，也無法勝任割香茅的體力勞動。」石聰金憶述與簡國賢共同流亡的生活印象說，「那半年期間，他就一直負責煮飯給所有的工人吃。因為朝夕相處，我對簡國賢這個人也大致有了一定程度的認識。基本上，他是一個有正義感的人道主義者，而且是一個能夠自我批評、自我改造的進步知識份子。例如，他天生平板腳，不太能走遠路，在流亡的過程中常常要掉尾，可他卻努力克服先天限制，到後來不但能夠跟其他人一樣打赤腳走山路，而且不落後了。」

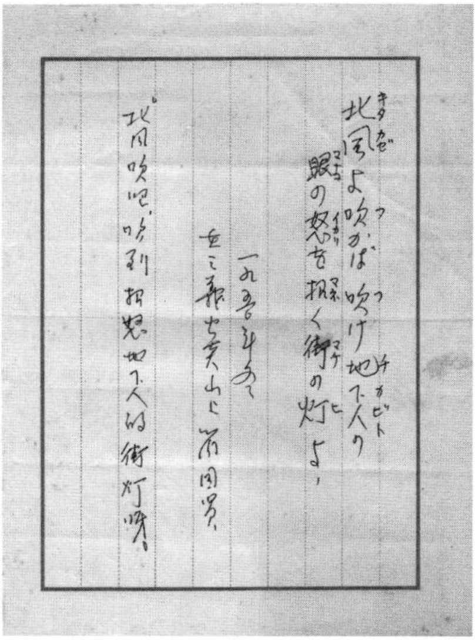

石聰金在受訪現場寫下簡國賢在火炎山吟誦的詩句。

石聰金認為，簡國賢畢竟是一個生性浪漫的藝術家。他記得，即使是在緊張的流亡生涯，簡國賢第一次看到炭窯裡燒得鮮紅的炭火時，也忍不住大聲讚嘆說好美的火光啊！後來，他們離開酸柑湖，下溯大安溪。在火炎山上露宿的那晚，眺望著山下苑裡、大甲一帶的街燈，簡國賢突然有感而發，大聲吟誦了一句即興詩：北風よ，吹かぽ吹け地下人の怒りを招しよの燈。

這已經是四十年前的舊事了。石聰金懷著敬佩之情懷念說，讀書不多的他卻仍然可以牢牢地記住這首詩。它的意思大概是說：北風你盡情地吹吧！地下人憤怒地看著繁華的街燈。他猜想，這該算是日本近代的寫實詩吧。地下人的意思也就是下階層的人。意思是說，儘管街上的燈火繁華，在社會底層求生存的人，卻懷著一股憤怒心情，眺望著街燈背後的不公。他想，也許是因為觸景傷情之故，頂著冷冽的火焰山上的北風一同流亡的自己，自然能體會出簡國賢這首即興詩的深意，也就自然牢記了。

他們在火炎山一帶、大安溪兩岸的農村又流亡了一段時期。石聰金先生繼續憶述說，先是通過他的親戚關係，在溪南岸的后里土城村替人家養鴨。半年後，他們又開始跳圈子，越過大安溪，在火炎山下，三義鄉境內上館里的一戶農家，幫忙開田、除草、割稻。這之後，林慶壽又回到酸柑湖。簡國賢、廖萬得與石聰金，三個人沿著西流的大安溪，流亡到出海口附近的大安鄉永安村，開闢新的據點。他們三人靠著替當地農民開田或養鴨來求生存。幾個月後，簡國賢離開永安村，到溪上游的某據點，與其他同志會報。

時序進入一九五二年。

元月，台灣省情報委員會開會提出「肅清桃園縣匪諜四項辦法」，決定整合台灣省警務處、憲兵司令部、保安司令部、保密局、調查局等五個單位的人力，成立「北部地區肅殘聯合小組」，快馬加鞭，限期破案。

根據收錄於內政部調查局《破獲匪共重整後台灣省委組織查繳文件集要》的《匪省委書記

老洪一九五二年一至三月工作總結》所載，與此同時，陳福星（老洪）領導的重整省委根據當前的形勢決定他們的工作中心：「（一）加緊反特務鬥爭的研究。（二）注意深入隱蔽的培養地上同志。（三）無論那一個單位都要時時努力跳圈子，做到真正的新陳代謝，避免不應該的死亡。（四）加緊紀律教育，試辦積極分子的流動集團生活，但絕不可放鬆組織嚴密的原則。」而當月工作的重要事項之一就是「與老卓〔林元枝〕作不可調和的鬥爭，使他能夠把組織的水準提高起來」。但是，到了二月，「老卓整風後依然表現出濃厚的個人主義，企圖拖阿水〔賴阿煥〕利用阿水，控制阿添〔簡國賢〕利用阿添，對黨的幫助懷疑，採取利用黨，抵著黨的策略。經過不調和的鬥爭後，由阿添、阿水自己的意思，決定阿水、阿添不編入老卓的組織。」老洪認為，「老卓雖然表面上同意，但他的真意還是疑問，需要經過一個時期的考察。他可能感情用事，採取報復抵制。」因此「決定下個月的工作中心：1、怎樣進行工作整風的研究（未參加整風的同志要如何處理？怎樣對待不肯改造自己的份子）2、如何和老卓作鬥爭，加緊整理工作。3、反特務鬥爭研究。」結果，他在三月「整黨工作」的總結寫道：「同志一齊反對老卓的官僚主義，主張堅決作鬥爭，如果他不履行再登記手續，決定把他整出為民主人士，而他的組織要再審查後才能穩定。」

對此，前述林元枝自首後與肅殘小組之談話續供，一九五二年春間，他逃至苗栗十班坑，領導通霄、苗栗兩地組織，有幹部廖萬得、吳敦仁、呂喬木、彭坤德、簡國賢、石聰金等六人，經由賴阿煥與陳福星聯絡。簡國賢《訊問筆錄（第二次）》載道：「我從苗栗返回苑裡後，感覺情勢嚴重，就和林元枝分開……四月間，林元枝帶水來仔〔呂喬木〕、吳敦仁、彭某三峽人等人北上。我與廖萬得、石聰金仍留在苑裡地區。」

吳敦仁，一九二三年生於桃園蘆竹鄉下的羊稠坑農家，姐夫王傳培是林元枝的弟弟。據其晚年憶述，二二八事件發生時，剛剛離開小學教職的他，參與了林元枝領導的接收大園鄉埔心軍用機場的行動。一九四八年，經林元枝介紹，與呂喬木等桃園地區知識青年同被簡吉吸收參加地下黨。同年轉入地下，在竹圍鄉海邊村落活動。一九五〇年夏天，由上級領導之一的黃培奕接到圳子頭基地掩護。十幾天後，奉指示與彭坤德轉移台中縣日南車站，由先下來的呂喬木帶領，先到苗栗縣苑裡的農家打工，再由石聰金介紹到通霄山上割香茅或燒炭，以勞動求生存。期間，林元枝曾來找過他們。「原來是他的目標太大，四處都在緝捕他，他本人沒耐性沉潛下來，老洪等人只好叫他來找我們。」吳敦仁晚年的口述回憶指稱：「不過，他還是到中南部去躲了一陣子後，又逃回桃園附近躲藏。我曾寫信托呂喬木代轉給上級領導陳福星、黃培奕等人，信中我向他們報告未來將如何發展組織，並且計畫從中部山區北上，由台北縣坪林往宜蘭方向發

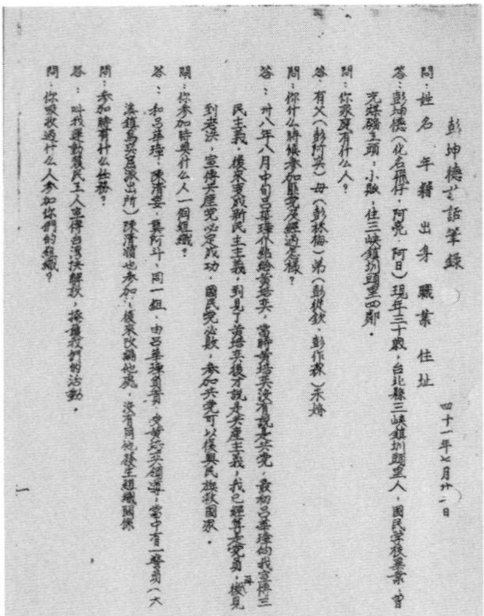

彭坤德談話筆錄　四十一年七月廿二日

問：姓名　年籍　出身　職業　住址

答：彭坤德（化名彌仔、阿晃、阿日）現年三十歲，台北縣三峽鎮圳頭里人，國民學校畢業，曾充煤礦工頭，小販，住三峽鎮圳頭里四鄰。

問：你家庭有什么人？

答：有父（彭阿栄）母（彭林梅）弟（彭秋欽、彭作霖）未婚

問：你什么時候參加匪黨及經過怎樣？

答：卅八年八月中旬呂華璋介紹給黃培奕，當時黃培奕沒有說是共黨，最初呂華璋向我宣傳三民主義，後來更改新民主主義，到見了黃培奕後才說是共產主義，我已經算是黨員，後見到老洪，宣傳共產黨必定成功，國民黨必敗，參加共黨可以復興民族救國家。

問：你參加時與什么人一個組織？

答：和呂華璋、陳清安、龔阿斗，同一組，由呂華璋負責，受黃培奕領導，當中有一黨員（大溪鎮烏塗窟派出所）陳清貓也參加，後來改編他處，沒有同他發生組織關係

問：參加時有什么任務？

答：叫我運動農民工人宣傳台灣快解放，掩護我們的活動。

問：你吸收過什么人參加你們的組織？

一九五二年七月二十二日彭坤德《談話筆錄》首頁。

展。我哪裡會知道，信才寄出後，陳福星、黃培奕等上級領導已經被調查局逮捕、自新，並且他們都在協助調查局追緝我們。這時，林元枝鄉長再度跑回通霄找我們。我和彭坤德、呂喬木和林元枝四人決定北上」。

這裡，簡國賢所說的「彭某三峽人」，當然就是一九五〇年十二月同吳敦仁轉去大甲日南村的彭坤德了。他自首後的《談話筆錄》載道，「一九五二年三月底，通霄與苑裡都很危險。林元枝來主持開會，討論如何逃走，決定北上。約十日後，通霄南和附近緊張。我們向老洪報告，請示行動，並與賴阿煥約期四月十六日與老洪見面。但沒有見到。即決定上北。此時，簡國賢、廖萬得兩人與林元枝相談後沒有來。石聰金沒有接受組織領導，決定放棄。」

林元枝自首後的供述則載道，一九五二年四月初，組織陷入混亂狀態，石聰金「意志動搖」。他決定切斷關係，僅餘幹部五人。因為苗栗地區據點關係均已暴露，整個組織危如懸卵，而陳福星又不敢與他見面，他深感走投無路，遂決意北返找尋自己關係。他於是以阿卓化名寫報告，向陳福星請示。但賴阿煥回報，陳福星此時不能相見，也無指示。他即決定採取自由行動。然而，簡國賢、廖萬得兩人不同意。他乃於四月十六日偕吳敦仁、呂喬木、彭坤德三人北上，並打算從此與陳福星斷絕關係。

四　脫離組織生活

簡國賢第一次《談話筆錄》載道，一九五二年四月間，林元枝等四人北上後，他就脫離組織生活，和莊金明、廖萬得去通霄及卓蘭的群眾關係。第二次《訊問筆錄》又載，林元枝等四人北上後，他與廖萬得、石聰金仍在苑裡地區。以後，他與廖萬得到通霄去，利用吳敦仁的群眾關係，在彼地生存。

廖萬得《偵訊筆錄》（一九五三年十二月十四日）另載，一九五二年四月十六日，他「與組織關係斷絕以後，即與石聰金二人同夥逃亡。」同日，他「與簡國賢約定十九日在五里牌會報」。會報的第二天，也就是四月二十日，他們「同去找石聰金。三人在大安溪一同生活有三四天」。

四月二十五日凌晨，「特種聯合小組」在內線接應下，在三義魚藤坪山區陸續捕獲重整後省工委會領導幹部蕭道應、曾永賢與陳福星。

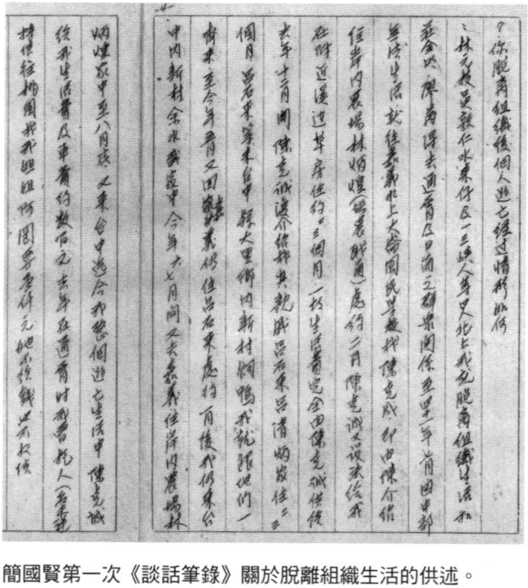

簡國賢第一次《談話筆錄》關於脫離組織生活的供述。

四月二十六日，是石聰金和賴阿煥、蕭道應約定在火炎山伯公坑會報的日期。石聰金回憶說，當天早上九點，他和簡國賢、廖萬得就趕到那裡。但是，一直等到中午十二點，都等不到人。他們於是撤到離那地點約八百公尺的地方等。可是，一直到傍晚，還是等不到人。第二天，他們同樣再去等，也是等不到人。「這樣，已經違反原則了。」簡國賢警告說，「肯定出問題了。」果不其然，他們後來證實，除了賴阿煥，蕭道應和陳福星、曾永賢他們都在魚藤坪被捕了。廖萬得《偵訊筆錄》續供，簡國賢於是獨自離去，並約定於五月二十日在日南車站會報。五月二十日，簡國賢如期與廖萬得會報後又約定，六月二十日在大安溪糖業公司火車路上會報。簡國賢又跟廖萬得交代，說屆時他若沒來，就不必等他。那就表示，他已經轉移到別的地方去了。到了六月二十日，他和簡國賢定期會面的日期到了，他因病而改由石聰金代理前往，但是，簡國賢卻沒有出現。以後他們就斷了聯繫。

五里牌。（藍博洲攝於一九八八年）

簡國賢兩次《訊問筆錄》綜合載道，五月底，他託余〇〇持信往桃園，找他姐姐阿罔要一千元。結果，她既不收信也不給錢。他只好就此結束苑裡活動。六月底，他在大甲日南地方陳登權家附近甘蔗園，被人誤為小偷，因而手臂被砍了一刀。

石聰金的回憶從側面證實了此事。他說，六月二十日，他按照約定會面的時間，前往苑裡五里牌運糖鐵道的斷橋下。然而，簡國賢卻遲遲沒有出現。後來，他才聽說，前一天，簡國賢躲在五里牌附近的甘蔗園內等待。怎知，卻被苑裡街上的人誤當作是偷雞賊而砍了一刀。

王阿秀女士指示簡國賢被砍傷的甘蔗園位置〔藍博洲攝於一九八八年〕。

經由石聰金先生的介紹，當地農民陳登權的妻子王阿秀女士向我憶述了她所認識的簡國賢及其被砍經過。她用客家話說，她是客家人，她先生是苑裡在地的福佬人。他們都是不識字的鄉下人，家裡耕了幾分田。認識簡先生，主要還是石先生的關係。那時候，剛好要割稻，人手不足。石先生和他的一群朋友，就由苑裡街上一位日據時代搞農民運動的莊金明介紹，經常在農忙時候來幫他們做農事。他們夫婦知道那些人都是跑路的人，卻看不出像是做壞事的人，也就盡可能在吃住方面給他們方便，簡先生因此也在他們家住過一些時日。那時候，他叫做阿樹。她曾經問過他為什麼會流落到鄉下地方。阿樹告訴她，說是因為生意做失敗了。平時，不管是綁草結、砍柴或挑水等婦人家做的事，他都認真做。她看他做事認真，也不多說話，一有空就坐下來看書。因此對他的印象非常好。這個人恐怕不是一個普通的紳士人吧，她自己在心裡這樣想。後來，她無意中聽到阿樹與莊金明聊天的內容，才知道他是因為演戲而被政府注意。趁阿樹不在時，她就問莊先生是不是這樣。莊先生就笑著問她，說妳要不要他演一齣給妳看呢？你神經病。她著急地制止莊先生，說他這一演不就暴露身分了嗎？莊先生聽她這樣說，

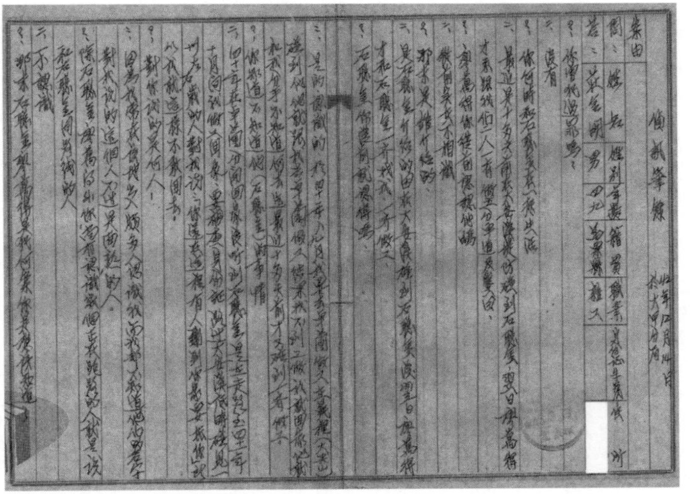

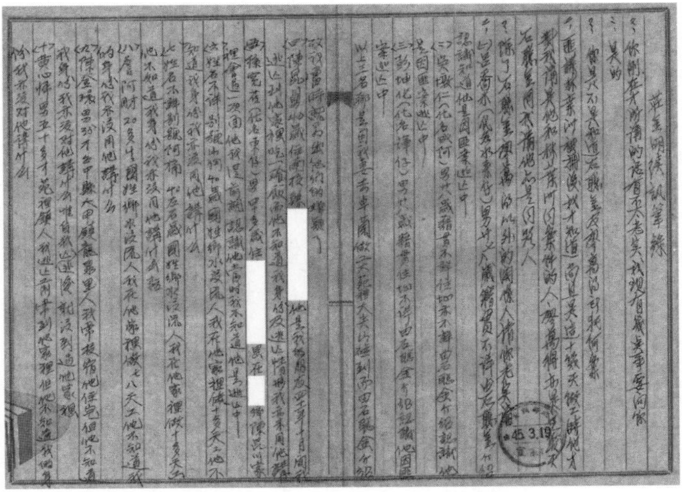

一九五三年十二月十四日莊金明《偵訊筆錄》與《續錄》之首頁。

就笑著對她說，對啦，這些人要好好保護。

這裡，我們應該讓已經出現了幾次的莊金明登場說話了。根據一九五三年十二月十四日時年四十九歲的莊金明於大甲分局的「偵訊筆錄」與「續訊筆錄」所載，一九五一年八、九月間，以雜工為業的他欲去卓蘭打工，於苑裡大尖山初識的石聰金就與他同往。但兩人找不到工做，也就分手了。一九五二年十月間要補查身分證。他做工回家，路過大安溪底時碰見一名面熟，但不知姓名，三十歲左右的人，警告他說有人到他家要抓他。他就不敢回家，跑去南投縣國姓鄉水長流投靠陳姓友人。因為找不到工做，他後來就夜宿山林，靠著捕魚、抓山豬來維持生存，一直到十幾天前才下山，在大安溪堤防做工，並又碰到石聰金。石聰金和他聊起三七五減租的事情，但他沒注意聽。第二天，石聰金帶著廖萬得來找他，三人就一起在大安溪流域做五分車道及盤田的工。其後，林葉洲被捕，石聰金才對莊金明講，他和廖萬得也是相同案件的人。後來，石聰金又介紹他先後認識了逃亡中的水來仔（呂喬木）、成仔（吳敦仁）和輝仔（彭坤德），另由水來仔介紹，見過三十歲的鍾仔（蕭道應）、五十歲的老仔（林元枝）與三十歲左右的樹仔（簡國賢）等等。

從內容與時間來看，莊金明所言顯然是避重就輕，不是全然事實的事實。那麼，我們還是回來聆聽王阿秀女士述說的簡國賢遇險經過吧。她彷佛回到當年的現場一般，清楚地憶述著說，阿樹他們幾人，在她家前後大概住了有一年多。當然，他們都是來來去去的，並不是固定住在她家。後來，他們跟著流動的季節工往山裡去了，她就不曾再見過阿樹。一直到有一天，阿樹突然被人砍了一刀，她才又匆匆見了他一面。她記得，那是田裡正在割稻的農忙時候。因為苑裡街上有戶人家被偷了一隻雞，所以，那陣子，四處都在找尋偷雞賊。有一天下午，有人在五里牌附近的甘蔗園裡發現隱躲在園裡的阿樹。但這個發現者並不認識阿樹。他誤以為阿樹就是人家要抓的偷雞賊，就回街上通風報信，很快邀集了一群人，拿刀持棍，趕往甘蔗園。阿樹看到一群人氣沖沖地圍過來，趕緊走出園子，想要辯明狀況。這群人看到阿樹走出園子，就厲聲質問他，說你一個人躲在甘蔗園裡幹什麼？阿樹回答說，他肚子不太舒服，跑到裡頭方便。這群人不相信，說給我騙。說著說著，其中一人就用手上的柴刀砍向阿樹。阿樹來不及防備，本能地用手來抵擋，恰恰在手關節處被砍了一刀，血流了出來。這群人見了血，心也慌了，不知如何收拾才好，於是又問阿樹從哪裡來？來這裡要找誰？阿樹說他來找親戚。他們又問阿樹說你的親戚是誰？阿樹就說出陳登權的名字。這時，陳登權剛割完稻，正要從田裡回家，恰巧經過甘蔗園，於是出面給阿樹解圍。村民也就讓陳登權把阿樹帶走，然後到警察局報案。陳登權帶著阿樹走出甘蔗園的泥徑來到他們家。王阿秀走出門一看。唉呀！她只看到一路上連成一條長長的血跡。阿樹的一隻手被砍傷，只剩皮連著，好像隨時就要斷了似的。血仍然一滴一滴地滴落地面。他的另一隻手則掛著一個提袋。她把阿樹帶進家裡，先給他做簡單的包紮，想把血止住。同時問他說提袋裡是什麼，怎麼不把它放下來才沒有這麼重。他忍痛說是一些書，沒要緊。包紮後，阿樹向他們夫婦辭謝，說對不起，又給他們添麻煩了。陳登權送他出門，並陪他走了好長一段路才回來，並且告訴她，說阿樹說要到苑裡街上找一位宋先生（宋朝清）。兩人就分手。後來，陳登權也找了地方躲了一陣子，一直到聽到妻子王阿秀被抓去關，因為受不了刑求而流產後才出來。王阿秀也聽說，阿樹在宋先生家療傷，過了一陣子就走了，但不知他後來的下落如何。

簡國賢第二次《訊問筆錄》供稱，他經脫逃後，即由陳登權帶到吳敦仁群眾家中住兩晚，然後轉往通霄，找吳敦仁的群眾余海聲的鄰居的親戚，住了約十餘天，再轉竹東方面，去找同學黃文魁。但是，黃文魁已遷居桃園中壢。他於是轉去苗栗深山找孫寬喜，住約四、五天，取去了五十元，就到南勢車站搭火車南下。

南勢車站〔藍博洲攝於二〇二一年十二月十一日〕。

第八幕

從被捕到就義

一九五二年七月十六日晚上，林元枝和吳敦仁、呂喬木、彭坤德等四人由台灣省警務處運用的桃園縣議員蔡達三與林元枝的胞弟王傳貝陪同，前往刑警總隊，親向總隊長劉戈青自首。二十四日，北部地區肅殘聯合小組因此在保安司令部召開擴大檢討會議，決議「繼續肅清北部各地區在逃殘餘匪諜」。題為《臺省境內殘匪現狀及進行肅殘工作之方式與方法》的內部文件寫道：「自四十年（一九五一年）四月起以迄本年（一九五二年）四月末，匪首要陳福星等捕獲歸案，匪黨重整後台灣省委組織已為我全部擊潰，『台共』基本組織乃告瓦解。據正確資料統計，台省境內尚有殘餘匪犯三十六名漏網在逃……散匿山區，苟延殘喘，已呈無組織狀態。」因此，它認為「肅清殘餘匪黨，為當前不可忽視的重要課題」，並分別敘述「殘匪現狀及進行肅殘工作之方式與方

台省境內殘匪現狀及進行肅殘工作之方式與方法
自四十年四月起以迄本年四月末，匪首要陳福星等捕獲歸案，匪黨重整後，台灣省委組織已為我全部擊潰，「台共」基本組織乃告瓦解，據正確資料統計，台省境內尚有殘餘匪犯三十六名漏網在逃，配備有短槍十三枝、手榴彈十餘枚，此輩逃亡份子，多為散匿山區苟延殘喘，已呈無組織狀態。
肅清殘餘匪黨為當前不可忽視的重要課題，茲將台共殘匪現狀及進行肅殘工作之方式方法分敘如下：
一、殘餘匪黨之現狀分析：
根據歷次行動案件所知漏網份子，以及先後所獲匪黨首要供出線索相對照，目前尚未緝獲歸案之殘匪計有，匪海山區委殘匪組織及竹南苗栗，銅鑼等比較完整的三個支部，與其他各地零星的漏網散匪。
1、匪海山桃園西區殘餘武裝組織份子五人，短槍七枝，已與上級脫節
甲、在逃匪海山區委書記黃培奕（攜有短槍一枝）可能與其下級謝錦珍、黃則榮等逃亡南投縣竹山一帶，并可能仍與其家庭取得秘密聯絡，賴親友掩護潛伏隱匿。
乙、在逃匪海山區委所屬武裝匪徒：歐阿斗、陳清要、朱金田、鄭馬意、阿共（化名）、標仔（化名）等諸匪必尚潛伏於台北縣海山區中南山一帶，因同黨蘇標之自首，各匪可能已與家庭切斷

一九五二年《臺省境內殘匪現狀及進行肅殘工作之方式與方法》首頁。

法」。其中指稱「在逃匪桃園區委簡國賢、廖萬得，黨員石聰金等諸匪，可能在一起，利用石匪親友關係，於台中、苗栗兩縣邊界逃亡。石匪亦可能與家庭尚有聯絡。」它同時認為「現存殘匪均為基層以上的幹部黨員與重要群眾，大部皆有數年流亡經驗……經過『台共』一九五一年的整風運動，因此，他們可以說都是匪黨中肯幹、硬幹、實幹的頑強分子。」再者，因為他們的「警惕性特高，故肅殘工作之進行須保持高度機密性。」最後，它提出肅殘工作應該採取「分工合擊」的方式，依序按照「調查研究，窮究線索」、「布置內線，監視包圍」、「說服行動並進，緝捕歸案」的步驟，分三個階段進行。

在嘉義水上鄉

與此同時，簡國賢從苗栗地區轉移來到嘉義水上鄉，投靠時任大崙國民學校教導主任的陳克誠。陳克誠在受訪時向我說，台灣光復後，他因為種種因素而南遷嘉義水上鄉。簡國賢離開苑裡後就自己一個人南下，找他幫忙。簡國賢告訴陳克誠，說他因為生意做失敗，欠人十七萬塊錢，不得不走路。陳克誠就在山腳下用竹子和甘蔗搭

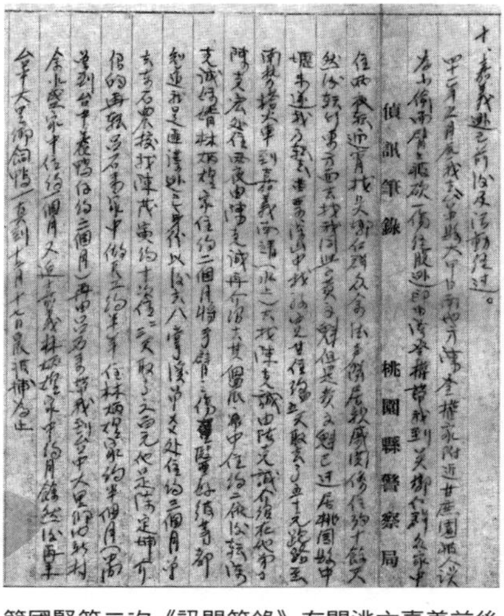
偵訊筆錄　桃園縣警察局

簡國賢第二次《訊問筆錄》有關逃亡嘉義前後的記載。

一九三八年二十二歲的林壽鎰。

了個草寮讓他住。簡國賢在那裡幫陳克誠顧山，教村子裡的小孩念書。在流亡中，即使只是幾塊餅乾，簡國賢也一定讓那些小孩平均分著吃。後來，有戶人家請他去幫忙養鴨。每天晚上，他必定先陪這家主人的老父親入睡，然後自己才去睡。村裡的人都稱讚他比人家的親生兒子還要孝順。不久之後，報上報導，老蔣在鳳山校閱軍隊時被一名軍人暗殺未遂，國民黨政府在全省各地全力搜捕這個逃走的軍人。簡國賢判斷，他在南部可能比較不安全，於是就向陳克誠告別了。

簡國賢的兩次《訊問筆錄》則載道，陳克誠先介紹簡國賢在他弟弟陳克宏處住兩夜，再介紹去他的佃農，也就是對面鄰居蘇尚的家，住約兩夜。期間，陳克誠要到台北參加雕塑講習班。簡國賢想到，在他逃亡初，在桃園開寫真館的林壽鎰曾說以後若需要用錢請叫人來取，於是請陳克誠趁便到桃園，找林壽鎰調錢。但是，林卻「非常懼怕」而「未給」。簡國賢認為，先前由魏德旺介紹而認識的合作金庫研究室統計課長祝木華，思想很前進，富有政治意識和改革現實社會的精神，於是又請陳克誠去探聽他的住址，準備情況萬一時做為一個依靠關係。後來，陳克誠又將簡國賢介紹給在臺糖岸內糖廠當農場技術員的妹婿林炳煌，說是台中土城國民學校教員，姓徐，因為身體欠佳，利用暑假到南部遊玩。簡國賢於是借住林炳煌家約一兩個月，將手臂的傷醫好。

九月，陳克誠又設法介紹簡國賢到八掌溪糖廠旁找綽號「老苟」的曾XX，在附近的溪邊草屋住約三個月。一切生活費及車費，約五、六百元，完全由陳克誠供給。簡國賢也曾去東石初級農校，找一九四七年經由陳定坤（時任宜蘭戲院總務）介紹而認識的陳戊寅，向他表示因與人合股經商失敗，負債十七萬元，所以避來南部，與親戚共營雜穀生意。他與陳戊寅見面約十次，住二、三天，借了六百元。十二月間，陳克誠又介紹簡國賢至其親戚呂石來、呂清炳家做長工。簡國賢向呂石來表示自己名叫阿基，原住日本，因母親生病，搭乘走私船偷渡來台被查獲，現正逃亡中。呂石來也未懷疑他的身分。

二　名列通緝第十二

一九五三年三月，情治機關利用陳福星等自首、自新分子二十人組成肅殘工作隊，策動黃培奕等地下黨人自首。同月十一日，調查局編印《台灣地區在逃通緝匪犯總名冊》，

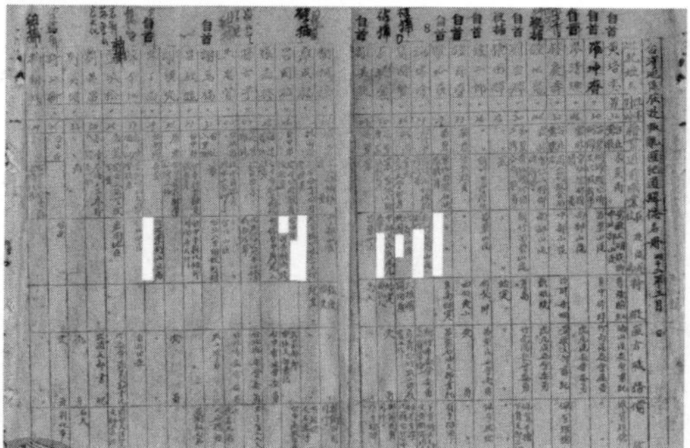

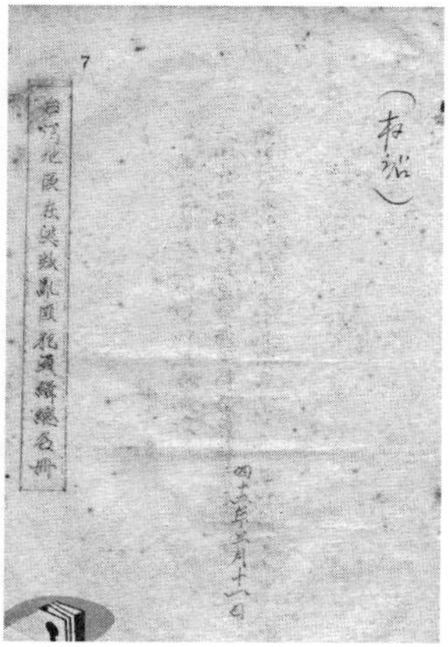

一九五三年三月十一日調查局編印《台灣地區在逃叛亂匪犯通緝總名冊》。

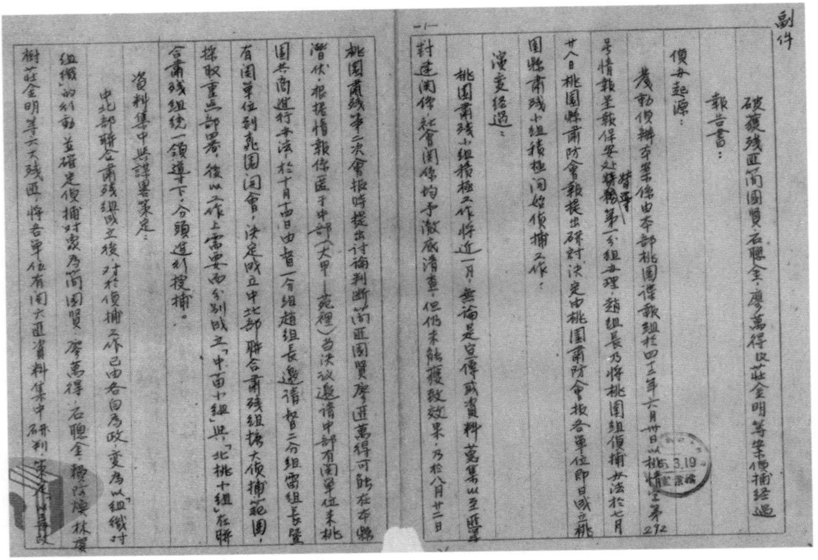
副件

破獲殘匪簡國賢、石聰金、廖萬得及莊金明等案偵捕經過

報告書：

偵查起源：

本局偵辦本案係由本部桃園諜報組於四十二年六月卅日以桃情字第292號情報呈報保安處督導第一分組辦理，該組長乃將桃園組偵捕辦法於七月廿八日桃園縣肅防會報提出研討，決定由桃園肅防會報各單位即日成立桃園縣肅殘小組積極開始偵捕工作：

演變經過：

桃園肅殘小組積極工作將近一月，無論是宣傳或資料蒐集以至匪黨社會關係均予徹底清查，但仍未能獲致效果，乃於八月廿二日桃園肅殘第二次會報時提出討論判斷簡匪國賢、廖匪萬得可能在本縣潛伏，根據情報係匿于中部（大甲、苑裡）當決議邀請中部有關單位來桃園共商進行辦法，於十月十四日由督一分組趙組長邀請督二分組雷組長暨有關單位到桃園開會，決定成立中北部聯合肅殘組擴大偵捕範圍，採取重點部署，後以工作上需要而分別成立「中苗十組」與「北桃十組」在聯合肅殘組統一領導下，分頭進行搜捕。

資料集中與謀略策定：

中北部聯合肅殘組成立後，對於偵捕工作已由各自為政，變為以「組織對組織」的行動，並確定偵捕對象為簡國賢、廖萬得、石聰金、楊阿煥、林慶樹、莊金明等六大殘匪，將各單位有關六匪資料集中研判，策定

調查局《破獲殘匪簡國賢、石聰金、廖萬得及莊金明等案偵捕經過報告書》首頁。

簡國賢名列第十二名。同日，該局「林炳陽」以代電指示各地調查站：「（一）緝捕在逃叛亂匪犯為本年度偵防工作重心，茲附發通緝匪犯名冊一份，希即飭屬嚴密佈線查緝，務獲歸案究辦。（二）事屬至要，希迅遵辦，隨時具報憑核。」

簡國賢《訊問筆錄》續載，他在呂石來家住了約二、三個月。一九五三年五月，呂石來帶他到台中縣大里鄉內新村余水盛處，養鴨仔。約一個月之後，也就在六、七月間，再返嘉義，在林炳煌家住約月餘。八月底，再來台中大里鄉養鴨。

根據保安司令部桃園諜報組長洪維謀等情治人員聯名呈報保安司令部保安處第一督導分組的《破獲殘匪簡國賢、石聰金、廖萬得及莊金明等案偵捕經過報告書》所載，一九五三年六月三十日，該諜報組向第一督

導分組呈報辦理「偵捕殘匪簡國賢、廖萬得、石聰金及莊金明等案」。七月二十八日，保安處督導第一分組趙組長於桃園縣肅防會報提出偵捕辦法，研討決定各單位即日成立「桃園縣肅殘小組」，積極偵捕。

隨著情治機關追緝簡國賢到案的壓力越來越大，情治人員除搜羅簡國賢相關資料及照片，並強迫簡妻同至簡國賢生母及其兄弟處，策動簡國賢自首。事隔幾十年之後，簡劉里女士餘悸猶存地向我憶述了這段塵封往事。她說簡國賢離家後不久，桃園當地的特務、警察就時不時地到家裡來找他。每次，他們都翻箱倒櫃，亂翻一通，不知究竟想找些什麼。因為心中害怕，她就把簡國賢的藏書和照片都放火燒了；僅留下一張他們結婚時拍的照片，而簡國賢恰好是背對著鏡頭的。因為這些人的不定期騷擾與威嚇，她整個人也陷入心驚膽顫的狀態。每個夜晚睡覺時，總覺得自己就要被捕的恐懼侵噬著，使得她無法安心入眠。長久下來，她整天都處於失神的情境。端茶喝水時，不是拿不穩茶杯而摔落地面，就是把水倒到杯外。上個廁所，蹲下來後，就怎麼也站不起來。煮飯就燒焦……她又說，簡國賢離家時，只留了兩個月的生活費，卻留下他的養母和他們的養女給她照顧。一家三口，從老到小，三個女人，承受著經濟拮据的壓力、鄰人森冷的眼光和特務的騷擾威脅，一天又一天，堅持著度日。可她始終相信，總有一天，簡國賢一定會回來的。

《破獲殘匪簡國賢、石聰金、廖萬得及莊金明等案偵捕經過報告書》續載，八月四日，肅殘工作隊邀集桃園各治安情報機關，召開偵緝簡國賢專案小組會議，決議應多方運用地方關係注意偵查簡國賢行踪，積極布署各項偵防事宜。然而，桃園肅殘小組積極工作了近一個月，無論是宣

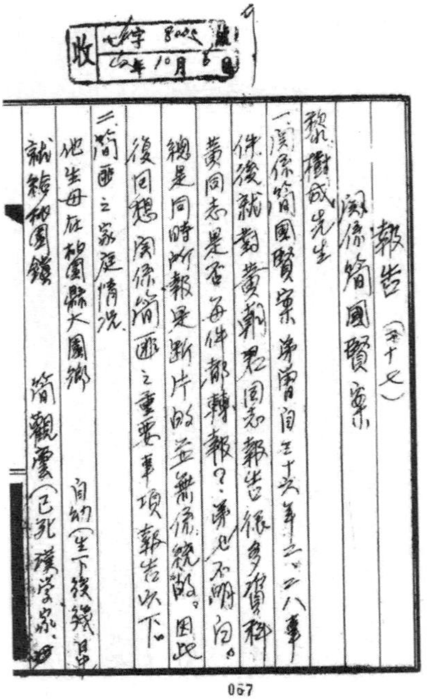

收 七字 8005號 42年10月5日

報告（五十七）

關係簡國賢案

黎樹成先生

一、關係簡國賢案弟曾自三十六年二二八事件後就對黃戴君同志報告很多資料

黃同志是否每件都轉報？弟也不明白。

總是同時所報是斷片的並無系統的。因此

復回想關係簡匪之重要事項報告以下。

二、簡匪之家庭情況

他生母在桃園縣大園鄉 自幼（生下後幾日中

就給桃園鎮 簡觀雲（已死，漢學家）

067

一九五三年九月三十日桃園地區調查局線民關於查緝簡國賢的報告。

傳或資料蒐集，以至簡國賢與廖萬得的親屬關係與社會關係都已徹底清查，仍未能獲得效果，乃於同月二十二日「桃園肅殘第二次會報」時提出「簡匪國賢、廖匪萬得可能在本縣潛伏」的論斷。但是，經過討論後，又根據情報判斷應「匿於中部（大甲－苑裡）」。十月十四日，肅殘工作隊邀請中部有關單位來桃園共商偵捕辦法，決議成立中北部聯合肅殘組，擴大偵捕範圍，重點布署，並確定偵捕對象為簡國賢、廖萬得、石聰金、賴阿煥、林慶樹（壽）、莊金明等「六大殘匪」，分別成立中苗小組與北桃小組，採取以「組織對組織」的行動。

三　被捕與偵訊

《破獲殘匪簡國賢、石聰金、廖萬得及莊金明等案偵捕經過報告書》另載，一九五三年元月二十一日，調查局特務在南投縣竹山圍捕黃培奕等人，經搏鬥後，「海山區委會幹部」謝錦珍、「黨員」黃則榮、群眾羅某與黃培奕之妻等人被捕，黃培奕趁隙脫逃。三月十日，「偵緝逃匪黃培奕專案小組」成立，南投縣警察局、保密局台中站、內調局南投縣站、憲兵司令部調查組、台中市憲兵隊、保安司令部保安處第二督導分組等各情治單位代表，在第二督導分組會議室出席第一次會議。三月十八日又在南投縣警察局大禮堂召開第二次會議。四月七日，台灣省保安司令部督導組第二督導分組上校組長行文主持「偵緝逃匪黃培奕專案小組」的南投刑警隊長，轉知上級命令：「偵緝逃匪黃培奕專案小組撤銷資料彙送內調局南投站接辦」。

南投刑警隊長之所以被第二督導分組撤銷「偵緝逃匪黃培奕專案小

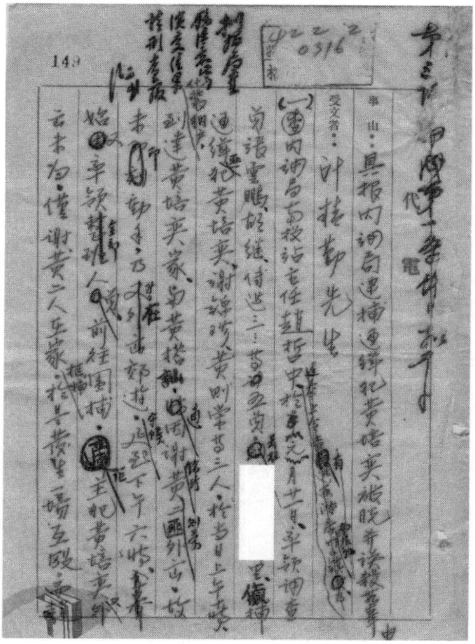
143
事由：
受文者：
代電

一九五三年二月調查局特務在南投縣竹山圍捕黃培奕的報告首頁。

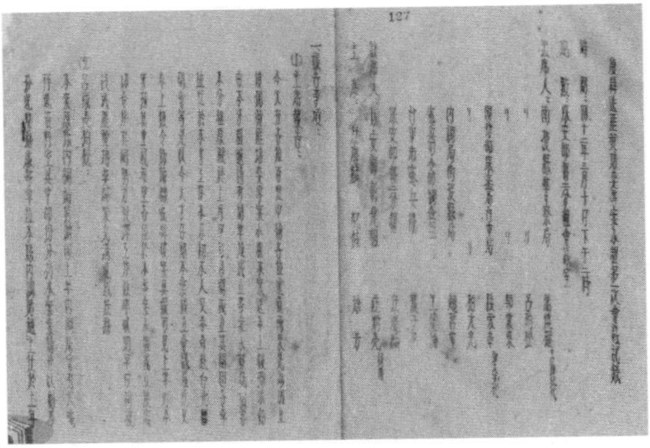

一九五三年三月十日「偵緝逃匪黃培奕專案小組」成立並舉行第一次會議。

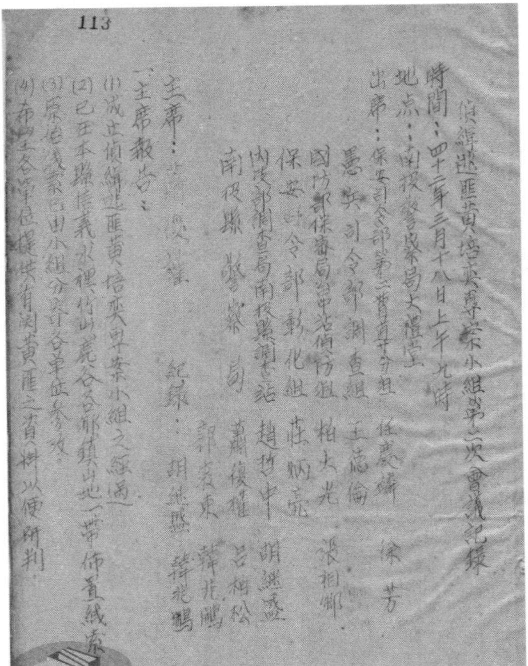

113

偵緝逃匪黃培奕專案小組第二次會議紀錄

時間：四十二年三月十八日上午九時

地点：南投警察局大禮堂

出席：保安司令部第二處第十分組 任震儒 徐芳

憲兵司令部調查組 王德倫

國防部保密局台中站偵防組 柏大光 張祖卿

保安司令部彰化組 莊炳亮

內政部調查局南投縣調查站 趙哲中 胡繼盛

南投縣警察局 蕭復權 呂柏松 郭友東 韓兆鵬

主席：[illegible] 紀錄：胡繼盛 韓兆鵬

一、主席報告：

(1)成立偵緝逃匪黃培奕專案小組之經過

(2)已在本縣信義水裡竹山鹿谷各鄉鎮山地一帶佈置線索

(3)原卷宗已由小組分交各單位參攷。

(4)希望各單位提供有關黃匪之資料以便研判。

一九五三年三月十八日「偵緝逃匪黃培奕專案小組」舉行第二次會議。

組」主持的身分，改由「內調局南投站接辦」，應該是因為黃培奕已向內調局「投案自首」。安全局機密文件《歷年辦理匪案彙編》第二輯「策反台北縣三峽牛角山地區匪黨武裝基地案」第三九六頁載稱，一九五三年二月十日，黃培奕已由內調局高級特務率領陳福星、黃培奕之妹與黃則榮至彰化二水，進行說服而投案自首。由此可見，國民黨政府各情治單位搶功的狀態。

《破獲殘匪簡國賢、石聰金、廖萬得及莊金明等案偵捕經過報告書》續載，十一月十七日，桃園縣諜報組看到黃培奕自首報告供稱：「簡國賢有重要關係人在嘉義水上鄉某國校當教員，如果南下，可能以此為跳板」，隨即發函嘉義縣長林金生，借來全部嘉義縣水上鄉國民學校教職員名冊，轉由新竹諜報組交黃培奕研討，從而認定水上鄉大崙國校教導主任陳克誠及另一國校教導主任張古鎮最為可疑。十二月十四日，石聰金、廖萬得、莊金明等三人在大甲被捕。石聰金供稱「簡國賢已南下」。十六日，台灣省保安司令部保安處第二分組長雷某即率帶台中、桃園兩諜報組與台中及桃園刑警隊，前往嘉義縣水上鄉，會同嘉義諜報組，密傳陳克誠（另載十二日），說

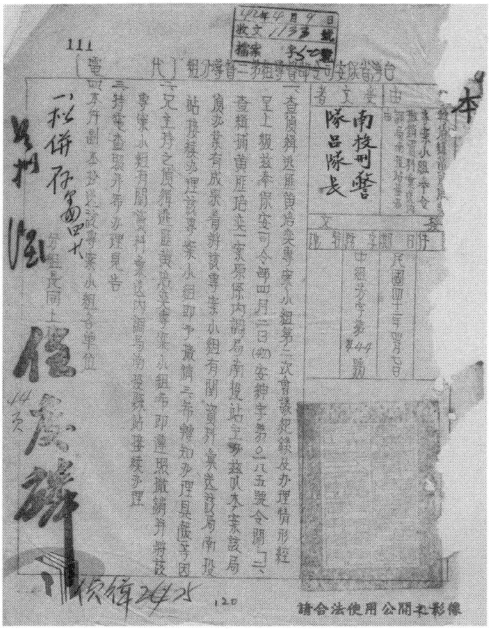
受文者 南投刑警隊 吕隊長
民國四十二年四月七日

一九五三年四月七日撤銷「偵緝逃匪黃培奕專案小組」令。

自首以後的黃培奕及其幹部。

服他供認：「掩護簡國賢於鹿草鄉呂清炳、呂石來兄弟處養鴨」。呂氏兄弟隨即被捕，並供認簡國賢「係其密友，前曾來其家，並為資助帶往台中縣大里鄉內新村內新路四號『阿誠』家，幫助養鴨。」當即「漏夜窮追」，按址於十七日晨逮捕了簡國賢。

簡國賢隨即被押送台中縣警察局，由保安司令部桃園諜報組組長洪維謀訊問，審訊內容包括：姓名年齡籍貫、出身與學歷、家庭狀況、親友同學關係、思想淵源、參加共黨組織及其以後的經過、逃亡經過等等。最後被問及被捕之後的「感想與意見」時，他迂迴地表達了內心真實的想法，說：「我的思想如何錯誤請給我指導，有機會當將思想糾正。但是，如果叫我思想一時〔立刻〕轉變。我是沒有辦法〔的〕。這是〔我〕完全心裡的話。希望〔你們〕有機會將三民主義

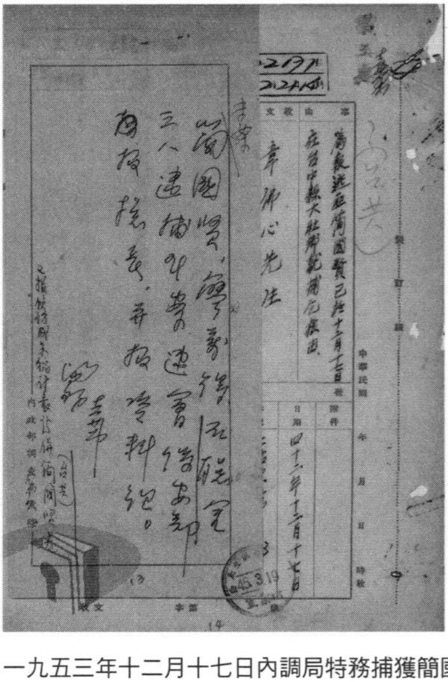

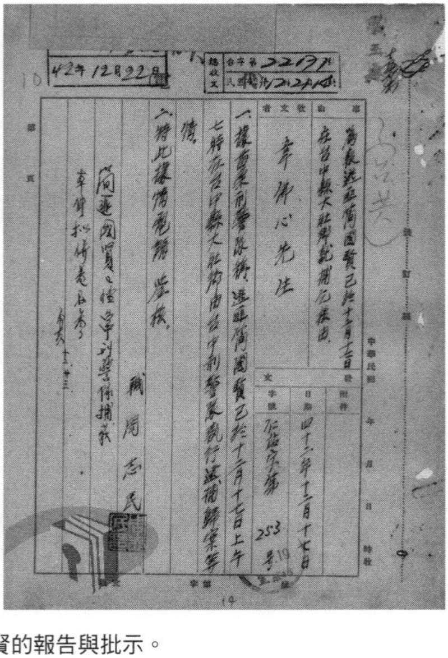

一九五三年十二月十七日內調局特務捕獲簡國賢的報告與批示。

思想詳細解釋給我聽，〔究竟〕三民主義優點在何處。俟我對主義思想瞭解以後，一定將思想糾正。」

十二月二十二日，簡國賢與廖萬得又被轉送桃園縣警察局，仍由洪維謀於同月二十九日展開第二次偵訊。結果，桃園縣警察局整理了包括張志忠在內的總共六十六名《簡國賢接觸之匪黨關係名單》。儘管如此，一九五四年一月七日，內調局特務方集全〈為呈送簡匪國賢等口供祈鑒核由〉致上級韋佛心「代電」卻報告：簡國賢「僅供出一些群眾關係，尚無何新發展」。

根據兩次詳簡略異的問訊筆錄所載，我們看到，簡國賢在不能不說，又要保護組織及其他相

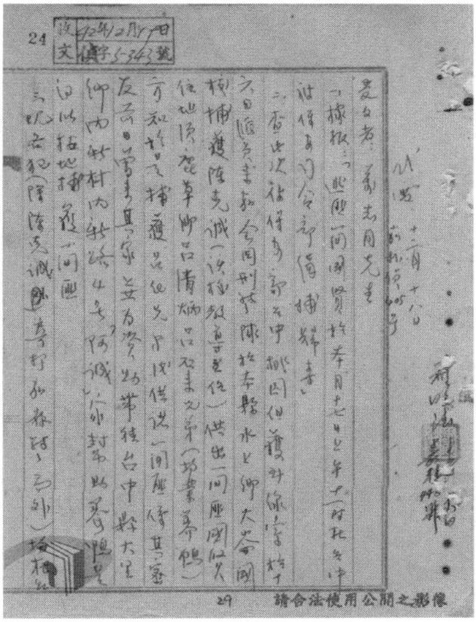

一九五三年十二月十八日嘉義警特人員呈報簡國賢已被捕。

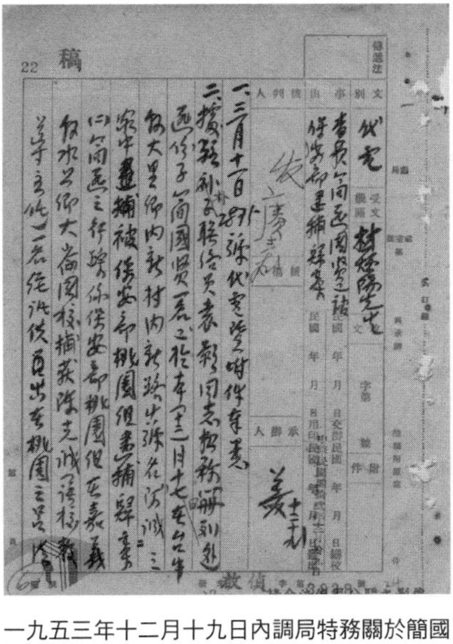

一九五三年十二月十九日內調局特務關於簡國賢被捕的報告。

關人等的情況下，顯然有所保留地說了一些可供我們參考的案情。如果再參照其他涉案人在不同時間與場合的供述與證言，也許我們就可以稍稍進入充滿迷霧的當年的歷史現場了。

一九五三年十二月三十日，洪維謀於桃園刑警隊追訊簡國賢與陳定坤的關係之後，桃園縣警察局將簡國賢解送台灣省保安司令部保安處。

一九五四年一月十二日，保安處提訊簡國賢。審訊的特務直接從「你的思想何時傾向共產主義」、「何時參加共黨」、「擔任何種工作任務」問起，然後裝作尊重，客氣地問簡國賢，是否願意「坦誠真實加以說明」他的「組織關係與群眾關係」，隨即一一追問他與林阿鐘、李奎吾、林書亨、陳定坤、莊〇來、顏將興、林壽鎰、林搏秋、林日高、祝木華、陳克誠、林炳煌、陳戊寅、呂石來等人的「組織關係」如何。簡國賢也都極力為其他人開脫而一一否認與他們有「組織關係」。到了二月十三日，簡國賢與同案共九名就被移送該部軍法處，聽候審判。

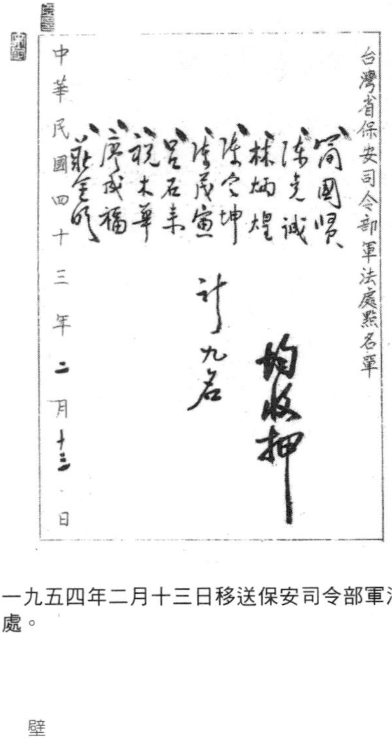
台灣省保安司令部軍法處點名單
簡國賢
陳克誠
林炳煌
陳定坤
陳戊寅
呂石來
祝木華
計九名
均收押
中華民國四十三年二月十三日

一九五四年二月十三日移送保安司令部軍法處。

四　第七十六號押房的家書

劉里女士回憶說，大概是一九五四年二月吧，向來以詐錢出名，人稱「桃園皇帝」的特務黃朝君，跑來跟她說，簡國賢已經被抓到台北軍法處了。儘管半信半疑，她還是和養女搭車到台北青島東路軍法處找尋。這樣，二月二十五日，她終於收到簡國賢二月十五日寫於看守所西所第七十六號押房的第一封信。

根據劉里女士保存的書信編號來看，一直到簡國賢就義的這段期間，他應該是每週一封，一共給妻子劉里寫了十九封信。另外，他也給二十歲的養女碧雲寫了七封信。碧雲的親哥哥林秋祥，因一九四九年一月間參加「地下黨外圍組織桃園學生新民主主義青年團」，一九五〇年十月在徐木火領導下改組為「桃園學生支部」並充任書記，領導學運工作，而在就讀台北私立泰北中學高三時被捕，並於一九五一年七月九日判處死刑而被槍決。

簡國賢在寫給劉里的第一封信，首先為她這四、五年來的勞苦道歉說：「昨天移到軍法處來了，想到這四、五年來你的辛苦和煩悶，實在很對不起你！我現在用這句話以外，不能找出適當的話來表現自己的心情。」又說「在軍法處每個禮拜一

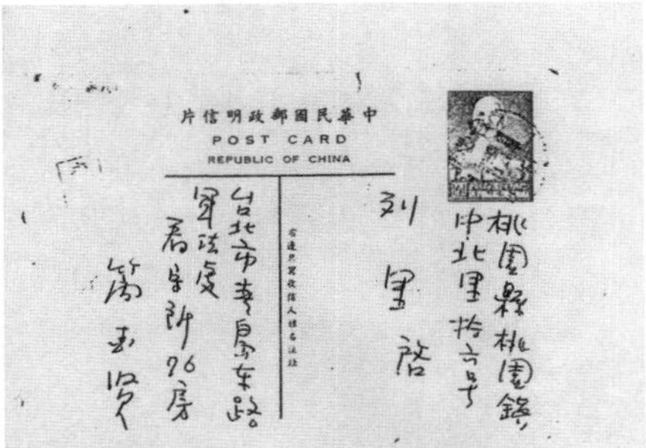

簡國賢關押在軍法處看守所第七十六號押房。

可以寫一次信，以後我們可以在信上每週會面一次。」他還特地交代她說：「由於手續的關係，請你用中文覆信。」對此，多年以後劉里女士怨憤猶存地跟我說，像簡國賢這樣一個一聽到台灣光復就跑到街上高喊「中國萬歲」的人，卻被國民黨政府糟蹋到這種地步，對她來說，心中因此不能平衡，對於中文的學習也就有意無意地加以抗拒了。在給簡國賢的回信中，她就把這種心意向他如實表白。然而，簡國賢接下來寫給她的第二至第四封信，顯然沒有通過看守所的檢查而被扣押了。我們也就無從看到簡國賢如何繼續勸解鼓勵她學習中文了。

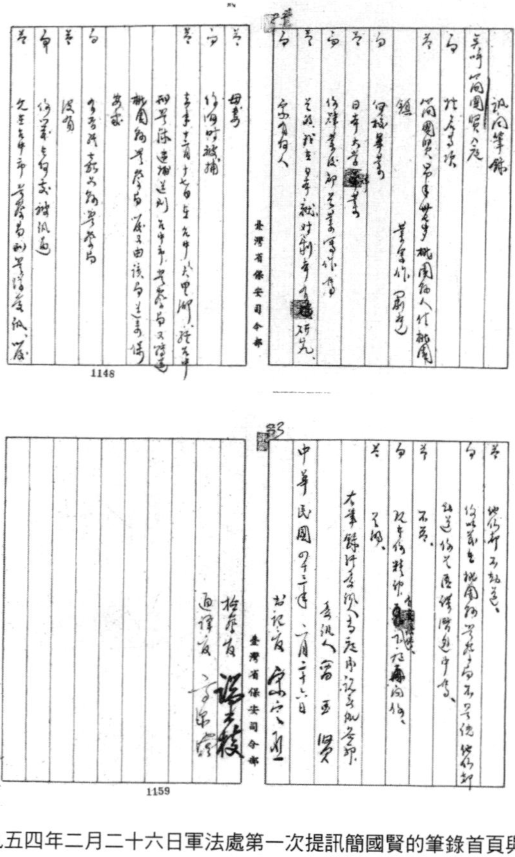
訊問筆錄

臺灣省保安司令部

1148

中華民國四十三年二月二十六日

臺灣省保安司令部

1159

一九五四年二月二十六日軍法處第一次提訊簡國賢的筆錄首頁與末尾。

就在劉里收到簡國賢寫給她的第一封信的隔天，也就是二月二十六日，軍法處檢察官端木棪第一次提訊簡國賢。訊問從姓名等基本資料展開，然後問他何時被捕，在何處被訊問過，以前的口供是否都是實在的，然後是有關他參加「台灣民主自治同盟」、中國共產黨，以及十三份、學習會、武裝基地、圳仔頭……一直到被捕的詳細經過。同日，蔣經國主持的總統府機要室資料組發文保安司令部，要求續告「簡國賢等九名審結情形」。同月二十七日，軍事檢察官端木棪第二次提訊簡國賢（與廖萬得同時），從他「何時開始逃亡」問起，依序訊問他與陳克誠、陳戊寅、陳定坤、呂石來、林炳煌、祝木華等人有否組織關係。簡國賢都一一否認，並說他們都不知道他的共黨身分。他更強調以前說祝木華「思想很前進，富有政治意識和改革現實社會的精神」，是他「講錯了」。對於無法否認的與廖萬得的組織關係，他則承認在十三份時領導過他。至於已經被槍決的郭成與邱順興，他也承認他們都是他領導過的黨員。最後，他又否認莊金明是他們組織的人，並且不知道他的身分。

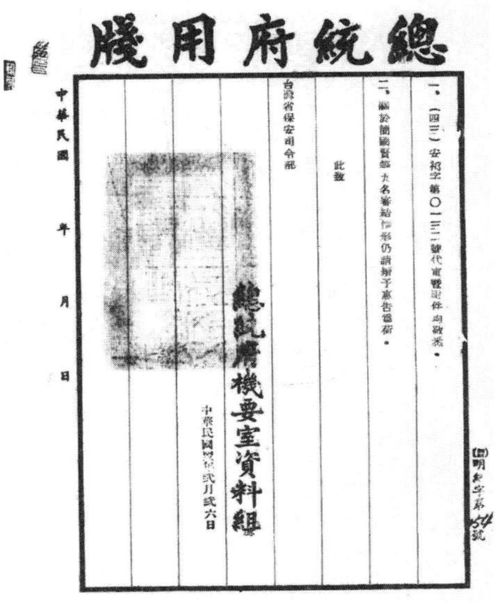
總統府用牋

(四三)明如字第54號

一、(四三)安祝字第〇一三三號代電暨附件均敬悉。
二、關於簡國賢等九名審結情形仍請補予惠告爲荷。
此致
台灣省保安司令部
總統府機要室資料組
中華民國四十三年貳月貳六日

中華民國　年　月　日

一九五四年二月二十六日總統府機要室資料組要求保安司令部續告「簡國賢等九名審結情形」。

三月一日，保安司令部督導組致軍法處將簡國賢等九名移請併辦。

三月八日，簡國賢給劉里寫第五封信，同時也給養女碧雲寫第二封信（第一封未能寄出）。他首先「用萬分的尊敬和甘美的心情」稱呼劉里為「碧雲的媽媽」，並且對她們母女「過去時常在苦難中奮鬥在一起」表示「很感激」。然後，他又非常擔憂她的健康狀態，希望她把他的書籍賣掉去治療，回復健康的生活。接著又問她們「現在讀什麼書」，「要研究什麼」，對他已提出的她們的「學習問題」有什麼意見？他在給碧雲的信中更鼓勵她「尤其是對中文的學習，應達到能看，能聽，能寫，能應用的境地。」

三月十五日，簡國賢給劉里寫的第六封信又鼓勵她學習中文說：「我很希望你學習中文，因為這是基本的學課，應努力達到能看，能聽，能寫，能應用的境地。關於學習的問題，我還有一個希望，就是你必須要自己設立一個專門課目去做生涯的研究，你們意欲研究的科目是什

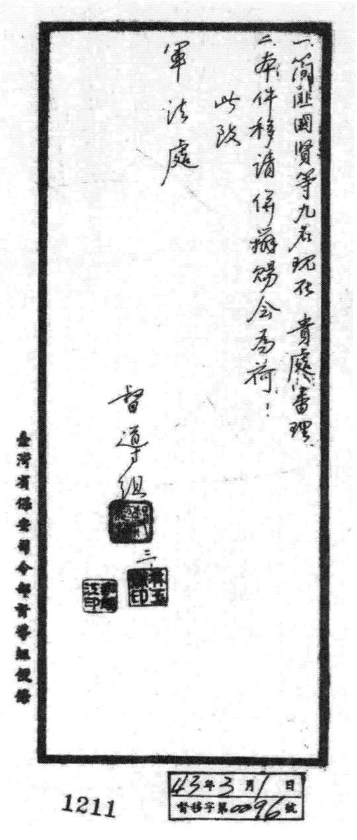
一、簡匪國賢等九名現在 貴處審理，
二、本件移請併辦為荷！
此致
軍法處
督導組
臺灣省保安司令部督導組便條
43年3月1日
督移字第0096號
1211

一九五四年三月一日保安司令部督導組致軍法處將簡國賢等九名移請併辦。

麼？請你們告訴我吧！在我可能的範圍內願意盡量去幫你們的忙。」他同時也在給碧雲的第三封信，祝願她「像『白楊』那樣地凌受北風而屹立在大地上，向著天空悠然地生長著發展著」。在沒有標記日期（應該是三月二十二日）的第五封信，他又進一步提供「關於學習的問題」的意見，給她們做參考：一是「多看，多想，多講，多寫。（前信裡的能聽是能講的寫錯）」因此，「每日要寫日記，要看報紙。不管在什麼場所，盡量利用時間，養成讀書的習慣（比如在火車裡的讀書）。每月的生活預算中要有一項買書的費用。寫文章的時〔候〕不要隨時執筆，要構想，要擬稿。不知道的所在，不怕見羞，去請教別人，向別人學習，有這種虛心肯問的態度才會進步。」他坦誠說他「自恨了過去的生活的空白與不用功」，他關心她們的「學習問題是從這種痛心

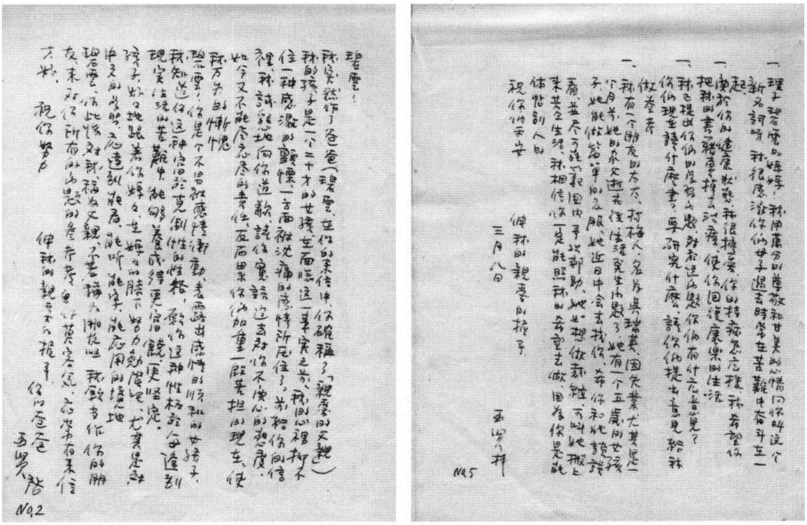

一九五四年三月八日簡國賢寫給妻子的第五封信（右）和給養女的第二封信（左）。

出發的」。他更強調，學習不但可以提高她們的「精神」，她們「也能依據學習的成果來解決生活問題」。

三月十七日，軍事檢察官端木棪第三次提訊簡國賢（與廖萬得同時）。這次的偵訊集中在呂石來的身分證。簡國賢依舊強調呂石來不知道他的共黨身分。端木棪先是故意引導性地問簡國賢：「你在呂石來家做工時，呂有否拿他的身分證給你。」簡國賢為了撇清呂的主動性而否定並解釋說：「是我向他借來用的。因我在台中（大里）養鴨，時常要到街上去買鴨子的飼料，怕檢查須身分證用，因呂的身分證照片很模糊。以後他向我討回。我騙他說丟掉了。」端木棪隨即駁斥說：「據呂說他的身分證是你偷去的。」簡國賢馬上改口承認是他偷的，剛剛是因為怕加重罪刑，所以說是向他借的。端木棪就質疑說，呂石來應該知道他是「匪諜」，所以把身分證借他，以便逃匿。而他怕呂受累，因此先供稱是借的，然後又順勢說是偷來的。但簡國賢還是堅稱「實在是我偷來的」。

劉里的日子在情緒起伏中度過。每個星期的書信往返，於是成為她在艱難中堅持下去的依靠。她在三月十八日的回信，祝福繫獄中的簡國賢生日快樂，並表示說她的憂鬱病已經治癒了。簡國賢非常高興，隨即在同月二十二日的第七封信回應說，彷彿「嘗到驟雨後清冷的空氣似地，五年來罩在我心上的陰雨一時散開了。理子！你能感觸我喜悅的心臟正在跳動嗎？」

三月二十五日，軍事檢察官端木棪第四次提訊簡國賢。這次，是與陳克誠同時，主要追問的內容是陳戊寅是不是同情共產黨，並繼續追問呂石來的身分證怎麼會到他手裡。簡國賢仍然撇清陳戊寅和他的關係，並堅持呂石來的身分證是他偷來的。第二天，也就是三月二十六日，檢察官端木棪認為簡國賢、廖成福、陳克誠、陳戊寅、陳定坤與莊金明等人「業經偵查終結」，於是擬稿起訴書，「敘述犯罪事實及證據並所犯法條」，其中「簡國賢廖成福均係意圖以非法之方法顛覆政府而已著手實行各有觸犯懲治叛亂條例第第二條第一項之罪嫌」。

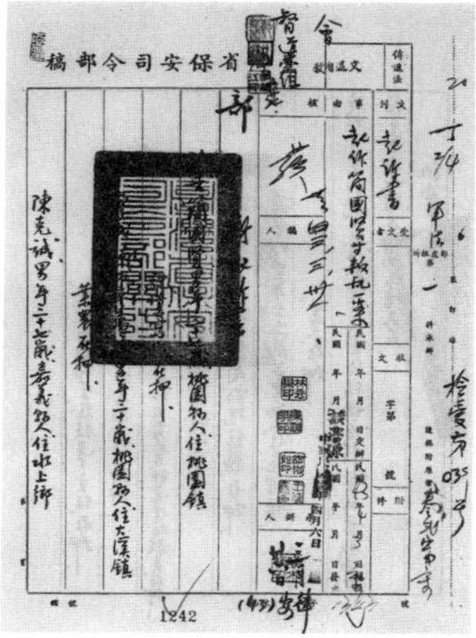
省保安司令部稿
起訴書
1242

一九五四年三月二十六日軍事檢察官擬稿簡國賢等六人起訴書的首頁。

劉里的情緒很快又陷入低潮。她寫信向簡國賢訴說：「我已失了知覺」、「我已失了求學的力量」、「我已老了」、「我太寂寞」「我要找一個四、五歲的孩子」等等。收到信後，應該是三月二十九日，簡國賢就在寫給她的第八封信逐條安慰並批評說：一，「你不是失了知覺，也不是失了求學的力量，而是失了自信了。我相信你有隱藏著尖銳的知覺與強大的力量，不過你沒有自覺而已。知覺與力量是用努力的鋤頭去發掘的，而自信是從這發掘工作中練成出來的。」二，「你向我開玩笑呢。你現在幾多歲呀！你的精神衰微你才會感覺老了。奮起你的精神來克服一切的苦難，去實現你的新的理想吧！在這種熱情燃燒的過程中，你的生命就能沸騰起來。永遠的青春是屬於有理想，有熱情，有工作的人們的。」三，「我能理解你的心情，更能同情你的寂寞。

但原諒我說一句話——『在學問的世界裡去發現你的安慰的伴侶』。假如你在追求學問的過程中能夠找出一個專攻課目來的話，則你定會得到一個精神的孩子了。」最後，他希望她與養女能從「辭典裡抹消『悲觀』與『感傷』的兩個名詞，不要記掛過去，向前努力」。

劉里收到這封信的當晚就夢見簡國賢了。她聽見自己大聲地喊他的名字，並且把「充滿著慈愛的母親向著頑皮的小孩教訓般的一句話」告訴他……第二天，她立即充滿信心地寫信給他，並附了一張最近的相片。他收到信後立即於四月五日給她寫第九封信，說「看到你的像片，我頓時在心裡痛哭，竟瘦到這樣！額上顯多的皺紋，凸出的兩頰，加深的眼窩。在這印象裡面，我深深體會到這五年你的生活之一切暗影。『堅強

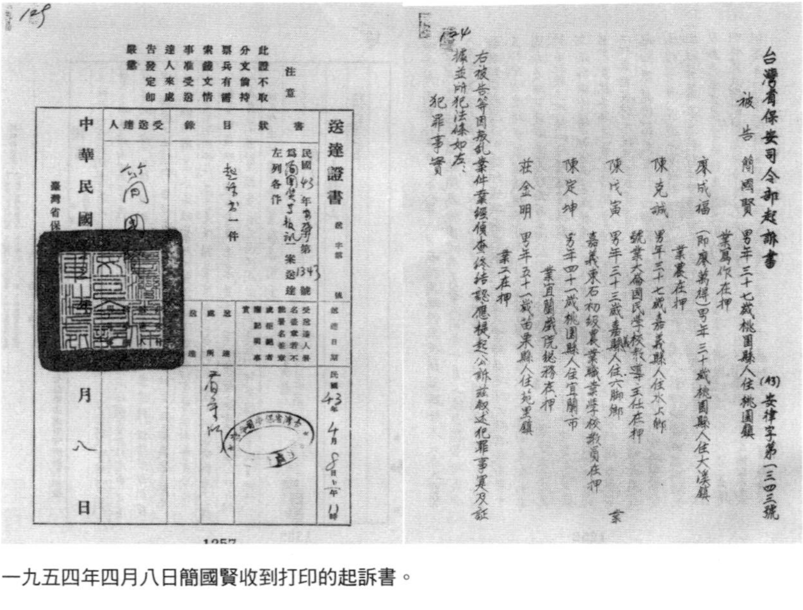

台灣省保安司令部起訴書　(43)安律字第一三四三號

被告　簡國賢　男年三十七歲桃園縣人住桃園鎮　業寫作在押

康成福（即康萬得）男年三十歲桃園縣人住大溪鎮　業農在押

陳克誠　男年三十七歲嘉義縣人住水上鄉　號業大崙國民學校教導主任在押

陳以寅　男年三十三歲嘉義縣人住六腳鄉　嘉義東石初級農業職業學校教員在押

陳定坤　男年四十一歲桃園縣人住宜蘭市　業宜蘭戲院秘務在押

莊金明　男年五十一歲苗栗縣人住苑裏鎮　業工在押

右被告等因叛亂案件業經偵查終結認應提起公訴茲敘述犯罪事實及証據並所犯法條如左：

犯罪事實

送達證書

注意：此證不取分文倘持票兵有需索錢文情事准受送達人來處告發定即嚴懲

書狀目錄：民國43年審判第1343號為簡國賢等叛亂一案送達左列各件　起訴書一件

受送達人：簡國賢

送達日期：民國43年4月8日上午11時

中華民國　年　月　八　日

一九五四年四月八日簡國賢收到打印的起訴書。

吧！』理子！你聽到我這叫聲嗎？不要忘記這句話！抱含著我的一切希望和生命之火的這句話！」他又安慰她說他能諒解她在夢中告訴他的那句話，但他要她放心，因為他「在種種的磨煉中已經長大了」。然後他又欣慰地說，「聽到你已開始念國文，我非常高興；這興奮整夜纏著我，使我不能就眠。」並且鼓勵她和養女「一步，一步，不弛鬆，不忌倦學習吧！寫信與我又是一種學習，兩個人都不斷地寫來吧！」最後，他強調「我以對你們最和悅的關懷結束這信，我仍然是你的國賢。」他在同日給養女的第六封信也希望她「和媽媽一塊兒活用爸爸的書齋吧！為了學習，媽媽感到倦乏的時候，你應該慫恿她，鼓勵她才行啊！」

　　四月八日上午八時，軍法處將繕校打印的起訴書送達看守所的簡國賢。九日，台

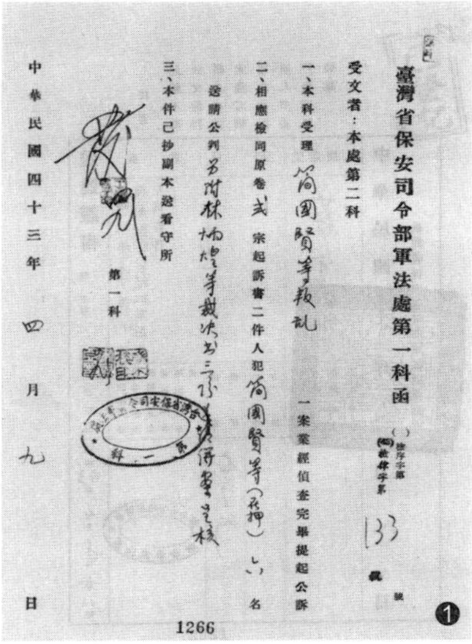

臺灣省保安司令部軍法處第一科函

受文者：本處第二科

一、本科受理簡國賢等叛亂一案業經偵查完畢提起公訴

二、相應檢同原卷貳宗起訴書二件人犯簡國賢等（在押）六名送請公判

三、本件已抄副本送看守所

第一科

中華民國四十三年四月九日

1266

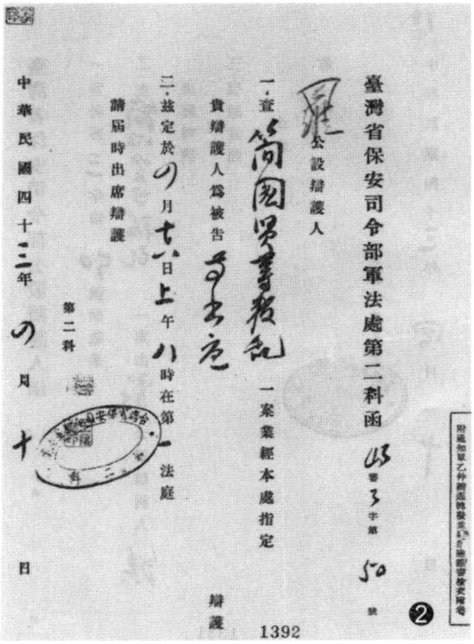

臺灣省保安司令部軍法處第二科函

公設辯護人

一、查簡國賢等叛亂一案業經本處指定貴辯護人為被告辯護

二、茲定於四月十六日上午八時在第一法庭

請屆時出席辯護

第二科

中華民國四十三年四月十日

1392

❶ 一九五四年四月九日軍法處第一科送請該處第二科公訴簡國賢案。

❷ 一九五四年四月十日軍法處第二科函請公設辯護人出庭。

灣省保安司令部軍法處第一科檢同簡國賢案案卷及起訴書等，送請該處第二科提起公訴。十日，軍法處第二科函覆第一科：定於本月十六日上午八時在第一法庭審理「簡國賢等叛亂一案」，屆時請派軍事檢察官端木棪蒞庭。該處同時簽請處長指派審判長一員、審判官二員，「依法合議審判」，並通知檢察官與公設辯護人。

就在簡國賢已經知道自己被唯一死刑「二條一」起訴的這段期間，劉里在寫給他的回信提到：「雖然彼此隔著鐵窗而分離，但我的心卻永恆與你相處在一起。」他隨即在四月十二日的第十封信充滿無盡依戀的情感寫道：「讀到這句話時，我的熱淚濡濕了這文字。我意識到，任北風怎樣刮，理子！你的愛是時常如純棉般把我的身包暖著……我忘不了你對我的惦念、幫忙，這種回憶在我的心裡不時放出像一朵百合花般的清香。」他強調，「你們的煩惱是我的煩惱，我的苦痛也是你們的苦痛；我們在信裡面提起的僅僅的一句話也會使我們的魂震動，使我們的血為此沸騰。這個心弦的共鳴，在受難下鼓動的人間相互間的這個生命脈搏的一致，這個感動的美，理子！你不以為（是）永遠不滅的、生命藝術的極致嗎？理子！我未曾從你離開，絕對未離開。你理解了我的腦細胞的活動，而對於在我的心臟裡躍動的鮮血的感覺越深刻，我（就）越常在你的心中呼吸，並且在身邊不斷地向你聲援著。你會感覺（到）這個嗎？」最後，他寫道「祝你健康伸我的親愛的握手 你的國賢啟」。

一般而言，「握手」，是革命者互相之間使用的問候語，也是革命者就義之前與同志們最後告別的身體語言。從第一封信開始，簡國賢就用「伸我的熱意（或親愛）的握手」作為結束的問候。這樣看來，簡國賢並不把劉里單純地看作妻子而已。顯然，他是期待而且已經把她看作是自己的革命同志了。而他也早已覺悟自己在不久的將來就要為革命而犧牲了吧。

五　判決前後

一九五四年四月十五日，台灣省保安司令部公設辯護人羅鎮「依軍事機關審判刑事案件補充辦法第二條及公設辯護人條例第十七條之規定」，向台灣省保安司令部軍法處第二科提出「辯護書」，為簡國賢（三十七歲）、桃園縣大溪鎮業農的廖成福（三十歲）、嘉義縣水上鄉大崙國民學校教導主任陳克誠（三十七歲）、嘉義縣東石初級農業職業學校教員陳戊寅（三十三歲）、桃園縣人但業宜蘭戲院總務的陳定坤（四十一歲）與苗栗縣苑裡鎮業工的莊金明（五十一歲）等被告「敘述辯護意旨」。其中涉及簡國賢的部分云：「被告簡國賢，日治時代目睹台人受日帝壓制，甚富民族主義思

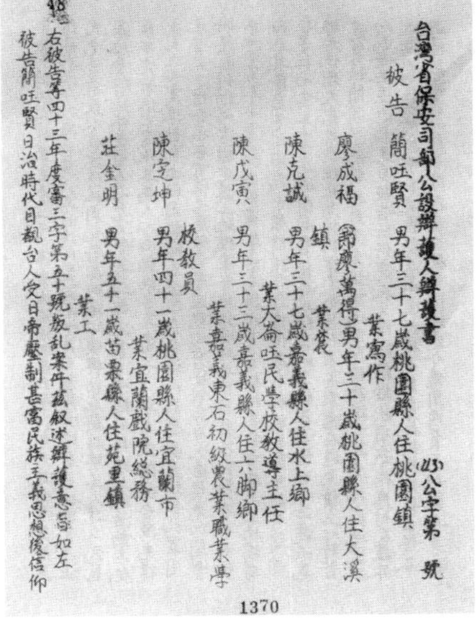

台灣省保安司令部公設辯護人辯護書　(43)公字第　號
被告　簡旺賢　男年三十七歲桃園縣人住桃園鎮
業寫作
廖成福（即廖萬得）男年三十歲桃園縣人住大溪鎮
業農
陳克誠　男年三十七歲嘉義縣人住水上鄉大崙旺民學校教導主任
陳戊寅　男年三十三歲嘉義縣人住六腳鄉業嘉義東石初級農業職業學校教員
陳定坤　男年四十一歲桃園縣人住宜蘭市業宜蘭戲院総務
莊金明　男年五十一歲苗栗縣人住苑里鎮業工
右被告等四十三年度審三字第五十號叛乱案件茲叙述辯護意旨如左
被告簡旺賢日治時代目覩台人受日帝壓制甚富民族主義思想後信仰
1370

簡國賢案公設辯護人「辯護書」。

想，後信仰宗教，又轉研究哲學文學，『二二八』事變後始傾向匪共。三十八年（一九四九年）六月由叛徒簡萬得、徐木火介入匪『台灣民主自治同盟』，同年十月由叛徒黃培奕介入匪黨，為正式黨員。前後吸收魏德旺、周龍潛、吳阿海、邱順興、郭成、顧（顏）將興等人，建立武裝基地，參加集體學習會，負責教育幹部，流竄三峽鎮圳子頭等地活動。各犯罪事實皆坦白自承。其為人心志動搖多變，當三十八年大陸陷匪，台灣光復未久，人心震浮，對自由祖國認識未深，不克堅持初志，受匪蠱炫叛亂，罪固應得究，于情亦不無可諒之處。被告廖成福，由黃匪培奕介入匪幫……介紹邱順興與簡國賢，不知簡有否吸收參加……被告陳克誠，與簡國賢交好。四十一年夏途遇簡國賢。簡告以經營地下錢莊，負債逃亡，請設法覓地居住幾天。先後帶往蘇尚、林炳煌、老苟、呂石來等家，意在避免債主一時苦逼。質據簡國賢供稱『我對陳克誠說因倒閉借款逃亡，請其找處避匿，不知我是共匪逃亡』。足見被告所供實在。又，陸續借給款項，亦屬應付友誼，非故意以金錢供給明知之匪諜及藏匿叛徒，不能論處供給叛徒金錢及藏匿叛徒罪刑。被告陳定坤，初未知簡國賢為匪諜。雖于三十九年（一九五〇年）末在鶯歌中學執教，有某機關向其調查簡國賢其人，并說明簡為匪黨分子。後月餘，簡託其往家攜取衣款，未允。當時未予檢舉，實未感到嚴重問題。情可原恕，請予輕處。被告陳戊寅，由被告陳定坤介識簡國賢，不知簡之身分。簡說因與親戚合股生意失敗，先後借給些款，與簡國賢所供未向說明是匪諜逃亡等情一致。是其借給金錢不知其為匪諜，亦不能論以供給叛徒金錢之罪。」

第二天，也就是四月十六日，上午八時，台灣省保安司令部軍法處在第一法庭召開「簡國賢等叛亂一案」最後一次所謂「辯論庭」。簡國賢、廖成福、陳克誠、陳戊寅、陳定坤與莊金明等被提訊出席，直至辯論終結還押，下午五時七分回到看守所的押房「候判」。

隔天，也就是四月十七日，經台灣省保安司令部軍法處審判長周咸慶與審判官彭國壎和邢炎初合議，簡國賢與同案廖成福、陳克誠、陳戊寅、陳定坤、莊金明等人於該部軍法合議庭上判決：「簡國賢廖成福（即廖萬得）意圖以非法之方法顛覆政府而著手實行各處死刑各褫奪公權終身全部財產除酌留其家屬必需生活費外沒收陳克誠陳戊寅陳定坤莊金明均無罪」。簡國賢的判決「理由」是：「被告簡國賢對被訴於民國三十八年六月參加匪台灣民主自治同盟同年十月又參加匪黨為正式黨員擔任小組長負責桃園地區工作三十九年先後吸收邱順興郭成顏將興等參加叛亂組織並從事顛覆政府工作之事實已據自白不諱核與其在本部保安處及偵查庭所供並自白書所述

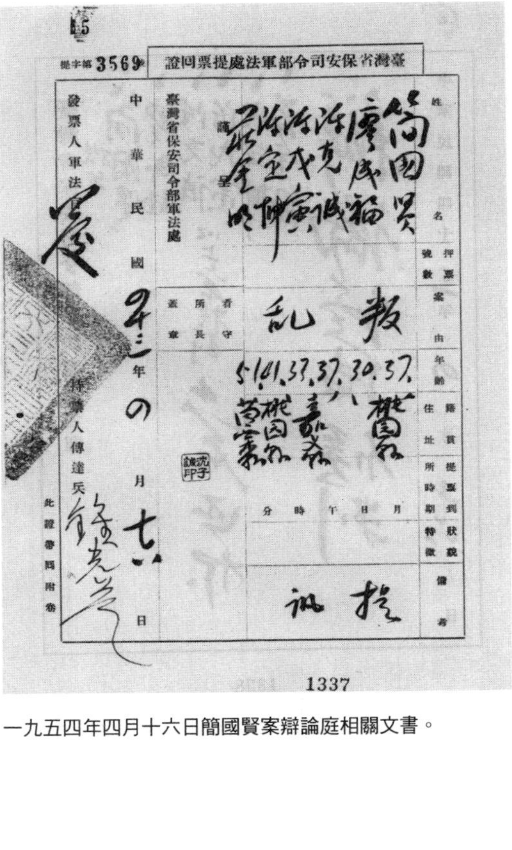
臺灣省保安司令部軍法處提票回證

提字第3569號

姓名：簡國賢、廖成福、陳克誠、陳戊寅、陳定坤、莊金明

案由：叛亂

年齡：51，41，33，37，30，37

請臺灣省保安司令部軍法處

發票人軍法

中華民國　年　月　日

持票人傳達兵

此證審問附卷

1337

一九五四年四月十六日簡國賢案辯論庭相關文書。

情形均相脗合犯行洵堪認定查被告簡國賢參加叛亂組織後復吸收他人參加並任小組長教育幹部等積極叛亂工作顯已達意圖以非法之方法顛覆政府而着手實行之程度依法科處死刑褫奪公權終身全部財產除酌留其家屬必需生活費外沒收」。

判決之後隔兩天，也就是四月十九日，簡國賢分別給劉里與養女碧雲寫了第十一封和第七封信。在不能對外透露案情的限制之下，他試著用妻女能懂的語言把自己的死訊傳達出去。於是在寫給妻子的信中，他首先告訴她「以後不要送東西來也可以」，然後就要她替他問候一些過去顧養他長大的長輩，最後則要她讀《火燒罟寮》與《胎糕食番鴨》兩本書。寫給養女的信則懷著一貫鼓勵的態度，彷彿也是自我對話似地說了幾則人生格言：「在苦境裡感傷和悲觀，會使人的意志軟弱下來，因

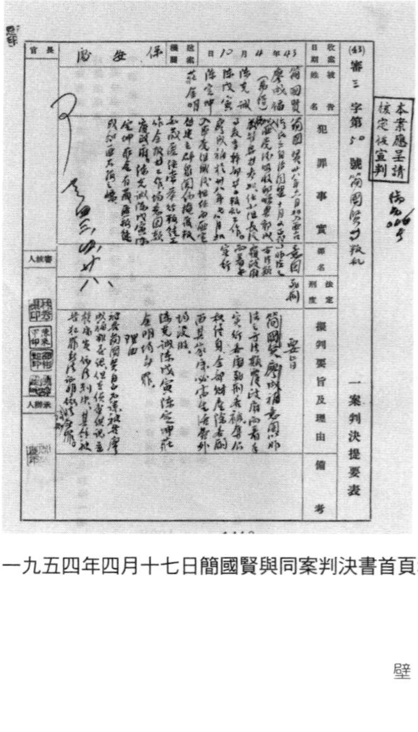

(43)審三字第50號 一案判決提要表

本案應呈請核定後宣判

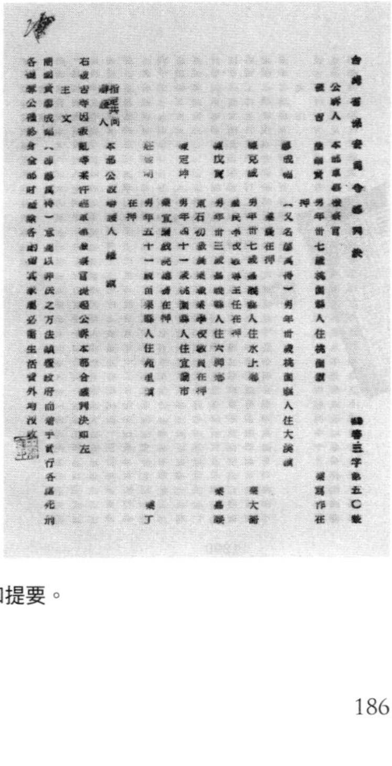

臺灣省保安司令部判決

一九五四年四月十七日簡國賢與同案判決書首頁和提要。

為感傷的淚水會把情熱的火濕淋，而悲觀會煽起失望的風，吹熄情熱的火。」「假如你們不懼怕辛苦，那麼，辛苦是會成為使你們成長的肥料吧！」「人為什麼會堅強起來，那是常感覺自己的軟弱而不斷地把弱點克服而來的。」然後，他還是強調「用功，用功，再用功，努力，努力，再努力，這才是你們的目標。」最後則暗示說，以後「你們寫給我的信是並沒有限制了。請你們多多寫信。」

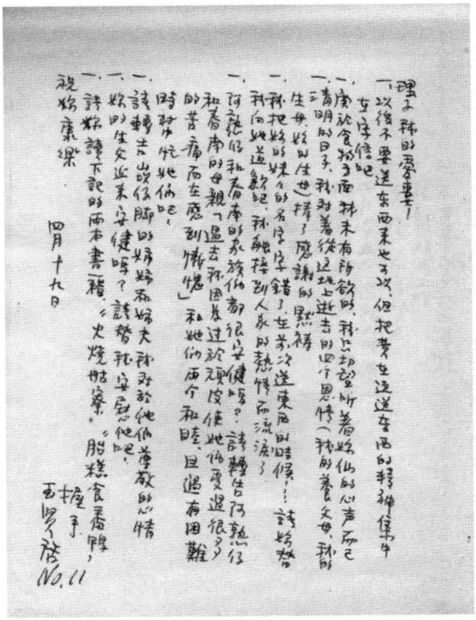

一九五四年四月十九日簡國賢寫給妻子的第十一封信。

顯然，軍法處看守所的監管人員看到了這兩封信的言外之意，而暫扣不發。因此，遲至五月，劉里與碧雲才收到信。看了信後，劉里即刻到街上書店，找簡國賢要她讀的那兩本書。可她怎麼也找不到。後來，鄰居有個懂漢學的老者才告訴她，說「火燒罟寮」與「胎糕食番鴨」並不是兩本書，而是兩句閩南話的歇後語。首先，「火燒罟寮」的罟，是一種網具，也是一種漁法；「罟寮」，就是放魚網的地方。「火燒罟寮」歇後是「全無網」。而閩南話的網和希望的望諧音。所以，「全無網」也可以「全無望」歇後。另外，「胎糕」是閩南話一種皮膚癩病的同音字。一般認為皮膚病起因於體內有毒，尤其是「胎糕」這種流血流膿的濕性皮膚病，更被認為是

❶ 一九八八年十月二十六日郭明哲在大甲。（藍博洲／攝）
❷ 二〇一七年十月二十一日筆者與李石城（左）在馬場町刑場遺址。

毒火外發的症候，所以忌食會發毒之物。像鴨肉，雖然是大補之物，但有傷口或皮膚病的人則在禁食之列。所以，「胎糕食番鴨」的歇後，一般是說「胎糕食番角——存爛」。「番角」即公番鴨，「存」則有「明知故犯」或「拚死」之意（如「拚死吃河豚」），在此也可理解為「胎糕之人拚著全身潰爛也要吃公番鴨」。而「胎糕食番鴨」的歇後「存爛」，也就是「包害」，意即結局非常糟糕或結局一定糟糕。聽了這番解說之後，劉里才恍然大悟。儘管如此，她還是心存簡國賢有一天能夠歸來的願望。

那麼，在台北青島東路三號軍法處看守所狹窄的押房裡，除了給妻子與養女寫信之外，簡國賢最後的生命歲月又是怎樣度過的呢？他都在做些什麼，想些什麼呢？

在尋訪的過程中，我找到了幾位與簡國賢先後同房的政治受難人，並且與他們做了訪談。第一位是一九五一年在南投信義鄉同富國小校長任內因牽連所謂「台灣民主自治同盟案」而被捕的大甲人郭明哲先生（1921-1998）。一九八八年十月二十六日下午，在他那獨立於鎮郊田園中的老宅，郭先生夾敘夾議地向我追憶說，大約是一九五三年吧，他從綠島調回青島東路軍法處，關押在原來軍人監獄二樓的小押房。軍監關的原本都是軍人犯。在他們之前，主要關的是南日島的俘虜。後來，這批俘虜統統移監已蓋好的新店安坑軍監。空下來的軍人監獄就剛好關他們這批政治犯。因為這樣，他恰好與簡國賢大約同房了三、四個月。他比簡國賢先到。簡國賢因為在看守所鼓動其他人的熱情而被調房。郭明哲強調，其實，那時候的政治受難者都是彼此互相照顧，互相鼓勵，藉以熬過一波又一波的刑求審訊，根本也談不上誰鼓動誰。而當時與他們同房的大都是生活較苦、文化較低的台北汐止鹿窟武裝基地案的村民。

我採訪的另外一位與簡國賢同房的政治受難人，就是一九五二年因為所謂鹿窟基地案而被捕的台北汐止鹿窟村人李石城先生（1935-）。一九八八年十二月二十九日晚上，他在汐止白雲里的住家向我追憶說，他與簡國賢同房大約是一九五四年吧。起先，他與同案被移送到台北青島東路三號軍法處看守所，但是那裡的押房不夠，關不了那麼多人。新店的安坑軍監落成，他與一部分政治案件的難友就被移調過去。因為健康關係，他又被調回軍法處西所拘禁。這一次，他恰好與簡國賢一同關在七十六號房。約莫四坪大的押房卻關了十四個人。簡國賢睡在最裡側靠馬桶處。按押房規矩，那個位置是剛進來的人睡的地方。可是簡國賢卻占用那人人急於離開的「床位」。他因為剛到，就睡在簡國賢旁邊。他記得，第一次見到簡國賢先生的印象很好。高大、濃眉、大眼。雖然沒能刮鬍鬚，但器宇不凡，一看就知道不是個普通角色。後來，同房一位叫古瑞明的年輕難友告訴他，說這個簡先生是鼎鼎大名的戲劇家，「二二八」前一年寫了一齣叫做《壁》的劇本，在中山堂公演，非常轟動。這樣，他才知道簡先生的身分背景。

郭明哲又說，不論在學習上，還是生活上，簡國賢都非常照顧同房難友。在生活上，他記得，幾乎每個星期，簡國賢的太太都會送菜來探監，而他總是平均分配，讓同房難友能夠吃到同樣的飯菜。有一回，為了平均分割一塊雞肉，他還耐著性子，把沙丁魚罐頭蓋慢慢磨成一把小刀。

關於探監送物的事情，簡國賢在獄中寫給劉里的十九封家書也有著明確的訊息。他在二月

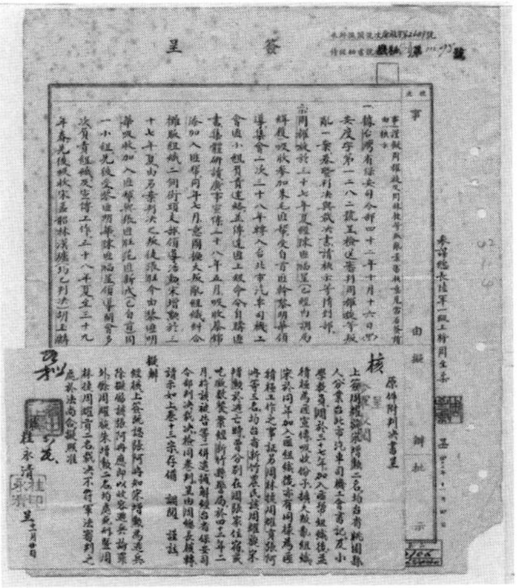

一九五三年十一月蔣中正批准周耀旋的死刑判決。

十五日第一封信寫道：「送物多謝。我現在並沒有要什麼東西，需要的時候能向你要求，那時候請你郵寄。」三月十五日：「請你們不要送罐頭錢和日用品來。缺乏的時我能（再）向你們要求了。」四月五日：「曾要妳寄來的眼藥，並不是我自己要用的。……比較三、四個月前，卻是胖了七、八斤啊！這也是你們常供給營養的好果呢。」判決之後的四月十九日：「以後不要送東西來也可以……關於食物方面我未有所欲的。」四月二十六日：「送物的時有退回當日妳送來的外褲一條，內褲一條，襯衣一條。妳有收著嗎……送物兩周一次就可以。」五月十日：「請妳送物的時不要送湯類。送物要價安量多（比如魚干、花生、豆的種類）」。

簡國賢對難友的關愛，甚至及於獄外的難友家人。我們看到，他在三月八日給劉里的第五封信就寫道：「我有一個朋友的太太，楊梅人，名為吳瑞英，因失業，尤其是一個月前她的家父逝世後，生活發生問題了。她有一個五歲的女孩子。她能做簡單的衣服。她近日中會去找妳，希望妳和她談談看，並盡可能範圍內予以幫助。她如想做裁縫，可叫她搬上來共同生活。我相信妳一定能照我的希望去做。因為妳是能體貼別人的。」簡國賢所說的朋友，應該是在五天後（三月十三日）被槍決的原台北市汽車司機工會書記周耀旋。五月三十一日的第十五封信，他又寫道：「送物一週或者兩週一次就好了。我希望妳節約送物盡量幫助周太太和她的小孩子。」六月十四日第十七封信又寫道：「送物最大限度一週一次就可以。願妳們節約送物，盡量幫助周太太和她的小孩子。我很擔憂她們的生活狀態。」

在學習上，郭明哲繼續追憶說，那段期間，他和簡國賢每天抄一本簡易的中文字典，教導其他文化較低的難友學習。對此，簡國賢在獄中寫給劉里的十九封家書，經常從側面反映了這個事實。我們看到，四月二十六日，他寫道：「請妳送國民學校五、六年的地理課本來」。五月十日：「請妳再送一枝自來水筆（拾元程度）」。五月十七日：「五月六日妳送物的時候，我曾有注文文具。請妳送來。」五月三十一日：「請妳在書齋裡拿一本英語的字典（日文譯小型的）送給我」。郭明哲強調，簡國賢還處處以身作則來改造其他難友。這樣，當他要離開軍法處時，這群與簡國賢生活過的鹿窟案的工農難友已經有相當徹底而堅定的階級覺悟了。就在他離開前幾天，他看見一批判決定案的鹿窟案難友，一個個扛著行李走過他們的押房，其中一名留鬍子的老人家竟以一種誓師似的語氣向他們大聲喊說：鬥爭到底。郭明哲笑著說，當時他還擔心這老先生要因此而被改處死刑呢！

郭明哲所說的那批判決定案的鹿窟案難友應該包括家住鹿窟村，二十八歲時被捕的礦工廖蕃薯。一九九〇年三月二日晚上，他在中研院附近的南港家裡接受我的採訪時說，那天早上六點多，他要去十八重溪上工的路上，被圍剿的兵仔押到村子裡的光明寺，跟其他村民一起關了二十幾天，然後在寒冷的十二月的某個深夜，七十幾個人被轉押到台北，少數情節較重者被押去調查局，他和其他四十五個人則被押到軍法處看守所，關押在同一間牢房。一段時間後，他被調去第七十六房。人數雖然較少，但睡覺時，還是要像擠沙丁魚那般，一個疊一個。也就在那段時間，他說他有幸與心地善良、待人誠懇的簡國賢同房了幾個月。首先，簡國賢不但把家裡送來的東西公分給大家吃，自己吃得比其他人少，而且還自己拿錢買藥給難友。他還幫一些不識字的難友寫家書，教他們識字，也講有意思的古給大家聽。雖然押房裡也關了不是政治犯的小流氓和內線，但他也不避諱他們去打小報告，想講什麼就講。除了走狗之外，其他難友都喜歡聽他講話。廖蕃薯也因此知道了社會不平等的道理，知道人不能剝削人，看不起人等等做人的原則。簡國賢也鼓勵他們好好用功學習，出去後，做些對人民有利的事，不要讓反動派繼續壓迫。

一直到再被調房為止，當時剛滿十八歲的李石城和簡國賢一起生活了三個多月，並且逐漸認識到簡先生的為人：從來不曾考慮過自己私人的利害關係，個人的生活用品一直都讓全體公用，連隔壁的難友也能分享得到他太太送來的食品。李石城認為，簡國賢是那種把信仰徹底實踐的傢伙，把他人的痛苦當成自己的痛苦。他從不談論個人的事，也不隨意開玩笑，是一個生活非常嚴肅律己的人，從而是個不必多說什麼，很自然就能使人敬仰的讀書人。他舉例說，國民黨的特務單位怕一般罪犯受到「紅帽子」的影響而另外關押他們，罪刑較嚴重者關在第七十九號房。其中有一個叫葉水田的新莊地區的角頭老大，胸前紋有一隻老虎刺青，聽說是二二八時帶領一群流氓搶農會倉庫而入獄，並被判處死刑。但他不但沒有什麼政治意識，還受到國民黨的反共宣傳「洗腦」而對涉案的「紅帽子」懷有敵意。後來，放風時，他有機會與簡國賢走在一起，幾次之後，態度竟然一百八十度轉變了。他告訴他的弟兄們，說應該把握活著的日子向簡先生好好學習。李石城指出，從這個實例，就可以看到簡國賢先生對人的態度是多麼懇切，並且具有說服力。

簡國賢最後一次出庭時被以懲治叛亂條例二條一款判處唯一死刑之罪。郭老回憶說，軍法官問他有沒有什麼話要講。簡國賢就態度從容地聲明，他以他的信仰及行為為榮。他告訴法官，雖然你們以此為「罪」，口口聲聲講三民主義，然而據他所知，三民主義是以仁愛為出發點的；現在有幾個人因為照顧他而被牽連入獄，他們都是不知道他的身分的無辜百姓，你們如果真講仁愛的話，就把他們放了吧。廖蕃薯也說，據他所知，簡國賢每次被提訊都說別人與他沒有組織關係，只有他自己參加組織，判決之後，他仍然寫報告上訴，說其他同案是無辜的。

根據台北檔案局這幾年才解密的相關檔案所載，郭明哲和廖蕃薯所說的的情況具體如下：

判決之後，廖萬得同日即寫了致看守所所長與審判官的陳情報告云：他「未曾正式參加匪黨組織，在法庭上已有簡國賢證明」。十九日，陳戊寅也寫了致法官的陳情報告，反駁起訴書所說他與簡國賢的關係不符事實的兩點：一，因為二哥曾經與簡國賢一同在日本大學讀書，所以陳定坤介紹他們初見面時，他曾向簡國賢打聽生死不明的二哥的消息。但是簡國賢並沒有告訴他說他「二哥在大陸參加共產黨」。二，一九五二年八月簡國賢到東石農校找他時說，因為「負債十七萬」，所以與親戚南下共營雜穀生意，「絕對沒說到他的身分之類的話」。他也「只借予他五十元」。他並「非同情匪黨的人」。二十一日，陳定坤也寫了前述致軍事審判官的陳情報告，辯解說他「十一歲失了父親，十五歲時再失了母親」，而簡國賢的母親即他的三姨母愛他「如親子。為此偉大母性愛」，簡國賢「雖是不能容納之親戚，遂使」他「不敢背義而切斷與簡家的因緣關係」。同二十一日，陳克誠又再寫了一份致法官的陳情報告，說明「在地方警察局被打招供情形」，他「並無自動介紹簡國賢去住林炳煌、呂石來、老苟等處」，以及他完全不知道去年已因車禍喪生的亡妻「如何貸與」簡國賢錢的事情等等。

四月二十六日，簡國賢也撰寫了一份致法官的報告，替陳克誠、陳戊寅、陳定坤與廖成福脫罪。他首先強調，他是抱持「有就有，無就無，黑白要分明」的態度，略陳起訴書裡「幾點與事實不符」的案情，請法官「再詳細查明」：一，他在桃園時期只吸收魏德旺和顏將興，沒有吸收周龍潛和吳阿海。二，他住的地方並沒有經過陳克誠的允准，就借陳的名字去住。他在地方偵訊時，為了讓受牽連的陳克誠「早一日回復自由」，因而聽從調查人員所言「你的坦白是給你的關係者自新的機會」，「就把劇本問題和負債問題的跑道改為政治問題的跑道了」。三，陳戊寅只知道他的「跑路是負債與劇本的問題而已」，初見時並未說「他的二哥在大陸加入共產黨」。

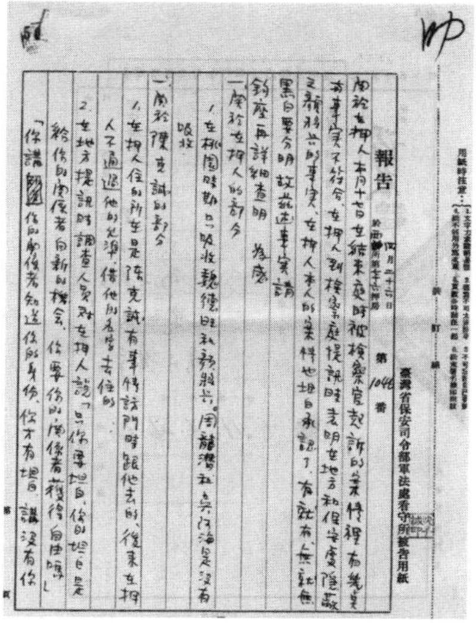
報告

臺灣省保安司令部軍法處看守所被告用紙

一九五四年四月二十六日簡國賢致法官的報告。

四，他「從地方到結束庭的提訊為止，未曾講一句」陳定坤知道他的「身分」。五，邱順興是黃培奕通過他吸收的，不是廖萬得吸收的。

為了替陳克誠脫罪，四月二十九日，簡國賢又在軍法處西所第七十六號押房撰寫「在結束庭尚未得詳細說明」的案情，向法官書面報告：一，他曾向陳克誠談起擬向祝木華借錢，但不知祝木華的經濟狀態如何，所以請陳克誠探知。後來，他認為向祝木華借錢的事無可能，所以未再督促陳克誠去探知，更未曾向祝木華借錢。關於陳克誠曾替他「調查祝木華之經濟狀況」的案情，「實為不屬實情」。二，一九五二年八月間，他曾託赴台北美術講習的陳克誠順便帶一信給林壽鎰，並說明他欲向林壽鎰借若干錢還債。但陳克誠並不知他的「非法身分」。

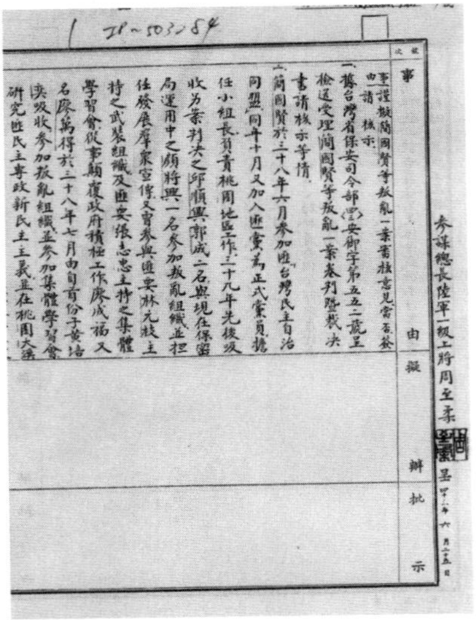
參謀總長陸軍一級上將周至柔 呈 四十三年六月二十五日
事由：謹擬簡國賢等叛亂一案審核意見當否簽請 核示。
一、據台灣省保安司令部(四三)安御字第五五二號呈檢送受理簡國賢等叛亂一案本判暨裁決書請核示等情。
二、簡國賢於三十八年六月參加匪台灣民主自治同盟，同年十月又加入匪黨為正式黨員，擔任小組長負責桃園地區工作，三十九年先後吸收另案判決之邱順興、郭誠二名與現在保密局運用中之顧將興一名參加叛亂組織，並担任發展匪黨宣傳，又曾參與匪要林元枝主持之武裝組織及匪要張志忠主持之集體學習會，從事顛覆政府積極工作，廖成福又名廖萬得於三十八年七月由自首份子黃培奕吸收參加叛亂組織，並參加集體學習會研究匪氏主專政新民主主義，並在桃園大溪

一九五四年六月二十五日國防部呈報蔣中正鑒核「簡國賢等叛亂一案審核意見」的首頁。

五月三日，台灣省保安司令部將簡國賢案判決書及林炳煌、呂石來、祝木華等不付軍法審判裁決書，呈請國防部參謀總長鑒核。

五月十二日，台灣省保安司令部軍法處將陳克誠、陳戊寅、陳定坤與莊金明四人提庭諭知：在國防部核准本案判決以前，陳克誠等四名簽准交保，隨傳隨到。

六月十一日，國防部承辦人「謹擬簡國賢等叛亂一案審核意見當否簽請〔總統〕核示由」

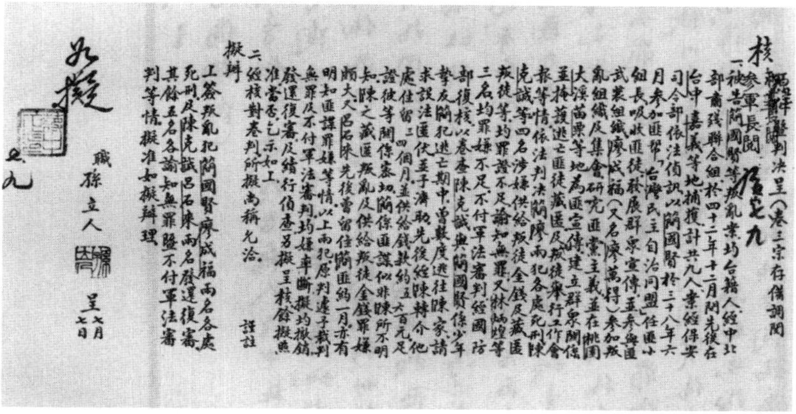

核覆簡國賢等叛亂案判決呈（卷三宗存備調閱
參軍長閱 七九
一、被告簡國賢等叛亂案，均台籍人，經中北
部肅殘聯合組於四十二年十二月間先後在
台中嘉義等地捕獲，計共九人，案經保安
司令部依法偵訊，以簡國賢於三十八年六
月參加匪幫「台灣民主自治同盟」，任匪小
組長，吸收匪徒，發展群眾，宣傳，並參與匪
武裝組織，廖成福（又名廖萬得）參加叛
亂組織及集會，研究匪黨主義，並在桃園
大溪苗栗等地為匪宣傳，建立群眾關係，
並掩護逃亡匪徒，藏匿叛徒，乘行工作會
報等情，依法判決簡、廖兩犯各處死刑，陳
克誠等四名涉嫌供給叛徒金錢及藏匿
叛徒等，均罪證不足，諭知無罪，又林[illegible]煌等
三名均罪嫌不足，不付軍法審判，經國防
部覆核，以卷查陳克誠與簡國賢係少年
摯友，簡犯逃亡期中曾數度逃往陳家，請
求設法匿伏，並予濟助，先後經陳轉介他
處住留二、四個月，並供給錢款約五、六百元，足
證彼等關係密切，簡係匪諜，似非陳所不明
知，陳之藏匿叛亂及供給叛徒金錢罪嫌
顯大，又呂石來先後曾留住簡匪約一月，亦有
明知匪諜罪嫌等情，以上兩犯原判遽予裁判
無罪及不付軍法審判，均嫌率斷，擬均撤銷
發還復審，及續行偵查，另擬呈核，餘擬照
准，當否乞示，如上。 謹註
二、經核對卷判所擬尚稱允洽，
擬辦
上簽叛亂犯簡國賢廖成福兩名各處
死刑，及陳克誠呂石來兩名發還復審，
其餘五名各諭知無罪暨不付軍法審
判等情，擬准如擬辦理。
職孫立人 呈 七月七日
如擬
七、九

一九五四年七月九日蔣中正批示「如擬」。

稿本，呈該部軍法局副局長核閱。同月十八日，該承辦人謹擬修改為陳克誠、呂石來「兩犯，原判遽予裁判無罪及不付軍法審判，均嫌率斷，擬均撤銷，發還復審及續行偵查，另擬呈核，餘擬照准」的二稿呈上核閱，並於二十二日由參謀總長周至柔核判。二十五日，國防部再由參謀總長陸軍一級上將周至柔具名正式呈報蔣中正鑒核。七月三日，總統府第二局相關人員將「原件暨判決」呈總統府參軍長核閱，並稱「經核對卷判所擬尚稱允洽」，「擬准如擬辦理」。七日，總統府參軍長孫立人閱後呈報蔣中正曰：「上簽叛亂犯簡國賢廖成福兩名各處死刑及陳克誠呂石來兩名發還復審其餘五名各諭知無罪暨不付軍法審判等情擬准如擬辦理」。七月九日，蔣中正批示：「如擬」。

事情至此，塵埃落定。

從劉里女士保存的簡國賢獄中家書來看，他在判決之後的四月十九日分別給妻子劉里與養女碧雲寫了第十一封和第七封信之後，就沒再給碧雲寫信，但仍然持續著每週（間或兩週）給劉里寫一封信，鼓舞她勇敢堅強地活下去。

四月二十六日，也許是因為忙著寫替陳克誠、陳戊寅、陳定坤與廖成福脫罪的報告吧，簡國賢用明信片給劉里寫了簡要的第十二封信，除了交代送物問題，要求送書之外，就是鼓勵她說：「不要為了關心我的事情放鬆妳的工作」，「莫灰心，向前努力」，「三個人一體化，忍耐，學習」。

四月三十日，劉里給簡國賢寫了回信。五月六日，她又親到台北軍法處看守所送物。

五月十日，簡國賢給劉里寫了第十三封信，依然是交代送物問題，並請她代向一些親友請安問好，然後鼓勵她說：「莫灰心。拭眼淚吧！冬天的霜雪卻是春芽的溫床啊。」「繼續努力用功」。一週之後，五月十七日，他又給她寫了第十四封信，交代送物問題，請她代向一些親友請安致謝，抱怨說他「很久沒有接著碧雲的信了」，仍然鼓勵她說：「妳要奮起妳的刻苦耐勞的精神，起來克服一切的苦難，不要為我煩惱而失了妳的健康」「繼續用功」。五月中旬，她給他寫了回信，但是他沒有收到。五月三十一日，他再給她寫了第十五封信，首先交代節約送物盡量幫助難友妻小的事情，要求送英語字典，然後向她抱怨說「接著妳所寄來的四月三十日的信以後到現在沒有接著妳的信了。」最後還是鼓勵她「繼續用功」。這樣，她就在六月三日給他寄信與兩張相片。六月七日，應該是監獄裡頭的安檢限制吧，她沒有收到他寫給她的第十六封信。六月十四日，他才又給她寫了第十七封信，回報說信與照片收到了，但是希望她以後「不要在信裡提起所謂的個性問題」。他表示他的身體在「五年的折磨」後更加強韌了，要她放心，他也「深深地了解」她對他的關心。他又再次強調要節約送物盡量幫助難友妻小的事情。更重要的是，他不忘初心，關切她們的國文學習有否進步，指出她的來信「文脈有多少不順序（通順）的地方，而且寫錯的字也常常發現著。」因此要她「寫信的時候應該先寫原稿，而後請別人修改一番」，並請她們「學習再學習」。他同時又鼓舞她「前進」說：「受難的淚是酸的，但奮鬥的血卻是紅的。」其後，她沒有收到他應該寫於六月二十一或是二十八日的第十八封信。最後，她收到了他未註記日期的第十九封，也是最後一封信。首先，他難得而心情沉重地批評她說：「我希望妳不要拿零碎的材料去判斷問題的全面。老實說，我看過妳最近的信，每次都抑不住一抹的寂寞。妳對我的關心，我是徹頭徹尾會了解的。但可惜未免神經過敏，珍小棒大，把事物誇大起來，使妳的想法充滿著主觀的色彩。」從這些文字，我們無法知道簡國賢具體所談的是什麼問題。但我們可以從中看到一個因為憂心自己丈夫未來命運而日思夜想終至有點歇斯底里的孤獨寂寞的女性的狀態。簡國賢繼續寫道，他希望「不讓回憶的感傷使我的乾淨的衣裳再教眼淚濕透了吧！」然後彷彿最後告別似的，他一一點名，請她代

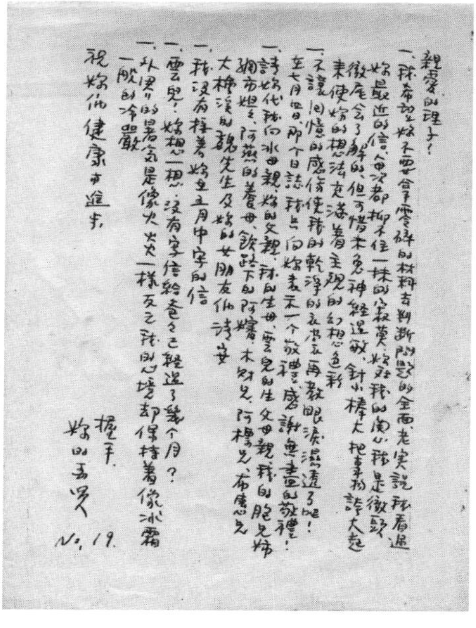

親愛的理子！
一、我希望妳不要拿零碎的材料去判斷問題的全面，老實說我看過妳最近的信，每次都抑不住一抹的寂寞，妳對我的關心我是徹頭徹尾會了解的，但可惜未免神經過敏，針小棒大，把事物誇大起來使妳的想法充滿着主觀的幻想色彩
一、不讓回憶的感傷使我的乾淨的衣裳再教眼淚濕透了吧！
在七月四日，那個日誌我要向妳表示一個敬禮，感謝無盡的敬禮！
一、請妳代我向岳母親，妳的父親，我的生母，雲兒的生父母親，我的胞兄姊，胞弟，阿燕的養母，欽路下的阿嬸，木財兄，阿標兄，布慮兄，大棒淚的魏先生及妳的女朋友們請安
一、我沒有接著妳五月中寫的信
一、雲兒！妳想一想，沒有寫信給爸爸已經過了幾個月？
一、外界的暑氣是像火炎一樣，反之我的心境卻保持着像冰霜一般的冷嚴
祝妳們健康和進步
握手
妳的五男
No. 19.

一九五四年七月簡國賢給妻子的最後一封信。

向各方的親友請安，同時也責問養女碧雲，說「雲兒！妳想一想，沒有寫信給爸爸已經過了幾個月？」最後，他給劉里寫下最後的一句話：「外界的暑氣是像火炎一樣，反之，我的心境卻抱持著像冰霜一般的冷嚴。」

因為簡國賢在最後一封信中寫道：「在七月四日那個日誌〔子〕，我只向妳表示一個敬禮，感謝，無盡的敬禮！」因此，可以判斷這封信應該是寫於七月五日以後吧！問題是，在已經沒有通信限制的就義前的那段日子，他為什麼就不再給家人寫信了呢？

從解密開放的檔案來看，應該是因為他被保密局借調過去偵訊關押之故吧。

六　保密局提解與就義

七月二十三日，保密局局長毛人鳳因該局「案需提訊」在保安司令部羈押的簡國賢，「特派員持函前來」保安司令部，請該部嚴兼司令與李副司令「惠准將該簡國賢一名交來員提解過局，訊畢即行解還。」二十六日，保密局又電請保安司令部惠告合作金庫研究室統計課祝木華的案情及辦理情形。三十一日，軍法處將簡國賢移交保密局特派來員簽收。八月三日，保安司令部保安處函請軍法處嚴訊簡國賢與祝木華等關係。同月五日，該部呈請國防部鑒核保密局提訊簡國賢之事。

顯然，保密局所要調查的是簡國賢與祝木華的關係。

九月二日，保安司令部保安處「據報：桃園縣警察局警員謝顯靈曾參加二二八，充任中隊長，言論左傾，涉有匪嫌，並曾與渠胞叔簡國賢同時參加叛亂活動」，故函請軍法處「代訊簡與謝有無匪方組織關係」。八日，軍法處函覆保安處云：簡國賢已經被保密局提訊，所囑代訊之事請逕洽該局。二十二日，保安司令部函請保密局於二十九日下午派員解還簡國賢一名，到軍法處應訊陳克誠復審案，訊畢仍交來員帶回。二十九日下午二時，簡國賢於是以證人身分被帶到軍法處第一法庭，出席陳克誠復審案。陳克誠審問結束之後，審判長緊接著點呼簡國賢入庭審問，關鍵還是在於他與陳克誠的關係，是否故意袒護陳克誠等原來的問題。審訊結束後，簡國賢「交還保密局來員帶回」。十月一日，該部合議庭覆判陳克誠「雖曾迭次給予簡匪國賢金錢及介紹住

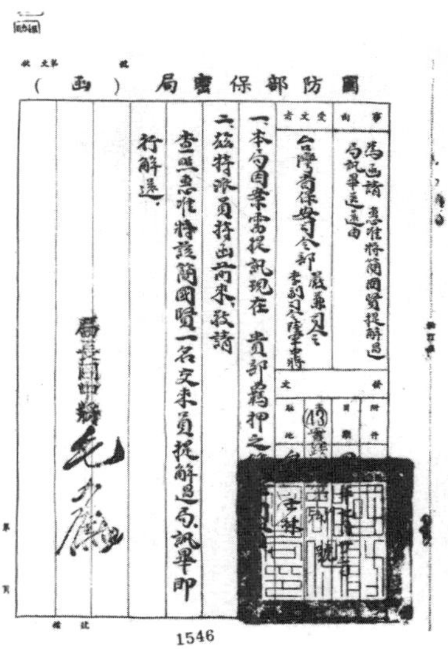

國防部保密局 （函）

1546

一九五四年七月二十三日保密局提解簡國賢函。

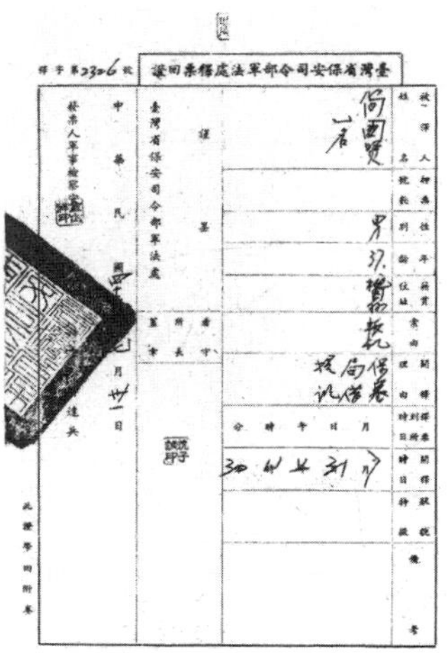

1548

一九五四年七月三十一日軍法處與保密局移押簡國賢的證明。

宿等情乃為摯友情誼」，「但被告陳克誠既不知簡國賢為匪諜亦無供給金錢藏匿叛徒之故意」，「依法應諭知無罪」。十一月二十四日，國防部（令）台灣省保安司令部：一，「陳克誠等叛亂復審一案經簽奉總統核定希遵照」。二，「前經核准死刑之叛亂犯簡國賢廖成福二名應俟保密局送還前因另案提訊之簡國賢……一併執行報備」。

陳克誠在一九九〇年八月十一日受訪時告訴我，他被捕後先被關在嘉義警察局的押房，然後再移送台北保密局西本願寺的押房，最後確定無辜時才在青島東路三號的軍法處結案。他記得，出獄時，軍法處的審判長還警告他，在這裡所看所聽的，出去以後立刻把它忘記。

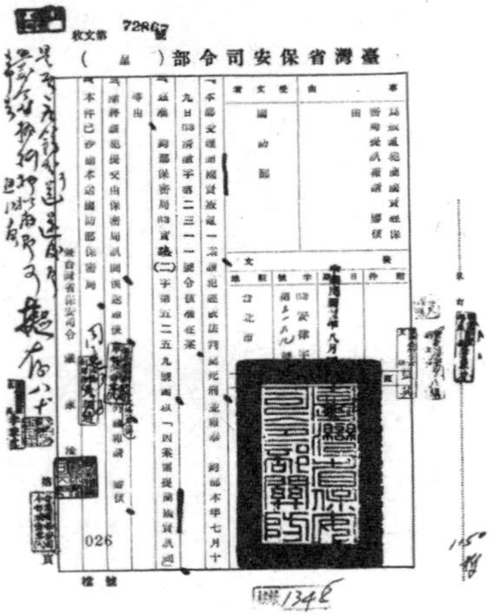

一九五四年八月五日保安司令部呈請國防部鑒核保密局提訊簡國賢之事。

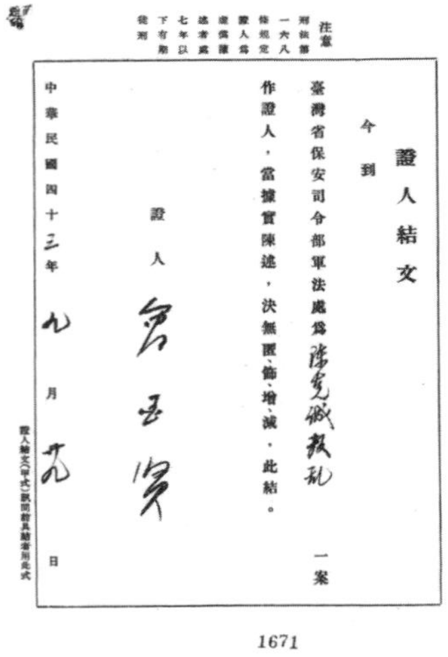

證人結文

今到

臺灣省保安司令部軍法處為陳克誠叛亂一案

作證人，當據實陳述，決無匿飾、增減，此結。

證人

中華民國四十三年九月廿九日

一九五四年九月二十九日陳克誠復審案提訊簡國賢的相關文件。

到了一九五五年四月四日，已經易名為國防部情報局的原保密局長毛人鳳終於函告保安司令部：「在押匪犯簡國賢一名，本局業經訊問完畢，茲隨函將該簡國賢一名解還貴部，敬請查驗收押。」

簡國賢於是被押回軍法處看守所。雖然不久的將來就要赴死了，他仍然非常用功，一有空閒，不是讀書，就是寫字。李石城回憶說，有一天，一位同房難友忍不住打斷正在讀書的簡國賢，問他說你不是已經被判「二條一」了嗎？怎麼還那麼用功呢？簡先生手上的書並沒有放下來，笑了笑，回答說，如果他在死前一小時能夠因為多讀一點書，而對真理有更深的理解的話，那麼，一小時後即使死去，不是也比白白等死更有價值嗎。李石城向我強調指出，面臨槍決的時刻，事實上，當時的政治受難者大多是毫不畏死從容就義的。相對地，一般罪犯就沒有這種坦然心胸了。對此，年輕的他感到不解，於是請教簡國賢。

「人應該知道生的意義與死的價值。」簡國賢告訴李石城，「果能如此，那麼，對死也就沒什麼好怕的了。」

「要怎樣才算是死得有價值呢？」李石城再深入問。

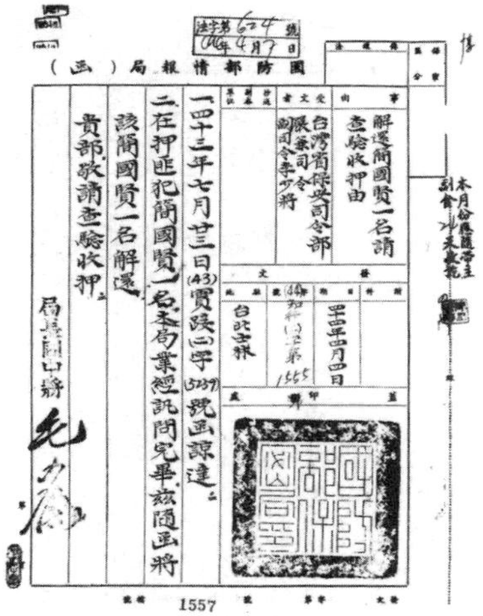
國防部情報局（函）

事由：解還簡國賢一名請查驗收押由

受文者：台灣省保安司令部 副司令李少將

「四十三年七月廿三日(43)實踐(二)字(5237)號函諒達。

二、在押匪犯簡國賢一名，本局業經訊問完畢，茲隨函將該簡國賢一名解還貴部，敬請查驗收押。」

局長 中將 毛人鳳

1557

一九五五年四月四日國防部情報局解還簡國賢函。

「如果是為了國家及人民做了很多事而犧牲的話。」簡國賢回答說。

「國家？」李石城感到不解地質疑道。

「是的，國家。」簡國賢斬釘截鐵地說。「不論誰是統治者，我還是要說為了國家。可是國家永遠是少數人在統治。而我所說的國家，乃是占了百分之九十以上的人民。也就是說，我們是為了絕大多數人來做事的。」

簡國賢然後又告訴李石城，說人再怎麼活，最久也活不過一百歲；如果沒做什麼事就死了，無異與草木同枯，而這是最令人悲哀的事了。多年以後，李石城依然感念地說，通過簡國賢先生的言教與身教，二十歲不到的他，終於理解了所謂「死有重於泰山，輕於鴻毛」的意義。後來，他再次被調走。五天後，他就輾轉聽到簡國賢犧牲的消息了。

簡國賢一直都知道自己難逃一死。有一天，他態度慎重地告訴郭明哲，說他知道自己的下場會如何，希望郭明哲能設法轉達他的妻子，在他死後，希望她和養女請人抬棺在桃園市區遊街兩趟。聽他這樣說，郭明哲感到不妥，於是勸他說這樣做不行啦！他太太和養女還要生活呢。這樣，會給她們增添很多無謂的麻煩的。但是，簡國賢似乎不能接受郭明哲的勸告。郭明哲追憶說，不久，他被調到安坑軍監，後來就聽說簡國賢犧牲了。究竟是在哪一天，也不太清楚。他聽一些難友說，大概是在國民黨「清黨」紀念日那天吧。他想，那就該是四月十二日了。

廖蕃薯算是在最後時刻仍與簡國賢同房的難友。他回憶說，簡國賢在就義前和他們談過，說這條路，他走得有價值，死，也只是他一個人死，中國人民死不完。他又鼓勵他們繼續努力，一

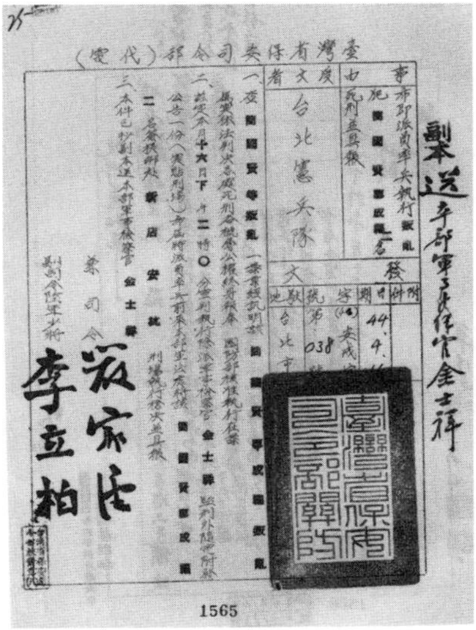

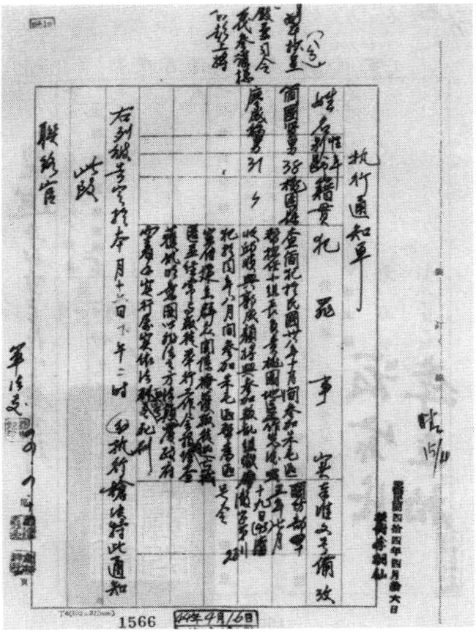

一九五五年四月十六日簡國賢發交台北憲兵隊執行死刑的相關文件。

定要跟資本主義鬥爭到底。最後，他被點了名要赴死的時候，冷靜地跟同房難友一一握手，說：「勇敢戰鬥！我先走了。」

準確地說，簡國賢犧牲的日期是一九五五年四月十六日。

四月十四日，台灣省保安司令部軍法處承辦人分別草擬了簡國賢、廖成福判處死刑並發交台北憲兵隊執行的公告與代電稿，呈上逐級審核後，於十六日以「極密最速件」在刑場張貼執行公告，並電請台北憲兵隊「派員率兵執行並具報」、台北市政府「備棺收埋執行人犯屍體」。與此同時，又致聯絡官「執行通知單」。下午二時，軍法處將簡國賢與廖成福提庭訊問後，發交台北市南區憲兵分隊簽收並綁赴新店安坑刑場執行槍決。

那天，劉里突然收到一份保安司令部的通知，說是簡國賢已被槍決了，要她去領屍。她隨即由養女碧雲及其生母陪同，趕到台北的殯儀館。她好不容易才從一堆死屍中辨認出簡國賢。她看到他上身僅著一件汗衫，心想他必定是把她寄去的衣物都送人了吧！她們請葬儀社的人把簡國賢的遺體拖出來，洗屍，換上壽衣，送去火化，然後由她捧著骨灰罈即刻趕回桃園，沒有做任何儀式，就馬上送到龜山的公墓地安葬。只有少數親戚敢來送別。許多人都害怕受牽連，不敢前來。那蒼涼、寂寞的情景，她這一生也忘不了。

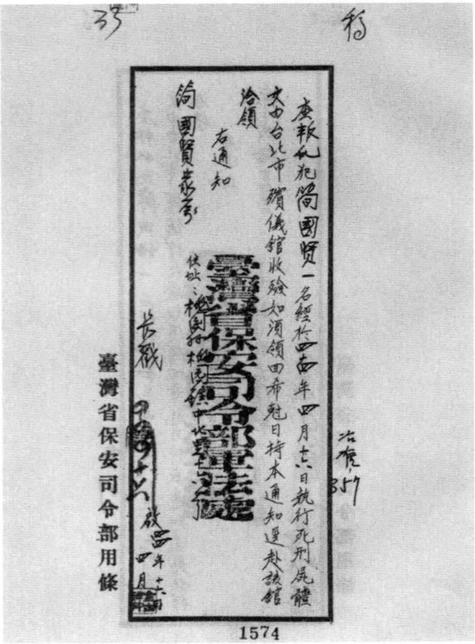
臺灣省保安司令部通知

查報死犯簡國賢一名經於四十三年四月十六日執行死刑屍體交由台北市殯儀館收殮如須領回希尅日持本通知逕赴該館洽領

右通知

簡國賢家屬

臺灣省保安司令部用條

1574

保安司令部給簡國賢家屬的領屍通知。

尾聲

一九八七年十月，離鄉近四十年後，宋非我又從香港回到故鄉。但是，人事滄桑，世事已非。他沒想到，他的老搭檔簡國賢早就犧牲了。聽說我找到了簡國賢的遺孀之後，他表示如果可能他非常希望能夠再見到她。我於是居間聯繫安排，在社子宋非我某親友家的客廳，讓這兩位幾十年未見的老人重逢了。在劉里女士的善意關切之下，宋非我也大略談了他到大陸以後的生活與創作。

初到大陸，宋非我即在上海華東人民廣播電台，與因為二二八被國民黨通緝而離台的前《人民導報》總編輯蘇新及前《自由報》總編輯蔡子民，負責籌建對台廣播的方言組。一九五四年八月，中央人民廣播電台對台廣播部成立，宋非我也跟著調到北京，在蘇新領導的閩南話組，從事閩南語的對台播音工作。之後，他又南調泉州，繼續從事閩南語播音工作；播送對象除了海峽彼岸的故鄉父老之外，還包括廣大閩南語系區域的同胞。後來，他又另取筆名「藍波里」，從事廣播劇的創作。

「藍，是指藍色的波浪。波，是指東海的水波。里則指鄉里，故鄉。」宋非我解釋說，「意思是說，我的故鄉就在那東海的藍色波浪之外。」

一九七八年五月，福建省南靖縣文化館編印了《藍波里廣播選》。通過這本封面簡樸、紙質粗劣，內文總共一百六十九頁，市面上基本買不到也無人青睞的珍品，我們約略可以探知宋非我不願多談的在大陸的文藝生活。首先，「選編者」嚴評一九七三年夏寫於廈門的《作者介紹》指出：「藍波里的作品，即以台灣語言（閩南語系）所創編的文藝作品」。宋非我在大陸「從事廣

❶一九五四年春宋非我（左一）在上海與台盟幹部。

❷兩位幾十年未見的老人在社子重逢。（藍博洲／攝）

❸一九五三年春宋非我在蘇州。

播事業二十多年」所創作的大量作品，「無情地揭露了黑暗的舊社會和國民黨統治下的台灣島的黑暗，人民遭受的災難……」

從《藍波里廣播選》的內容來看，它的頭三篇是以台灣為故事背景的。第一篇〈墓壙窟〉（小齣仔〈小品〉）作於一九六二年八月，主要是講住在「台北市郊墓仔埔乞食寮」的都市窮人，在「蔣美統治的天年，五湖四海都無地去」的悲慘處境。第二篇〈蓬萊仙島〉作於同年十月，取材「二二八」時流傳甚廣的傳說——一名司機把滿車的官僚載入蘇花公路斷崖下。宋非我給這名司機取名朱劍秋，編成史詩般的故事詩。詩的最後，宋非我如此歌頌司機朱劍秋的勇敢形象：

你為著要給瘟神，
會有一日通絕種，
就現帶頭來實行——
水葬了一大群的匪賊兵；
你為解放咱台灣，
爭取民主自由，統一和平，
獻出了，無價之寶的生命，
這種盡忠報國的神聖感情，

目　录

兰波里广播选

LANBOLi GUANGBO XUAN

福建省南靖县文化館印

1978·5·

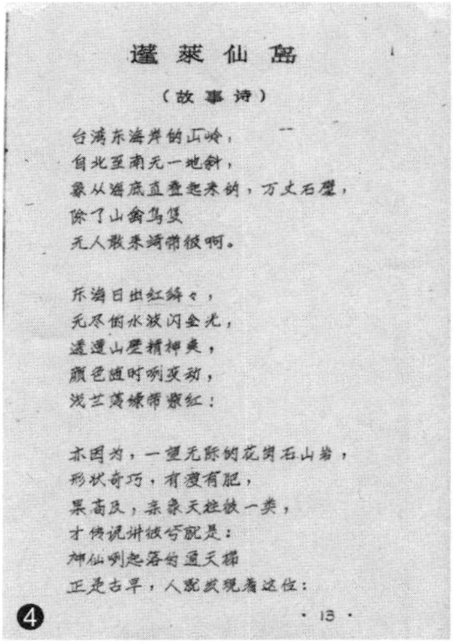

蓬萊仙島

（故事诗）

台湾东海岸的山岭，
自北至南无一地斜，
象从海底直叠起来的，万丈石壁，
除了山禽鸟类
无人敢来踦带彼啊。

东海日出红绮々，
无尽的水波闪金光，
透过山壁精神爽，
颜色随时咧变动，
浅兰荡绿带紫红；

亦因为，一望无际的花岗石山岩，
形状奇巧，有瘦有肥，
果高及，亲象天柱彼一类，
才传说讲彼号就是：
神仙咧起落的通天梯
正是古早，人就发现着这位：

·13·

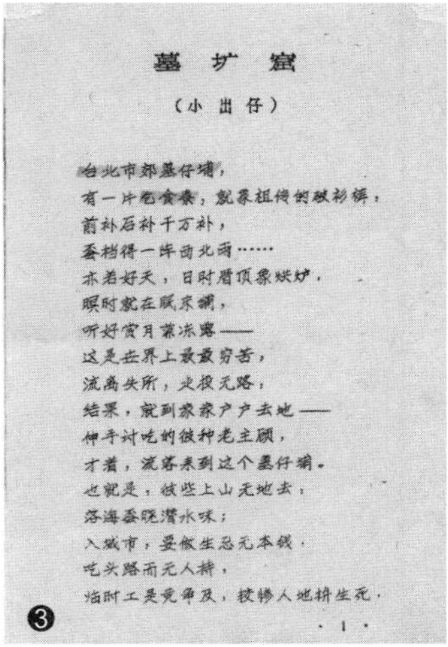

墓圹窟

（小出仔）

台北市郊墓仔埔，
有一片乞食寮，就象祖传的破衫裤，
前补后补千万补，
无档得一阵西北雨……
亦若好天，日时厝顶象烘炉，
暝时就在厩东铺，
听好寒月霜冻露——
这是世界上最最穷苦，
流离失所，走投无路，
结果，就到家家户户去地——
伸手讨吃的彼种老主顾，
才着，流落来到这个墓仔埔。
也就是，彼些上山无地去，
落海吞晓潜水味；
入城市，要做生忌无本钱，
吃头路而无人请，
临时工是免争及，被惨人地拚生死。

·1·

❶❷《藍波里廣播選》封面和目錄。
❸〈墓壙窟〉（小出仔）。
❹〈蓬萊仙島〉（故事詩）。

的確，一定一定，
萬世流芳，千古長青！

一天一海鏡照鏡，照出劍秋的人影，
藍色水面白帆行，滿載漁民的歌聲。

唱出英雄無惜命，噢佬（誇讚）烈士劍秋名，
本是漁民討海子，天下流傳伊的名！

第三篇〈月遊淡水河〉，作於一九六二年八月，也是一首故事詩。事實上，這篇〈月遊淡水河〉的故事詩，我在安排宋非我與劉里相見之後的一九八八年十一月，就曾聆賞過他本人的朗誦了。

事情是這樣的。在尋找劇作家簡國賢的過程中，我採訪了曾經與簡國賢在日據末期的《臺灣文學》同期發表過小說《奔流》的王昶雄先生（1916-2000）。我想，他們既是同時代的作家，必定會有某種程度的相交吧。而我應該可以通過王先生的憶述，認識有關簡國賢生命史的某一片段。就在訪談的過程中，王先生提到簡國賢的搭檔——宋非我在「二二八」後即不知下落。當下，我即告訴王先生說我知道宋非我的下落，他人現在在台北，而且我已經安排他和簡國賢的

遺孀見過面了。聽我這樣說，王昶雄非常驚訝且興奮，並且要我帶他去見宋非我。我據實回答說，宋先生有交代，不想讓外頭的人曉得他在台灣。事實上，自從我找到宋非我之後，他也向我提過，有一些過去或淺或深認識他的人想要見他，後來都因種種因素而不了了之。儘管如此，第二天，我還是及時去向宋非我轉達王昶雄的意思。宋非我答應了。幾天後的某個下午，我於是帶領一身西裝筆挺的王昶雄先生到社子，與落魄潦倒、因幾年前動過白內障手術而拄杖蹣跚的宋非我見面，兩人從當年的一面之緣談到舊時的文藝界種種……。這次會面後的十一月二十二日晚上，王昶雄又邀請宋非我到他家敘談。我應邀作陪。就在長安西路王昶雄家三樓的會客室，閒聊之後，宋非我慎重地拿了一疊手稿，就著茶几上檯燈的亮光，以他那典雅的閩南語，為我們朗誦這首一九六二年作於大陸的故事詩〈月遊淡水河〉——

一九八八年十一月王昶雄（右）與宋非我在台北社子。（藍博洲／攝）

啊！淡水河啊，淡水河！
在咱只個台灣島，
敢亦有人愛囉嗦，
講你對我，瞭解亦無夠清楚？
……

宋非我借著一名小學模範老師跳河自殺的故事，反映光復初期台灣社會失業、貧民醫療等問題的嚴重性。故事詩展開於這名老師在淡水河邊的出世，才滿月就讓母親抱到河邊散步，所以他從小一直到大學畢業，除了「破病在眠床倒」之外，沒有一天沒見到淡水河；但破敗的經濟與嚴

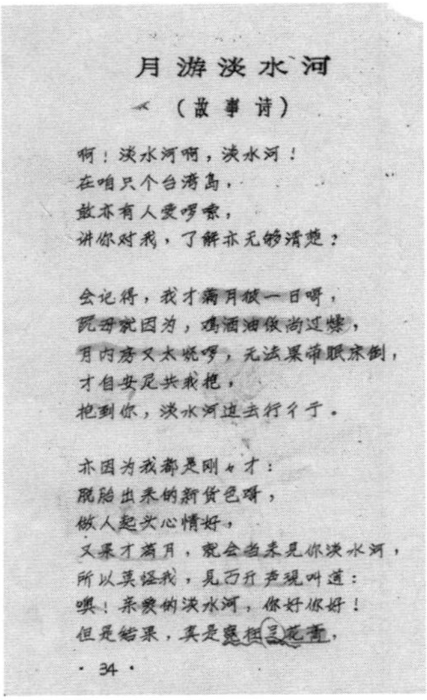
月游淡水河
（故事诗）

啊！淡水河啊，淡水河！
在咱只个台湾岛，
敢亦有人爱啰嗦，
讲你对我，了解亦无够清楚？

会记得，我才满月彼一日呀，
阮母就因为，鸡酒油饭尚过饫，
月内房又太烧哕，无法渠带眠床倒，
才自安尼共我抱，
抱到你，淡水河边去行々了。

亦因为我都是刚々才：
脱胎出来的新货色呀，
做人起头心情好，
又渠才满月，就会当来见你淡水河，
所以真怪我，见面开声就叫道：
噢！亲爱的淡水河，你好你好！
但是结果，真是冤枉三花青，
·34·

〈月遊淡水河〉（故事詩）。

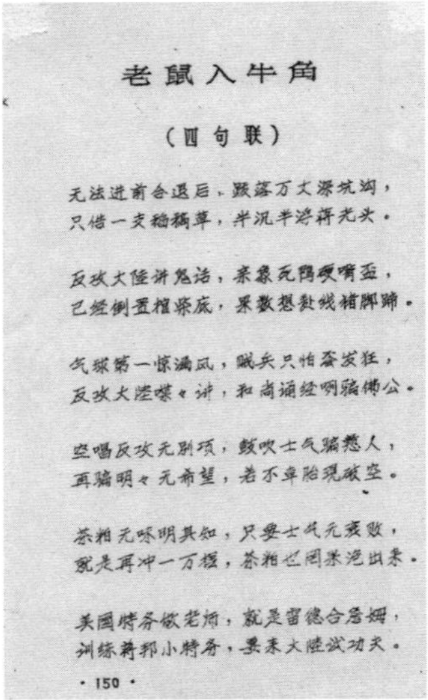
老鼠入牛角
（四句联）

无法进前合退后，跋落万丈深坑沟，
只借一支稻稿草，半沉半浮弄光头。

反攻大陆讲鬼话，亲象无鸡硬啼歪，
已经倒置棺柴底，渠数想赴找猪脚蹄。

气球第一惊漏风，贼兵只怕蚕发狂，
反攻大陆喋々讲，和尚诵经咧骗佛公。

空唱反攻无别项，鼓吹士气骗憨人，
再骗明々无希望，若不卓盼现破空。

杀粕无嗉明其知，只要士气无衰败，
就是再冲一万摆，杀粕也闭未泡出来。

美國特务做老师，就是雷德合詹姆，
训练蒋邦小特务，要来大陆试功夫。
·150·

〈老鼠入牛角〉（四句聯）。

峻的社會現實，卻逼使這大學畢業的蘇老師，只能以老鼠藥毒死妻小六條命，然後自己再跳入台北橋下的淡水河自盡。

一九六三年九月，宋非我另外作了一首題為「老鼠入牛角」的「四句聯」，則是諷刺潛入大陸的國特之作。他首先嘲笑蔣介石「反攻大陸」的口號道：「反攻大陸講鬼話，親像死鴨硬嘴杯」、「反攻大陸喋喋講，和尚誦經咧騙佛公」、「空唱反攻無別項，鼓吹士氣騙戇人」等等。然後，他具體描述了以美國特務為師而訓練出來的「蔣幫小特務」到大陸試功夫的醜態，並且戲謔道：

——飛鼠落土無地藏，只好鑽入牛角空，
沙魚入港便落網，只有一路是投降。
——特務全部收落籠，規捺（整捆）親像燒肉粽，
日時無應果做夢，擔沙填海無彩工。
……
——土蚓若敢鑽鐵桶，土猴也敢抬石板，
無形長城悶無縫，草木皆兵驚歹人。
——八億頓腳現地動，唱聲您就臭耳聾，
八億嘴瀾做一港，聽好淹死蔣匪幫！
……

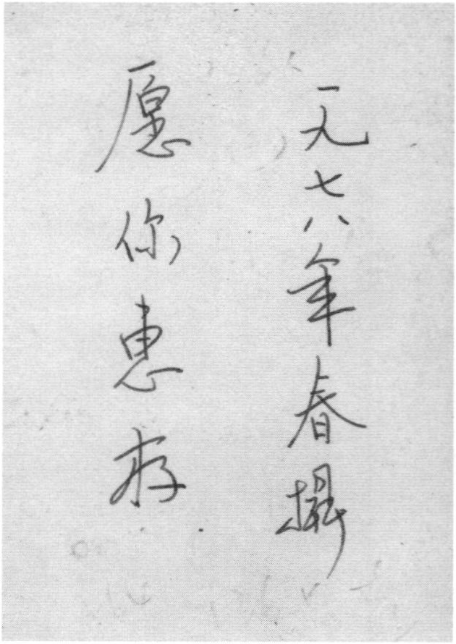

一九七八年春的神采與題字。

中年時期的宋非我。

據說，宋非我在大陸創作的作品大部分通過中央人民廣播電台、前線台、福建省台的播送，以及多種文藝刊物的發表，頗為廣大群眾所熟悉與歡迎。尤其在閩南語系的地區，影響頗大。嚴評指出，宋非我作品的特點之一是，「它的語言來自人民群眾之中」，「深入淺出，通俗易懂」，「充分、確切地選擇、運用和發展了豐實的民間語言，生動活潑，大有回味的餘地。」它的另一個特點在於，它那富有創造性的語言和精心設計、巧妙安排的故事環節，「使人感到出其不意，別具一格。」此外，宋非我又擅長「以精潔〔簡〕、明快、幽默而有力的文筆，準確透徹地分析各種事物的本質，刻畫各種人物的心理世界和描繪大自然的各種景象，使其作品能夠起到奇峰突起，生龍活現，引人入勝的效果。」總的來說，宋非我遵循左翼文藝大眾化的原則，通過「對民間語言進行了大量、細緻的研究，對社會生活深入的觀察和廣泛的接觸」，從而以來自人民群眾的民間語言，再加細緻的藝術手法，寫出了「把深刻的思想內容用豐實多彩的語言形式最充分地表達出來」的反映現實的大量作品，為人民群眾「喜聞樂見」。

遺憾的是，由於海峽兩岸長期封斷與對立，這些在大陸閩南語地區影響頗大的作品，卻不為家鄉同胞所知，更因為其意識型態的尖銳，在台灣要能完全公開發表這些作品，肯定還有不少人為的障礙。這樣，宋非我的文學作品就要繼續被忽視而遺忘了。

宋非我在大陸的創作活動後來似乎就中斷了。他並不太願意多講到了大陸以後的生活種種。儘管我與他相處了一段時日，偶爾提起，他仍然堅持不談。對那些「二二八」後出走大陸的台籍知識分子，他雖然有他一定的看法，但對細節總是避而不談……。當然，宋非我之言只是「一面之詞」，並不足以論斷複雜的歷史是非。可從他欲言又止的一些話，也可以聽出「二二八」後出走大陸的台灣人之間的

一九七九年到香港後步入老年。

複雜。而他終究過不了文化大革命這一關，以「特嫌」之名下放。他彷彿在說一件不可能是現實的事情般笑著告訴我，說後來他一直想自殺，於是就絕食，只喝水，想把自己活活餓死。但沒想到，當地的水質好，他不但沒死，這種「飲水療法」反而把他長達五十年的胃病治好了。以往，他每天早上起來，胃都要痛一陣子，經過這次自殺之後，卻從此不痛了。

文革之後，宋非我也隨著中共落實平反政策的實施，於一九七九年離開了生活整整三十年之久的大陸，來到香港。一九八七年七月，台灣當局實施長達近四十年之久的反共戒嚴令，終於在人民力量的持續推動下解除了。長期封斷阻隔的兩岸人民也恢復了單向的往來。一波又一波返鄉的人潮從香港機場湧向大陸各個口岸。這時，客居香港的宋非我也想，現在，我可以回家了吧！終於，十月十日那天，他一個人悄悄地回到睽別三十八年的故鄉。

宋非我是抱著落葉歸根的心情回來的。可家鄉首先迎接他的卻是官僚機構的拒絕。當年，到了大陸，他就改名為宋集仁，同時把籍貫改成祖籍地福建。但他沒有想到，多年以後，當他輾轉回到台灣，想要申請定居時，出生地的戶政單位就以他是「福建人」為由，拒絕審理。對此官僚作風，他忍

一九八七年十一月十五日歸鄉滿月之後在陽明山。

不住向我感歎道：「我之所以想要回台灣，那是因為這是我出生、成長的故鄉，我對這裡還有『夢』！可我回來後，看到的台灣人樣貌卻仍然未改……」面對這名望鄉老人的批判，年輕的我只能靜立一旁，無言聽著。我知道，迎接這位歸鄉老人的，不只是官僚體系的顢頇，還有故里民眾的冷漠，不僅僅是「相見不相識」，甚至連「笑問客從何處來」的人都沒有了。事實上，除了少數老一輩的文化人與聽眾之外，又有多少人會知道宋非我這個曾經引領台灣劇運風騷的人物呢？在故里社子一帶的後生晚輩看來，他不過是個落魄潦倒的孤單老人罷了。

一九八九年四月，宋非我終於在一再向我說「明天就要離開」之後，真的突然離開了。我最後一次到社子去探望他，是個寒意猶存的某個早春下午。其實，我在見了他二、三次之後，就不打算作職業性的採訪了，後來再去看他，只是很單純地去看看一個寂寞的長輩，陪他邊喝台灣啤酒邊聊天。那天下午，喝了幾罐啤酒之後，他指著床板下一口隨身攜帶的老式手提皮箱，告訴我說那裡頭都是他這一生的作品，是無價之寶，他準備帶到日本去錄音。顯然，老先生並不因為台灣拒絕他的定居而影響他對自己的信心。然而，當時，我也並不明白，他的作品是否真如他所言能夠在日本進行錄音。我不理解，所以就靜靜

晚年重遊日本富士山。

地喝我的啤酒。然後，我看到他拉出那口皮箱，打開，拿出一疊相片。其中包括一張他與簡國賢為了《壁》的演出的合照。他一張一張給我講述照片的人物、背景，以及拍攝時間，然後把一部分交給我，說這些你就拿去處理吧。大約一個星期後，當我把他交給我的照片都翻拍之後，就騎著機車去社子，專程還他那些珍貴的照片。可是，當我來到他棲身的小屋時，只見陋室空無一人的淒涼景象。

宋非我真的離開台灣了。後來，王昶雄告訴我說，宋非我到了香港以後給他寫了一封信，信中提到，離台那天，他一上車後便頭也不回地直奔機場。對他而言，我想，故鄉台灣似乎已經沒有令他眷戀的人與事了。

此後，因為我一再搬家之故，也就與宋非我先生失去聯繫了。第二年（一九九〇年）四月，我在北京採訪一九四九年四月出走大陸的中共地下黨人陳炳基先生時，經我問起，他才向我提到，去年（一九八九年）同一個時候，宋非我到北京找過他。從時間上來看，也就是說，宋非我離開台灣之後，又經過香港，回到大陸。陳炳基向我透露說他原本有意再回大陸定居、安養，但後來的那場風波卻使他再次離開大陸。後來，我聽說他流落在九龍一所仁愛之家，過著寂寞而孤獨的晚年生活。而我幾次拜託到香港的朋友去探望他，卻總是因對方旅次的匆忙而不能實現。我知道，我還得自己親自跑一趟，才能夠再次找到這位被歷史遺忘的，光復初期台灣戲劇運動的旗手。但是，我又反問自己，即便我再找到他又能怎樣呢？事實上，自己在現實生活上也是無能替他解決什麼事的！因為這樣，受制於時間與旅費限制的我，也就一直不曾到九龍找他。眼看著

「一九九七」就要到了，我想，那時候，一生在「兩岸三地」漂泊的宋非我總要有個歸宿吧。而我力所能及去做的事情，就是把我找到的「宋非我」寫下來，讓歷史留下一頁應該屬於他的紀錄。

一九九三年四月，我所寫的〈尋找台灣新劇運動的旗手——宋非我〉，終於通過香港的鄭樹森教授轉介，在初安民剛接手主編的《聯合文學》第一〇二期刊登出來了。「宋非我」也因此真正地重回台灣。兩個月後，我有機會到廈門進行我的台灣民眾史的採訪工作，同時也對宋非我在閩南時期的工作、生活與創作，隨機進行可能的探問與採訪。於是，經由廈門市台灣藝術研究所所長陳耕的引介，六月十九日，我在群眾藝術館採訪了福建省曲藝家協會主席林鵬翔先生。以「答嘴鼓」藝術知名的林先生告訴我，「答嘴鼓」原名「觸嘴古」，又名「拍嘴古」、「答嘴歌」，是流行於閩南和台灣地區的一種喜劇性的說唱藝術。五〇年代，廈門電台聘請宋非我主持拍嘴古節目而得到進一步推廣。一九七一年宋非我取名「答嘴鼓」而被廣大群眾所承認。他強調，他本人的創作就是受到宋非我的啟發和幫助，而不斷充實提高。

■藍博洲
尋找台灣新劇運動的旗手
宋非我

一九九三年四月《聯合文學》第102期。

最後，我和林鵬翔先生談到宋非我的下落。他感慨地告訴我，說宋非我在兩三年前又回到了泉州，住在開元寺內。但不知為何，過著自我放棄的生活；幾乎完全不吃東西，只是喝酒。因為這樣，已在去年（一九九二年）被車撞死了。

從一九四六年到一九九二年，從台北中山堂到泉州開元寺，我想，我的尋找《壁》，以及台灣新劇運動旗手宋非我與劇作家簡國賢的旅程，至此也該落幕了。

大事年表

一九一六年　九月二十二日，宋非我在台北郊區社子出世，本名宋獻章。

一九一七年　二月二十日，簡國賢出生桃園。生父謝喜。養父簡觀雲是漢學家、漢醫。

一九二一年　台灣文化協會成立。

一九二三年　《臺灣民報》轉載胡適的三幕劇《終身大事》。文化協會把「文化演劇會」明文列入活動項目，蓬勃展開「文化劇」運動。

一九二四年　張維賢等人組成星光演劇研究會，請來自廈門的陳凸為師，以胡適的三幕劇《終身大事》試演「台灣有史以來的第一次新戲」。

一九二五年　星光演劇研究會在台北永樂座正式公演《終身大事》、《芙蓉劫》與《火裡蓮花》等。

一九二六年　星光演劇研究會到宜蘭公演，並指導成立宜蘭民烽劇團，排演托爾斯泰的作品及《金色夜叉》、《行屍》等劇本。

一九二八年　張維賢赴東京築地小劇場學習。「日本新劇之父」小山內薰逝世。築地小劇場開始分裂。

一九三〇年　張維賢返台，創立民烽演劇研究會，招募民烽劇團團員。

一九三三年　張維賢於年初再赴東京舞蹈學院學習達達魯庫羅茲的律動運動。入秋後，與宋非我這批學員，以民烽劇團的名義假永樂座公演徐公美作獨幕劇《飛》、佐佐春雄作九幕劇《原始人的夢》、達比特賓斯基作獨幕劇《一$》及易卜生的五幕劇《國民公敵》。

一九三四年　二月二十五日至二十八日，日本人中山侑與張維賢等組織的台北劇團協會於西門町榮座主辦為期四天的新劇祭。民烽劇團以閩南話演出「純中國式」的拉約斯美拉獨幕劇《新郎》。宋非我反串「瘦姑媽」一角，榮獲最佳演技獎。張維賢隨後赴上海考察劇運及實際舞台活動。民烽劇團從此停擺。

一九三七年　日本發動侵略中國的戰爭。台灣總督府的文化控制森嚴，反映民族文化的地方戲遭禁，部分戲團轉而發展「改良戲」，演出愛國劇（皇民化劇）。

一九三九年　宋非我參加歐劍窗與張清秀組織營業性巡迴演出的星光新劇團。

一九四〇年　星光新劇團因為財務糾紛而瓦解。

　　桃園地方青年自組業餘演劇團體雙葉會。

一九四一年　宋非我糾集其妻月桂等演員參加歐劍窗另組的鐘聲新劇團，全省巡迴公演《二人母》及《善者勝利》；五月赴日本大學綜合藝術科學習斯坦尼斯拉夫斯基的戲劇體系，並到築地小劇場實地觀摩日本的左翼劇場；幾個月後因父喪而回台，再度投入鐘聲劇團巡迴公演。

　　簡國賢於台北商工學校畢業後赴東京就讀日本大學文科藝術科。

一九四二年　台灣殖民當局組織宣導軍國主義的台語劇團南進座與高砂劇團合併，在圓山台灣神社舉行「皇民奉公會指定演劇挺身隊」結隊典禮，在「大直國民精神研修所」思想

一九四三年
訓練十日後下鄉巡演，宣導日本精神。
桃園雙葉會在桃園與台北市公會堂的「台灣文化獎之夜」公演簡國賢劇作《阿里山》。
四月二十九日，王井泉、呂赫若等《臺灣文學》核心同仁集結簡國賢、宋非我與林摶秋、呂泉生等台灣的文學、戲劇、音樂、美術等各界菁英一百餘人，共同組織厚生演劇研究會，抵抗官方主導的戲劇改造方針。
七月：簡國賢在《興南新聞》發表《牛涎：猶如濡浸熱情之火炬》，批判台灣總督府為宣揚皇民化政策而推廣的「國民戲劇」及其指導者松居桃樓；在《臺灣文學》第三卷第三號發表日文創作的六景戲曲《雲雀姑娘》。興南新聞社創設的「藝能文化研究會」先後在榮座與第一劇場公演劇作獲得第一屆「情報局獎」，松居桃樓企圖樹立為「台灣國民演劇」範本的《赤道》。
九月：厚生演劇研究會假永樂座演出《閹雞》《高砂館》《從山上看街市的燈火》及《地熱》等四齣充滿民族意識的戲劇。

一九四六年
五月二十六日，宋非我與簡國賢等人宣布成立聖烽演劇研究會。
六月：九日，聖烽劇團在台北中山堂首演簡國賢編劇、宋非我導演的《壁》與宋非我編導的《羅漢赴會》。十三日，《台灣新生報》刊簡國賢《被遺棄的人們——關於〈壁〉的解決》（日文）。

一九四七年

七月：一日，《台灣新生報》刊《〈壁〉及〈羅漢赴會〉——明在中山堂再演》。二日，《台灣新生報》刊聖烽演劇研究會停演的「緊要聲明」。

二月：十五日，宋非我在長官公署宣委會慶祝第四屆戲劇節晚會報告台灣劇運；簡國賢與歐陽予倩談台灣戲劇問題。二十六日晚上，簡國賢從桃園趕來台北延平學院為學生講解《趙梯》劇情。

十月十日，簡國賢用中文在《潮聲報》發表《由演劇的分析觀察猶大的悲劇》。

一九四八年

簡國賢父母先後過世。他聽王井泉說，宋非我自稱去香港做生意返台後卻因「廖文毅獨立運動」牽連而被當局逮捕偵訊，保釋以後又去香港了。鑑於宋非我遭遇，年底遂以經商為由去香港找宋非我，並購買西藥回台販賣。

一九四九年

宋非我以「到日本作生意」的理由離開台灣，經由日本轉赴社會主義新中國。

五、六月間，簡國賢經簡萬得、徐木火介紹加入「台灣民主自治同盟」，為桃園地區負責人。

八月，簡國賢先後介紹台灣省山地物資供銷委員會南部供銷處經理魏德旺與桃園鎮中北里泉興碾米所會計吳阿海加入台盟。

九月初，廖萬得帶簡國賢到桃園大溪十三份山區。

十月，黃培奕要簡國賢寫《自傳》。

年底，簡國賢參加張志忠主持的約二十人學習會，會後陳福星宣布為正式黨員，並指定與廖萬得、郭維芳等三人為一小組，由廖任小組長。以後改選簡國賢為小組長及十三份基地負責人，主要任務是鞏固群眾關係，發展組織，建立掩蔽基地，教育幹部。

一九五〇年

四、五月間，十三份當地警員搜查武裝部隊的草寮，取去內有蘇俄國歌的簡國賢身分證。

六月間，黃培奕通知林元枝派游阿添、楊樹發接簡國賢往三峽圳仔頭基地。端午節後第三天，簡國賢命身分暴露的廖萬得轉移苑裡石聰金處。

八月，黃培奕囑簡國賢帶領駐地發生危險的游阿添、楊樹發、阿加、阿谷、謝萬福、龔阿斗等武裝部隊部分隊員到十三份附近的水流東設法掩蔽。

十一月，簡國賢託鶯歌中學陳定坤往簡家代取衣款。陳未予照辦，也不告密檢舉。

十二月，圳仔頭龔阿斗岳母家被包圍。簡國賢與黃培奕一起離開圳仔頭基地。月底，林慶壽帶簡國賢到台中縣大安溪山頂找廖萬得。兩天後，石聰金帶簡國賢到親戚家住。兩天後，蕭道應又帶他到苗栗縣後龍「阿港」的親戚家，與「阿港」、林元枝一起住。

一九五一年

簡國賢在後龍住約兩個月餘。黃培奕來過。在後山主持兩次，與林慶壽、「阿港」一起研讀《青年修養》。曾隨石聰金到群眾關係孫寬喜（化名「阿冬仔」）處幫忙燒木炭，約半個月。曾託蕭道應設法約嘉義水上大崙國民學校教導主任陳克誠在三義車站附近會面，探問嘉義可否逃避。

三月：因後龍群眾動搖，簡國賢由蕭道應和黃培奕帶離，在南勢搭火車南下。黃培奕在林內附近下車。蕭道應則帶簡國賢到雲林斗六下車，經虎尾到崙背，會晤廖學信並在其群眾關係家中住下，之後又在附近找到另一關係輪流避宿。郭維芳已在那裡，以後王子英也來了，三人計劃搜集各種資料，整理後印發書刊，作為組織教育幹部之材料。

四月，簡國賢到嘉義找陳克誠兩三次，請他設法幫忙找掩護住所。

五月，簡國賢因王子英、廖學信等被捕而離開虎尾，與郭維芳到麥寮王子英介紹的群眾關係匿避兩天。郭維芳北上。簡國賢到嘉義找陳克誠，住兩晚後，再到台中縣大安溪找石聰金，由石通知林慶壽帶往石的親戚家找林元枝。

六月，簡國賢由大安轉到苑裡找莊金明，與林元枝負責領導苑裡地區的工作，林元枝是總負責人，簡國賢是副負責人，任務是組織整風問題及教育幹部、處理文件等，尤致力於鞏固組織群眾基礎、建立掩蔽據點，成員計有廖成福、莊金明、吳敦仁、黃培奕、吳仔、呂喬木、彭坤德等。

一九五二年

簡國賢和石聰金到苗栗山區孫寬喜處燒木炭約三個月，返回苑裡後情勢緊張。四月十六日，林元枝偕同吳敦仁、呂喬木、彭坤德三人北上桃園，簡國賢和廖成福、石聰金、莊金明留在苑裡。之後又和廖成福到通霄，利用吳敦仁群眾關係在當地生活。

五月二十日，簡國賢依約如期到達日南車站與廖成福會報。

六月二十日，簡國賢與廖成福約定在大安溪糖業公司火車路上會報。前一日卻在大甲日南陳登權家附近甘蔗園被誤為小偷，臂上被砍了一刀，脫逃後即由陳登權帶到吳敦仁群眾家中住兩晚，轉往通霄找吳敦仁群眾關係余海聲，住約十餘天，然後轉竹東方面去找同學黃文魁未遇，再轉到苗栗深山找孫寬喜住約四、五天。

七月，簡國賢到嘉義水上投靠陳克誠掩護。

九月，陳克誠又掩護簡國賢到八掌溪糖廠旁「老苛」的溪邊草屋住約二、三個月。

十二月，陳克誠介紹簡國賢到親戚呂石來家耕作。

簡國賢在呂家住約兩三個月後隨往到台中縣大里鄉養鴨。

一九五三年

二月十六日，陳克誠被捕。

三月十一日，簡國賢名列《台灣地區在逃通緝匪犯總名冊》第十二名。

五月，簡國賢又到嘉義呂家住約一個月。

六月，簡國賢轉到台中大里鄉內新村余水盛家住約一個月。三十日，保安司令部桃園諜報組呈報保安處督導第一分組：「辦理偵捕殘匪簡國賢廖萬德石聰金及莊金明等案」。

七月，簡國賢又到嘉義林炳煌家住約半個月，再與呂來到台中大里鄉余水盛家。

八月：四日，桃園各治安情報機關召開偵緝簡國賢專案小組會議。十三日，刑警總隊桃園隊強迫劉里找出簡國賢。簡國賢在大里鄉余家住約一個月後又返嘉義林炳煌家。

九月，簡國賢在嘉義林家住約月餘後再到大里鄉養鴨。

十月十四日，中北部聯合肅殘組成立，確定偵捕對象為簡國賢、廖萬德、石聰金、賴阿煥、林慶壽、莊金明等，分別成立中苗小組與北桃小組。

十二月：十二日，嘉義縣警察局刑警隊第一次偵訊陳克誠。十四日，石聰金、廖萬德、莊金明等三人在大甲被捕。十六日，肅殘組南下密傳陳克誠。十七日，上午六時，簡國賢在台中大里鄉被台中刑警隊逮捕，移送台中市警察局訊問。十九日，陳定坤被捕。二十二日，簡國賢、廖萬德轉送桃園縣警察局。二十九日，第二次訊問。三十日，追訊簡與陳定坤的關係後解送台灣省保安司令部保安處。

一九五四年

一月十二日，簡國賢追訊。

二月：十三日，簡國賢等九名移送到軍法處。十五日，簡國賢寫給劉里第一封信（二十五日收到）。二十六日，提訊／總統府資料組追問。二十七日提訊簡國賢與廖萬得。

三月：十七日，提訊簡國賢與廖萬得。二十五日，提訊簡國賢與陳克誠。

四月：八日，軍法處將起訴書送達看守所的簡國賢。十七日，台灣省保安司令部判處簡國賢死刑。二十六、二十九日，簡國賢撰寫替陳克誠脫罪的致法官報告。
五月：十二日，陳克誠、陳戊寅、陳定坤與莊金明交保獲釋。
七月九日，蔣中正批准「簡國賢等叛亂一案」的判決。
九月：二日，保安處函請軍法處代訊簡國賢與其胞姪（桃園縣警察局警員）謝顯靈有無「匪方組織關係」。二十九日，簡國賢到軍法處為陳克誠複審案作證。
十月一日，陳克誠判決無罪。

一九五五年

四月十六日，下午二時，簡國賢、廖成福二人發交台北憲兵隊，綁赴新店安坑刑場執行槍決。
五月二十八日，簡劉里被迫簽簡國賢「財產保管切結書」。

附錄一

簡國賢遺作

關於《壁》的出土

藍博洲

戰後初期在台灣轟動一時的舞台劇——《壁》的種種，我已經先後在《尋找劇作家簡國賢》（收錄於拙著《幌馬車之歌》，時報版）及《尋找台灣新劇運動的旗手——宋非我》（《聯合文學》一〇二期，一九九三年四月號）兩文中談及它的主要內容，並且也介紹了當時部分的劇評。然而，《壁》的原作呢？是不是能夠在湮埋了四十幾年之後重新出土呢？

許多人這樣問我。

其實，我自己在尋找宋非我與簡國賢的過程中，也一直希望能夠找到當年轟動一時的《壁》的劇本。畢竟，它除了文學史的價值外，還可以提供我們瞭解劇作家所反映的「二二八」前夕的社會矛盾。

但是，在尋找之初，我卻毫無線索可以在哪個報章、雜誌找到《壁》的原作。後來，我終於透過繫獄三十三年的桃園籍的政治犯徐文贊先生的陪同下，找到了蟄居桃園街上的簡國賢的遺孀簡劉里女士。

五〇年代簡國賢離家以後，地方特務的騷擾，以及四十幾年來白色恐怖的陰影籠罩，使得簡劉里女士面對我們的來訪顯得有點坐立不安。在她那裡，我很難有條理地採訪到有關簡國賢的種種。至於簡國賢當年的照片、書籍及相關的書信，簡劉里女也因為不堪忍受特務的騷擾，並免累及無辜而付之一炬，她僅僅保留了一張他們結婚的照片，而簡國賢正好背對著鏡頭給她戴戒指……。

我原先想從簡國賢家屬那裡找到幾近傳奇的劇作的希望也落空了，可我仍然時不時地便從台北騎著機車到桃園找簡劉里女士閒談。有一次，她忽然記起了一件往事，告訴我說，當年在《壁》裡，演奸商「錢金利」的人就是曾經紅極一時的喜劇演員——矮仔財。

她說，那還是矮仔財的處女作，而且一炮而紅。

簡劉里女士這個偶然想起的往事，又讓我重新燃起找到《壁》的原作的希望。按著簡劉里女士所提，我於是把尋找的方向轉到矮仔財的身上。

我的想法是，即使簡國賢的《壁》不曾公開發表，可演員排戲時總該也有個腳本什麼的吧？這樣，一段時日後，我終於打聽到矮仔財先生的電話，並且與他約了時間登門拜訪。

那是一個冷雨綿綿的台北慣有冬夜。我在八德路一條巷子的大樓公寓裡見到了從小就在電視螢幕上經常見到的矮仔財先生。可眼前的矮仔財先生卻不復當年精瘦喜感的樣態，看得出來，瘦小的他是在病中。我開門見山即向本名張福財的矮仔財先生表明，想要請他回憶當年演出《壁》的情景。然而，不知道是政治的恐懼猶存還是真的因為老了、病了的關係，矮仔財先生說，都四十幾年了，已經記不太清楚當時的狀況了。我又問他，當年演出時是否有腳本。

「有。」他說。

「那麼，」我隨即追問道：「不知您還有沒有保留下來？」

「沒有耶！」矮仔財搖搖頭，說：「從前搬家時就早把它丟了……」

我的心再度沉了下來。可我仍不死心。「那麼，」我再追問矮仔財先生：「你知不知道有誰可能有呢？」

「郭德發吧。」矮仔財又告訴我，郭德發的藝名叫作「郭夜人」，綽號叫「美國仔」。

「他現在幾乎每天早上都到草山的公園泡溫泉。」矮仔財在我告辭前告訴我要如何才能找到這個「美國仔」。他說：「你只要到那裡探聽，沒有人不認識他的。」

第二天早上，我抱著極大的希望到草山溫泉區尋訪「美國仔」。我在那四處閒坐著剛剛浴罷的老者的公共浴池周遭，一個一個地探聽，是否有人知道一個叫「美國仔」的老先生，可我得到的回答卻總是對方莫名的搖頭。最後，我只好無奈地放棄了這僅存的、可以找到那失傳的《壁》的希望了。

事情的發展總在走到絕路時又重新走出一條路來。

有一次，當我又到桃園街上拜訪簡國賢的遺孀簡劉里女士時，在談話之間，她忽然想到什麼似的，急急地起身回房，然後拿了一包東西出來。「我忘了我還留著國賢這些稿子……」簡劉里女士一邊打開那包東西一邊告訴我。

我驚喜地發現，我苦苦尋找的《壁》的劇本就在眼前。它包括了日文與中文的手稿，以及由宋非我編譯，油印的閩南語的腳本。此外，還有一本簡國賢自己細心剪貼的有關《壁》的種種新聞報導與劇評。

簡劉里女士終於把那包珍貴的稿子交給了我。我不知道，她是因為對我信任了才交給我的；還是因為長久的驚恐使她一直忘了還有這包東西的存在。我想，兩者都有吧！

距離一九四六年六月《壁》的首演已經足足有四十七年之久了。當年的劇作家早已仆倒在台北馬場町的泥地上了。導演宋非我也在走了一段曲折的路之後淪落九龍的老人院裡。而當年一炮而紅的喜劇演員矮仔財也在不久前過世了。

不管當年《壁》是因為什麼理由而被禁止重新公演的，現在，是該讓這部在歷史的塵埃中湮埋的《壁》（中文版）重新出土了吧！

（原載《聯合文學》一一二期）

壁（獨幕劇）

簡國賢／原作
藍博洲／清校

時間——民國三十五年的春季
所在——台灣北部的一個城市
人物——陳金利（大商賈）（藍按：演出時改為錢金利，由矮仔財扮演。）
　其妻
　店員
　女僕
　醫生
　僧侶
　許乞食（勞動者）
　其母
　小孩
以外參加跳舞的男女數名

舞台布置：當中一層壁。以這一片壁做境界，分開成了二種環境——左邊是陳金利的房子：靠牆囤積著米和麵粉，堆積如山。房裡還布置得很精緻奢華，古玩擺得玲瓏耀目。右邊是許乞食的房子：只有一張沒有蚊帳的舊睡床，和一張靈桌。情景暗淡。

幕開時：陳金利的房子那邊，明亮輝煌。陳金利正在一邊打算盤，一邊數著鈔票。

陳：（獨白）五萬五千六百元……再來一個八萬三千元——還有四萬一千二百二十元……又一條十四萬六千元，一共是三十二萬五千八百二十元……再算一次（重算一次）……到底還是不錯。錢，像洪水一樣地溢進來，做生意真和變把戲一樣。嘻嘻。（獨自狂笑）

（其妻上）

妻：獨自一個人，笑著什麼呀？

陳：嘻、嘻……你知道嗎，三十二萬五千八百二十元，你聽清楚，三十二萬五千八百二十元呀……這是本月裡，賺到的錢哪！

妻：噯唷，怎麼能賺得這麼多呢？

陳：是麵粉跟糖。一袋二百五十元的麵粉，漲到五百四十元。還有，一袋三百元的糖，也漲到一千四百元。

妻：那些米呢，還沒有脫手嗎？

陳：還要漲呀！因為要提高市價，所以暫時還不想賣出去。這可說是在自由經濟時代裡，最有趣的把戲。你可知道嗎？米要是漲到一斤二十塊錢的話，我們可以再賺多少呢？我們倉庫裡的米，是一斤三塊錢買來的，那麼一斤就有十七塊錢的利益。一袋是一百斤，就可以賺到一千七百元了。在倉庫裡，算它一千兩百袋吧！現在就用一千七百元的一千二百倍來算，足足可以賺到二百萬元（入手）。我的太太，米要是真的漲到一斤二十元的話，我們這兩百萬元的利益是跑不掉的呀！——嘻嘻。

妻：喝！會賺得這麼多？

陳：那一定會。把東西買進來，把它囤積起來，鈔票自然會再生了鈔票。我們的本錢就和活動力旺的女卵巢一樣，這樣物價波動的時期，正是我們最好的受胎期呢！哈哈——

妻：（甜甜蜜蜜的）那麼金利，你既然賺了這麼多的錢，應該要打一支金鐲子給我了。

陳：金鐲子？不是已經有了？

妻：沒有一對的話，戴起來很不匀稱的，你還是再給我打一支吧！

陳：再打一支給你，倒也可以，不過——你要答應我一件事才行。

妻：（板起面孔）又是那麼一套，你是不是又要教我答應你拉進一個女人來？

陳：聰明！立刻教你猜著了。

妻：你這「活動力」也真「旺盛」！你們男人，為什麼都是這麼輕薄的，多賺了幾個錢，便想在女人身上發洩。

陳：我問問你，比方這裡有兩個軍人，一個掛著勳章，一個卻沒掛著勳章，你要尊敬哪一個？

妻：我當然是尊敬那個掛著勳章的，因為他看起來有點威嚴。

陳：（高興起來）說得不錯！有錢的人討小老婆，也就完全好像是掛起著勳章，能夠顯得威嚴，有錢的人討小老婆，也就是在提高他的架子。只有這樣子才能夠誇耀世人的。要是掛在胸脯上燦爛輝煌的裝飾，是軍人的勳章，那麼小老婆，也就是闊人的勳章啦！我現在已經是一個闊人了，不妨讓我也來掛上一個勳章吧！這樣才配稱是闊人呢！

妻：像那種勳章嗎，哼！倒不如丟到泥溝裡去。（粗暴地）

陳：你別來得那麼凶狠哪，我們就來好好地商量吧！唉！你看，從來你喜歡什麼，我都答應你什麼。譬如你說要做衣服，我馬上就做給你；說是要吃水果，我也立刻派人特地到嘉義一帶去買來給你吃。我待你這樣的誠意，有時候你也該有答應我所要求的義務才是。怎麼，咱們可以來通融通融一下嗎？我還可以跟你立約：我把那個女人娶進門以後，仍舊要尊重你的地位，始終沒有兩樣。

妻：當真的嗎？

陳：我可以向菩薩發誓，一定遵守所約。這樣你也可以看出，我是一個信用的人。

妻：好！給你在外面尋花問柳，把家裡撇下不管，那也不是道理，也許倒不如這樣——

陳：只有這樣做，才配得說是為了我。

妻：可是，我有什麼益處呢？

陳：別這樣說吧，太太好吧？我們就來通融通融吧，你要是答應下來，你要什麼，我就可以買給你什麼。
妻：先把金鐲子買來再說吧！
陳：這樣，可是答應了？
妻：不！也還是先把金鐲子買來再說的。金鐲子是要進行這件事的前提條件，並不能成為說妥這件事的保證條件。
陳：這麼說來，金手環的任務，只能弄出這件事的結頭緒，並不能擔負完成這件事的責任嗎？
妻：是的，不錯。
陳：好吧！我明白了，那麼我就買給你吧，為了我親愛的妻子。
妻：別說是為了你親愛的妻子，其實是為了你親愛的動章吧！
陳：說是為了動章，就未免太教我難受了。
妻：你不是那麼說的嗎？
陳：——（欲哭不成）
妻：那麼，我到金瑞山金鋪子去了，鐲子的分量要由我自己定呀！
（妻退場）
陳：（獨白）這張「派司」真不容易弄到，讓她盡量揩油也還得不到批准。

（陳金利點起洋火抽菸）
（女僕端飯上場）
女僕：老爺，飯來了。
陳：唔！（頓裝威嚴）
（女僕把飯擺在桌上）
陳：又是紅燒魚，炸肉片，肉絲湯，還有炒飯！你怎樣老是弄得這樣油膩的東西，要來撐破我的肚子呢？
女僕：因為老爺都喜歡油膩的東西。
陳：我看到油膩的東西。立刻就要嘔出來。昨天晚上，喝了三個地方，醉得吐過兩次。今天早上還能夠吃這些東西嗎？
女僕：對不起！
陳：拿醬小菜跟稀飯來，把這些膩死人的炒飯倒給雞子吃。
女僕：這樣好的東西倒給雞子吃？
陳：倒給雞子吃。
女僕：老爺，您的腦筋也該活動一下，我們一天做到晚的人吃山芋粥——
陳：我是愛好動物的！
女僕：同時又是一個藐視人類的。

陳：你照我說的辦就是了。
女僕：好，倒給雞子吃，就倒給雞子吃，照你這愛動物的說的辦。
醫生：陳先生，好！
陳：喔！吳先生，來得正好。
醫：你是那兒不舒服。
陳：胃口不好。
醫：喔！是的。那麼肚子敞開給我看看。
（陳敞開肚子給醫生。醫生一邊診察，一邊詢問）
醫：這是胃擴張。
陳：胃擴張?!
醫：是的，因為酒菜吃得太多了，把胃撐得太大了，東西一消化，那胃就反而鬆了下去了，這種病，是一種闊人的共通病症。哈哈——
陳：當真的？（呆住了）
醫：狼吞虎嚥可不是好玩的。您又是有點胃酸過多，酒是不能入口的。
陳：不過，酒，這於我是比三頓飯還來得要緊，如果戒了起來，那麼在這世上，有什麼意思呢？先生。
醫：不！那絕對——喝不得的——不過，你如果不要命，那還有什麼話說！

陳：——（嘆息）

醫：還是讓我來給你打一針吧。

陳：這也需要打針嗎？

醫：既然提皮包出來了，沒打一針回去，成個什麼醫生。喔！又說起笑話兒來了。其實呢，打一針是很可以壯壯胃的。

陳：那麼，就請你輕手些，因為我很怕打針——

（有點畏縮）

醫：像這種怕痛的毛病，也是一般闊人的共通病。

（醫生拿起針來）

陳：請你輕輕地打吧！

醫：你放心吧，把眼睛閉上。（替他打）

陳：——

（醫生把注射針拔出）

陳：噯唷，疼得很！（高聲叫）

醫：針拔出來了，你才叫疼！

陳：喔！謝謝您！我疼得直出汗哪。（揉著胳臂）吳先生，您用過晌飯了沒有？

醫：這麼早出來，當然還沒有用過。

陳：那好極了！咱們一塊兒吃吧。
醫：我也就是這樣才來的，因為你這裡常有很珍奇的酒菜，哈哈——
陳：喂，（向後吩咐）吳先生要在我們這邊吃飯，快一點預備出來。
（女僕在裡面回答）
醫：近來的生意好哇，發了一筆大財了吧。
陳：託福！託福！不過賺了一點罷了！
醫：別說一點兒吧，你可以說是賺得太多了。你別擔心吧，我是不敢跟你分利的。聽說，這兩、三個月裡已經給你賺到一百多萬了。
陳：不過是謠言罷了。
醫：是的，一般的商人，雖然就是賺了一百萬，他也要說不過賺了二、三十萬。
陳：不，絕對沒有這回事。
醫：看了別人家發大財，使我也想把醫院的招牌改為公司，做一做商人。因為做醫生賺的錢，沒有商人那麼好。
陳：並不見得，先生。我看生意沒有比做醫生更好了！一支幾毛錢的針，打了下去，你可以要到幾十塊錢，這可不是加九加十一的生意嗎？
醫：不！不！從前是可以的，現在藥價都漲了，可是我們給病人的，可不能要得那麼貴。
陳：不過做醫生這行，總是很舒服的。像我們這種做生意的人，是多麼的傷腦筋呀！比方說看一種東西會漲，把它辦進來。要是觀察錯誤，落了價，就要賠錢。做醫生呢，就不必吃這樣大虧。有時假如看錯了病症，誤投了藥方，也沒有人追究他的責任。就是死了，那也只會怪病人的命該完蛋，沒人敢來怪做醫生的。像這樣不負責的生意，是再也找不到的。老實說，在這世上，好像是給人醫死的總比給人醫活的醫生多。喔！話又說開了，對不起！其實呢，吳先生可算是一位給人醫活的醫生，所以我才放心地請您來。

醫：這也難說，我與其說是給人醫活的醫生，倒不如說是給人醫不覺死的。

陳：給您這樣一嚇……就要教我擔心剛才打的那針了。

（有點放心不下）

醫：那我可不能負責，哈哈——

陳：（苦笑）先生，這是真的嗎？

醫：哈哈——你放心吧！剛才那藥針是於身無害，於病無關的葡萄針呢！

陳：葡萄糖可以醫好胃擴張？這我還是頭一次聽到的。

醫：世上是常有偶然的事的。

陳：這就是醫術嗎？（稍微發呆）

醫：那才是妙處呢！

（女僕端酒菜上）

女僕：請用飯。（退場）

陳：沒有什麼好菜，請您別客氣吧！

醫：喝！多麼珍貴的菜呀。蘑菇，罐頭干貝。（挾進嘴裡）哼！味道兒很好。魚子兒，這也很不錯。

陳：讓我來敬你一杯。（給醫生斟滿一杯，戀戀不捨地摸著酒瓶）

醫：謝謝您。現在讓我來回敬你一杯。

陳：先生——我——（客氣起來）

醫：別裝假吧。龍王辭水的。

陳：不過，我剛剛被宣告戒酒了呢！

醫：沒關係！沒關係！一杯酒是不礙事的。

陳：可是——

醫：我可以擔保，絕對沒有關係。（斟酒）

陳：真的嗎！（乾了）

醫：好，來得對勁！（再斟）來吧！乾杯！

陳：盡量地喝吧，吳先生。

（兩人相碰玻璃杯。又喝）

（這邊漸漸地暗下來，許乞食那邊的房子轉亮）

（許乞食正橫臥在床上，一位盲目的母親，靠在床邊，手裡正編著草鞋）

許：媽，我要喝點茶——（咳嗽）
母：沒有茶葉了——白開水倒有——
許：白開水也好哪。
（母親倒開水來）
許：媽！謝謝您！（起來）
母：好一點了嗎？
許：還是咳嗽，又發燒呢。（咳嗽）
母：這怎麼辦呢，已經去請過醫生了，大概就要來了吧。
許：反正肺的毛病，是立刻好不了的。
母：別那麼說吧，我們只要相信菩薩，一定會得到保佑的。
許：媽，我這樣病下來，躺了四個月了，不孝得很，教您這樣受累——
母：你又說些什麼呢，就要好了。這次好起來，千萬不要再那樣捨命地做，每晚做到深更半夜，才把身體弄壞的。
許：這樣捨命地幹，要是人家能夠體諒我們，那我還是可以忍苦幹下去的，你看，這樣一病倒下來，工廠裡那狐狸精，從沒來看過一次病。（咳嗽）——能做工的時候，一天十三、四個鐘頭，就跟使喚牛馬一樣，等到做不動，就像捨棄廢紙那樣，唔！人情，人情本來就是這樣輕。

母：實在的，工廠裡的老闆，也太薄情了。不過，好壞菩薩是看得見的，認真做事的人一定會得到保佑。

許：媽，菩薩的保佑，那是靠不住的——咳咳——

母：你怎麼說這些瘋話呢？

許：媽，你看吧，在這世間裡，認真孜孜做事的，絕對得不到好的報應。而那些會欺騙人、會布弄人家、有野心的人們，倒確確實實地安樂享福。正直的人，總是受人踐踏，受人白眼而已。

母：沒有這樣的事，如果信仰菩薩，一定——

許：媽，菩薩是假的，你知道嗎，正直的人，是吃著山芋和豆渣。那些不正直的，都吃著白米飯。真是矛盾極了。咳咳——

母：別這樣吧！太過於興奮是不可以的。還是睡下來，好好地安靜休息吧！

（母親按著乞食睡下，自己又編起草鞋，這時，陳金利的店員上場）

店員：許大哥，你的身體，比較好了吧？

許：唔！是隔壁林先生麼？謝謝你，還是老樣子啊！咳咳——（欲要起身）

店員：嘿，還是睡著吧，請隨便，別起來。

許：好吧，對不住，那麼就這樣——（半臥）

店員：實在是一樁很難說的話，不過是奉著主人的吩咐，所以跑來——

許：又是搬家的事麼？
店員：是的。因為主人不斷地催促，所以再來告訴你。聽說這一間房子，無論如何，一定要收回做倉庫。
許：你所看見的，我現在是一個患病的身體，要是稍微好一點的時候，我馬上就找房子搬家。請你把這點意思，回覆你的主人吧！
店員：可是他說，現在一定就要搬出去，說是因為要買點東西囤積，苦著沒有地方堆。
母：對不住得很，請你照應照應我們，以你林先生的面子，替我們向你的老闆，求求一點原諒，再慢些時候吧。並且，現在就想搬吧，一下子，也不容易找得到房子——
許：還是費你心，請你回去告訴你的主人吧，等到我的病，稍微好一點的時候，一定另外找房子搬家。
店員：我也是得著主人的吩咐，不得已才特地跑來告訴你們，其實，我也是很同情你們的。
母：給林先生也太麻煩了，真對不住。
店員：別這樣說吧，我也是貧窮人，所以很了解貧窮人困苦的地方。好吧！我回去，一定照你們的話，回覆主人。那麼，許大哥，請你珍重吧！（退場）
母：這怎麼辦呢？
許：媽，這就是現實啦！
（這時孩子進來，手裡拿著香菸箱子）

孩：我回來了。
母：醫生呢？
孩：前次的藥錢，還沒有還給他，所以說，這一回不來了。
母：是麼，太辛苦你了。今天香菸賣得很多嗎？
孩：也沒有多少，才賣了四十五元。
母：也好，已經有近十元的利益了。
（孩子靠近許乞食旁邊）
孩：爸爸，好一點了嗎？
許：阿仁嗎，好多了。
孩：唔！爸爸，你趕快好了，我們一道出去做工。
許：好——好——（淌淚）
孩：爸爸，你怎麼啦？
許：沒有什麼。
孩：噫！爸爸，剛才我經過隔壁的時候，看見雞柵裡的雞子，正吃著飯呢。多麼好吃啊！這世界怎麼這樣奇怪，人吃不到飯，雞子有飯吃——爸爸，雞子比人還偉大呀！
許：——
孩：噯唷！肚子餓了。祖母，有什麼給我吃。

母：家裡只有山芋。

孩：多麼沒有味的東西！不過，肚子餓了，且忍著吃吧。

（接著祖母遞給的山芋，小孩子津津有味地吃，許靜靜地暗自擦著眼淚）

（這時候許乞食的場面暗淡下來，燈光又亮在陳金利的房子）

店員：他說，等到他的病，稍微好些的時候，立刻去找房子搬家。

陳：這樣說，他的病要是一輩子好不了的話，那麼就一輩子不搬了嗎？

店員：他又說，無論如何，要請主人做點情，寬諒他，給他稍微延些日子。並且，現在就想搬，也找不到房子。

陳：說什麼廢話，房子的租期，已經在兩個月前期滿了，真是不知趣的東西。

店員：實際也很可憐，就讓他們多住些時候吧？

陳：什麼可憐？我們才可憐呢，如果沒有倉庫，東西就沒有地方堆放。將來物價要漲了，一定要蒙到很大的損失。我們應賺的錢，白白地讓他錯過，那我們才可憐呢。他別把這些話當理由，我可不睬他。

店員：是。（恐惶地）

陳：知道了嗎？好，你去吧。

（店員退場）

（陳金利開無線電）

（稍停）

（僧侶出現）

僧：阿彌陀佛，你好嗎，陳先生。（現出一種殷勤怪態）

陳：（關上無線電）唔！師父嗎，阿彌陀佛，來得正好。

僧：仍舊一樣，宏財大展吧！

陳：託福師父。這都是師父，替我行了種種的祈禱，才能有這樣的地步。

僧：那很好。這都是你一片赤心，所應得的賞賜，今天能夠發財，就是所收的報酬。

陳：今天又是什麼風，把師父吹到這邊來？

僧：今天，為著要修理廟宇，所以特地下山來，想跟陳先生商量。

陳：原來是這樣，好吧。說起要修理菩薩的廟宇，我會吝惜地拿不出錢來嗎？師父，你等一等，我立刻開一張支票給你。

（僧侶閉著眼睛，獨自唸起佛經）

陳：阿彌陀佛——師父，這一張，請你收起來。

僧：妙哉，妙哉。剛剛拙僧正在誦經，禱告菩薩，闡明你的信心，同時祈求保佑你，賺得更多的錢財。

陳：多謝多謝。不過，這點小數目——

僧：（看支票）唔唔，這個——你也知道，目前的材料、工錢，都漲得很高——如果能夠多添二萬元的話——我一定再向菩薩懇求，包你一定賺到這個數目的百倍以上。
陳：這是真實的嗎？
僧：不相信，是得不到的。
陳：師父，老實告訴你吧——我還有一千兩百袋的白米，存積在倉庫裡，如果一斤漲到二十元錢的時候，我立刻就可以再賺到二百萬元。現在由師父說，我要是再增加二萬元，就有百倍的利益回手，這個數目，恰巧和我的希望吻合——師父，可真靠得住？
僧：不會錯的，我可以向菩薩說明，一定叫白米漲到二十元一斤，你放心吧！
陳：一定不會落空嗎？
僧：我已經說過，不相信，是得不到的。
陳：好吧，再增加二萬上去，（開支票）連這一張，一共是四萬元了，師父，就請你收起來。
僧：菩薩對於你的信心，一定也非常歡喜。
陳：師父，還有要勞煩你的事——
僧：是拙僧的力量所能做到的話，我都願意聽一聽。
陳：可是——這種問題——嘻嘻——。
僧：是女人的事嗎？
陳：喂！師父的眼光真不差，一句話就抓到了靈魂的深處。實在說，我想娶進一位小老婆，可是——大老婆總是不答應——所以想託師父你，能不能替我去說說看。

僧：（裝出一點威嚴）關於女色這件事，本來是要多少警戒，同時天下間也沒有以女色傳道的佛法。佛陀經的第三戒，也有「淫不可」的一條。色即是空，色就是很空洞的東西，切不可被它迷住。看你的臉色，的確浮現出一層發悶的陰影，這都是愛慾所形成的。你現在正為著愛慾所追逐。好像一隻跑進環套的兔子，越掙扎，越使結子束得緊，結果，跟跑進自滅的道路一樣。有了一個老婆，不可以不感到滿足，受了別個女人所迷，這是不對的。

陳：不過！師父，我放棄不了那個女人。

僧：放棄不了的事，把它放棄了，這才是覺悟的真理。能夠這樣做，人間才能長遠生存，才會開始接近大悟之道。

陳：我要近真理，倒不如去接近那個女人。師父，你的說教，可說是堂堂的理由。當僧侶眾多的現在，像師父這般偉大的說教者，我還沒有領教過。

僧：並不見得是這樣——

陳：不，我不是撒謊。

僧：對的，我也常常這樣自信。

陳：所以說，師父真是現代唯一的說教者。

僧：真批評得不錯。

陳：可是，我就不相信，現代數一數二的說教者，就沒有辦法說服我的大老婆。這豈不是給師父發揮手段的好機會麼？
僧：話雖是這樣說，可是——
陳：師父，請你幫忙吧。以你的說教，好好地說服我的大老婆。過去，我曾聽到有人這樣告訴我，在亞美利加的地方，有一派叫做「摸盧蒙」宗教，他們是主張一夫多妻制。說是盡量地多娶老婆，這才是忠實於神的舉動。就是說，神創造了許多的靈魂，把它放到宇宙去。這些靈魂只是在宇宙間來往地徘徊，找不到居住的地方。這個時候，如果有男女的愛，結晶產生的小孩子養出來的時候，靈魂便馬上鑽進孩子的肉體裡，開始它們安定的生活。所以娶得很多的老婆，養出許多的小孩，就是替靈魂造房子一樣。神好像也說過，如果會播殖，應該盡量地生。照這樣看，光只娶一個老婆，那是違背了神的本意了。
僧：唔！這個宗教很好，很合理——我該把佛教來放棄，加入這派宗教吧！因為是一夫多妻主義啊！哈哈——
陳：嘻嘻—就是這一點啦。可是師父，這個有很漂亮的。
（翹起小指）
僧：這個是什麼？（翹起小指）
陳：師父，別裝傻吧！是這個呀。（以二手畫出女人豐滿的姿態）
僧：在那裡？（身體趨前）
陳：師父也難得下山來，所以，有時也讓愛慾的火燄來烘一烘，豈不好嗎！

僧：哈哈——煩惱即是菩薩。
陳：師父，你如果說服了我的老婆，我一定帶你去。我的老婆很尊敬你，所以由師父去說，一定馬到成功。
僧：不過，我先問你，這個果真很美麗嗎？（翹示小指）
陳：這還是新發掘的東西，同時是一朵十七花朵含蕾的時候。
僧：哈哈——好吧，我來接受這件差事，由我來說服你的太太。不過，這個一定不可以失信（再翹示小指）
陳：你放心，就像登上船，一切都由我老大來掌理。這以外，還有一件事，師父。
僧：又有事！怎麼這樣多。
陳：師父，實在是——物價還有漲的傾向，所以想買些東西堆起來，目前因為沒有倉庫，感到很困難。本來預備把隔壁的房子，收回自己用，總是不搬出去。所以希望師父去替我說一說，不知道師父——。
僧：是隔壁那位阿有婆嗎？我認識，我認識。她也很誠心，沒有盲目以前，常常到我廟裡去進香。
陳：那更湊巧了，師父，就麻煩你走一趟。
僧：好吧，我去看一看吧。
（這邊又暗下來）

（許乞食的房子重亮，母正在靈桌前念經，僧侶入）
僧：阿有婆在家嗎？
母：是誰呀？請進來。
僧：是我，圓覺寺的謝圓諦。
母：唷！是師父。這是什麼風吹來的，真難得——
僧：我剛從這邊經過，所以順便進來望望你們。
母：是麼，請坐，只是地方太骯髒——（推移椅子）
僧：別客氣吧。（拉出手帕，拍著衣服，同時裝出一副難堪的臉）多麼不乾淨的地方——
（獨語，吐一口痰）
母：什麼呢？師父。
僧：不！沒有什麼。是說眼睛不自由，覺得很困難嗎？
母：是的，不過近來也習慣了。所以也不感到怎麼不自由。只是不能到外面走走，總感到很遺憾。
僧：那太可憐了——
母：許久以來，都沒上廟了，很對不住。
僧：那裡的話，在家裡念經也是一樣，別擔心吧。
母：師父，我雖然在家裡，可是我每天早晚，都誠心地念經。同時祈禱菩薩，賜給我們的生活，稍為安樂一點。我每天編著草鞋。我的兒子，現在是病倒了，在還沒生病以前，每天也很早就上工，一直做到很晚才回來。像這種日子，真是一點快樂都沒有，不知道是不是我的誠意不足呢？

僧：我們人生，本來是有個定數。經過三代，一定要輪迴轉世一次。人生的行為，可以分為過去、現在和未來。要進輪迴轉世，也是依照人生的行為，就是根據業因，有的升往西天，有的墜落地獄，有的生為餓鬼，有的變為畜生，有的就投胎到人類來。播下麥種，長出來的一定是麥，種下茄子，收獲一定也是茄子。也就是這種原理，如果一個人，前世為非作惡，那麼這一世必定遭到報應，一定會受罪痛苦。在往生界的門前，有往生富貴人家的，也有往生貧賤的人家；有往生健康的人，也有往生病弱的人。這都是照自己過去所做所為的「因」。行善的人，一定往生好的地方，去享福。過去不積德的人，一定投到痛苦的地方去，一生得不到幸福。一切都是自做自招的。就是自業自得，因果報應。所以說，你現在是這樣地貧窮，這都是前世用得太奢侈，報應在這世。你的盲目，也是前世跟人吵嘴給誰把眼睛挖了去。這世才這樣。

母：這是真實的嗎？

僧：我這一張嘴會胡說嗎？前世的事，已經過去了，那也沒有什麼辦法，這世非積點德行不可。第一，非順從不可。別人家說的話，絕對要聽從。譬喻說，租了一間房子，房主人一朝要收回自己用的時候，你不搬到別的地方，這樣就是沒有順從的美德。這樣的行為，來世應當會受到責罰的痛苦。

母：師父的話，我想是不會錯的，不過——

僧：唔！忘記了告訴你，你們弄得這樣貧窮，都是和這間房子家風不對的緣故。這也是一種緣故，住在家風不合的房子裡，那是要愈發貧窮，常常要生出不幸的事。像你兒子的病，也是家風不對。所以，早些搬家，我想比較好——這是我的一片婆心。

（許乞食起來）

許：什麼是婆心，你這個惡臭的糞蛆！狗東西！你這隻隔壁所飼的惡狗！得著隔壁主人的唆使，想來咬我們嗎？你這隻狗，任你怎麼吼，我們都不怕。

（大聲喊嚷）

僧：什、什麼！說我是惡狗——

母：乞食，你熱狂了嗎，怎麼說這些瘋話。這位是圓覺寺的謝師父呀！很有資格的人呀！

許：你這個人面獸心的惡棍！什麼是因果報應！又什麼是自業自得！又是什麼家風！像你這種畜生，才會要被扔進地獄的油鍋去。以菩薩當資本做生意的糞蛆！我們因為沒有錢給你，大概就不會在菩薩面前替我們求福吧！那些用金錢可以買到祝福的菩薩，把祂扔到垃圾桶裡去吧！

母：乞食，你為什麼胡說八道呢？

僧：罪過！罪過！你這個樣子，一定要惹起菩薩的生氣！一定要下十八層地獄。

許：滾出去！你這個偽善者、狗奴才、金錢所飼的野狗。像你這種東西，跨進門來，連門檻都給你弄骯髒了，滾出去！給我滾出去！（悲叫，伏在靈桌前哭）

（僧侶逃去）

（母靠近許乞食，撫背安慰）

（這邊又暗下來）

（陳金利的房子明亮）

陳：說得怎麼樣了，順利嗎？

僧：凶哉！凶哉！真是一個可惡的東西——真是一個不了解事物的奴才——

陳：出了什麼事。

僧：說我是你飼的惡狗，就給他們追了出來。

陳：那太可惡了，讓我直接去跟他們交涉。（欲出）

僧：（拉住陳）太急了，事情是做不成功。應該冷靜一些，想個計策才對。等到不得已的時候，就叫幾個流氓把他強迫出去就好了。

陳：這也是一種辦法，說不定還收得快。

僧：本來嘛，一個是半截身子沒進棺材的男人，和一個盲目的女人，根本不是我們的對手。同時，跟這樣的人來較量，也太失去了我們的資格。像這種事，交由流氓去辦就夠了。

陳：想不到師父你，也有這麼多的權謀術策。

僧：像這樣簡單的事──

（僕人捉著孩子上場，孩子的臉上沾滿飯粒）

男僕：唉──唉──這，這個小東西──跑，跑進雞，雞柵裡去──所以──把、把他──捉進來。

陳：什麼？豈不是隔壁的小鬼嗎？

僧：喂！小鬼，你跑進雞柵欄裡去幹什麼？

孩：──

僧：想盜雞子嗎？

陳：好大膽的東西，真不像鬼，青天白日，也敢幹這種盜雞的行為。

僧：小鬼，是你自己想盜呢，還是誰教你這樣做的？

陳：老實講出來，要不然就縛起來，吊在天井裡。

孩：沒有這樣的事。

陳：不是你自己想盜？

孩：不是。

陳：那麼是媽媽、或許是爸爸叫你做？

孩：也不是。

陳：要不然，怎麼跑進雞柵裡去？

孩：——

陳：你就跟你爸爸一樣狡猾。

孩：——

陳：不說嗎？你這個狡猾的東西。（打小孩嘴巴）

孩：請你別打，我說了。

陳：那麼，快說。

孩：我是進去吃飼雞的白飯。

陳：飼雞的白飯？胡說八道。

孩：是真的，因為雞飼的是白飯，所以很想吃。我每天在家裡，只是吃山芋。

僧：說謊，你想把雞子盜出去，賣了換錢吧。

孩：不，是實在的。

陳：盜飼雞的白飯吃？真是從來還沒遇到的餓鬼。馬上叫你家裡的人來，等在那邊！

孩：好伯伯，請你別叫吧。原諒我，我再不敢這樣，請你們原諒我。

陳：盜賊住在鄰近，會麻煩人家，那不行，非通知你家裡的人不可。

僧：對的。應該這樣。

孩：好伯伯，寬恕我吧。（哭）

陳：把隔壁的混蛋喊過來。（向男僕）

男僕：是——是。（退場）
陳：喂！阿英，把點心拿來。
（後邊有女僕的回聲）
陳：請等一等，點心就來了。
曾：唔！肚子裡也有點餓了，就吃些點心吧。
陳：家裡做的「燒賣」，味道很不錯，你嘗嘗看。
曾：到你家裡來，可說無論什麼時候，都有東西吃。
陳：好說，好說，其實也不一定。
曾：說起盜，真是有針那麼細，也有錐子那麼大。也有剪斷自來水管盜去賣的，也有專趁黑暗的時候，盜吻女唇的桃色盜賊。也有把衙門裡的公物，帶回家去，當為自己東西用的融通盜賊。更有專去盜收女人內褲為樂的癡愚賊。還有，捉住了小盜一看，說什麼我是警官、我是軍人，反而受他責罵的滑稽盜賊。也有結黨襲擊列車的強盜。也有這種盜吃飼雞的白飯的小鬼。哈哈！說是人的大拇指，指紋各有不相同，像這種盜的種類，也真是形形色色。
（女僕捧點心進來）
女僕：等久了，那麼請用吧。
曾：（急急地舉起筷子）唔！這個味道真不錯，連舌頭都要吞下去。
陳：好吃。

僧：能夠吃好吃的東西，真幸福呀。我在山上都是吃素，難得下山來，也才稍為盜吃一點點。真太沒有意思。這就是和尚生意呀。哈哈——

陳：你忘了嗎，吃是福，睡是樂呀！

僧：像這種吃，已經是滿足了。可是，睡得樂還沒有，非想個方法解決不可。

陳：師父的性子，意外地那麼慌張。今晚剛好在家裡舉行舞會，等會完了，我帶你去粉面櫻唇的菩薩那邊。讓你跟美麗的菩薩，一道念涅槃經，升往極樂世界去往生。嘻——

僧：真的嗎？那麼這以前，讓我來替你說小老婆的事。

陳：請你費力吧。

僧：哪裡的話，我還得請你照應。哈哈——

（僕人帶許乞食上場）

僕人：帶、帶來了。

孩：爸爸！（跑去依在父親身邊）

陳：許先生，聽說你剛才氣派很驕傲吧！（譏刺的口調）

僧：不信菩薩的人，所教養的孩子，都是這樣的。我常常這樣說，茄子樹哪裡會長出黃瓜呢！

陳：盜賊住在鄰近，會給人家麻煩，我家裡的倉庫，不知道何時有失盜的危險。還是趁這個時候，給我搬出去。

僧：這樣也才不會害羞。
陳：要是沒有錢，搬家費我來付也可以——
許：不要你的錢，我們搬。
陳：什麼時候？
許：晚上！
陳：今天晚上？
許：是！不會錯。（堅決地）
（這邊又暗下來）
（許乞食的房子復亮）
（暗淡的燈光）
孩：爸爸，寬恕我吧，我做錯了。（在靈桌前哭）
許：阿仁，好了，別哭吧。——阿仁，你不想吃飯嗎？
孩：唔！我不要吃了。
許：阿仁，要吃的話，你就告訴我吧。爸，可以買給你吃。
孩：爸爸也沒有錢，算了吧！
許：有，爸爸還有點錢，咳咳——
孩：要是有錢，還是先還藥錢吧！

許：好，那不要緊。爸爸讓阿仁去賣香菸到現在，還不曾給你吃一頓好吃的東西，今晚來補吧。阿仁，你告訴爸爸，喜歡吃什麼。

孩：真的嗎？爸爸。

許：你別管，你說，喜歡吃什麼。

孩：我——我想吃白飯。

許：還要什麼？

孩：還有豬肉——

許：還要什麼——

孩：好要那麼多嗎？

許：你別再問這麼多。

孩：那麼再來一個油炸豆腐——

許：唔！很好。這裡還有八十元，你先還去二十五元藥錢，多下來的，你到對過蕎麥屋去，叫他送三碗白飯，其他錢都買豬肉和油炸豆腐。請他送過來。

孩：真的去買不要緊嗎？

許：爸爸說不要緊，你就儘管去。

孩：那麼，我去買啦。（孩子退場）

母：乞食，今天晚上，你到底怎麼了？如果要買，也不可以把袋裡的錢都倒出來——還有，如果買回自己燒，也可以省一些。再不然，阿仁和你二個人吃就好了，何必也買我的分兒，這不是太花費了嗎？

許：我想請媽媽也一道吃。

母：吃豬肉，也太浪費了。

許：可是，媽，有時也得讓我盡點孝道才是。

母：你為什麼這麼說呢。

許：不！沒為什麼。咳咳——（稍停）媽，你還記得我很小的時候吧。有一次，因為媽不給我零錢用，一賭氣，就偷偷地鑽進床底下——後來，到了晚上還不出來，害得媽媽東尋西找，連茶飯都無心嘗。（回憶似的）

母：的確是這樣，好像比阿仁大兩年，對的，那是九歲的時後，老實給媽急慌了——

許：還有——也是那年吧，我跑去游泳，媽知道了，給媽打了一頓，這些印象，現在還明晰地浮現在眼前。

母：因為你不知道，水裡是有水鬼，那時候，你夠使我擔心呀——

許：從那時候到現在，已經是過了二十五年了，真快呀！人生真像一場春夢，日月的流逝，竟是這般地無情。

母：是的，我也年老了。

許：可惜我不能照顧年老的媽，真是不孝得很。（很寂寞的樣子）

母：晚上你真的有點變了，為什麼都說這些話呢？
許：媽，乞食出世三十四年以來，不能給媽享點幸福快樂，請你寬恕我不孝吧！
母：講些什麼呢？
許：媽，請你原諒我。
母：原諒你什麼呢？你那麼認真做事，雖然不能得到幸福，這都是我們命裡注定的。貧窮那也好，本來呢一個人的命運，並不是人的力量所能改變。我是很感到滿足。
許：媽，這是實在的嗎？你不怨你沒用的孩子嗎？
母：那是真的。
許：媽——（擦著眼淚）
（孩子和送麵的上場）
送麵：飯送來了。（搬上飯肉）謝謝。（退場）
（稍停）
許：阿仁，你再到麵館去一趟，沒有醬油啦！
孩：好，我去拿。（退場）
（許乞食拉開抽屜，拿出一包藥，摻進三碗白飯裡）
許：媽，請你靠近一些，一道吃吧！
母：謝謝你（靠近桌子）

（時鐘正敲八下）
（稍停）
（孩子拿醬油上場）
孩：爸爸，醬油拿來了。
許：唔！乖孩子，趕快吃吧！
孩：很好吃的樣子。（靠近飯桌）
（孩子和母親開始吃飯）
母：阿仁，豬肉多吃點吧。
孩：不，豬肉要留給祖母吃。
（許乞食整理附近的東西，很不能鎮靜）
孩：爸爸，你也一道吃吧。
母：飯要趁熱的時候吃才好。不然，要弄壞身體的。
許：沒有關係，我馬上就吃。
（阿仁把豬肉挾進祖母的飯碗裡）
母：阿仁，你有沒有吃豬肉？
孩：有，我吃得很多。（稍停）喝！祖母，白飯有點苦味。
母：唔！真的，有點苦。

（稍停）

孩：爸爸，我的肚子有點痛——

（許乞食抱起阿仁）

母：怎麼啦，阿仁。

孩：祖母，痛極了。（掙扎）

母：乞食，你真的——

許：媽，原諒我。

母：清醒點，阿仁。

許：阿仁，你的母親馬上就要來接你去。唔！阿仁，你再忍耐些時候——在和平的世界那邊，有阿仁所愛的白米飯。那是很多，很多，正等待著你去。

孩：爸——祖母——（氣絕）

母：我的肚子——肚子——（倒地）

許：（抱起母）原諒我吧！媽！除了這樣以外，再沒有其他比較好的辦法了。在這廣茫的世間裡，是不容許我們居住，連一片薄薄的牆垣，稍為遮住當前風浪的人情都沒有。媽，現在雖然痛苦，可是等到閉上眼睛的時候，馬上就可以脫離殘酷的現實，才會離開可怕的魔手。原諒我吧！媽！我跟在後面就來了。

（母氣絕，許乞食把兩個死骸排置妥當。站著恍茫了些時候。最後，靠近桌子坐下，把飯端起來。當這時，陳金利的房子也明亮，同時奏著華爾滋的音樂，婆娑起舞。其間還夾雜著猜拳的聲音。舞台形成了光明繁華和悲慘冷淡的對比）

許：（聽到隔壁浮幻喧囂的聲音，憤然站起，把桌子打翻）歡樂的聲音。（走近當中的壁）壁呀！壁，在你這一層壁的那邊，是堆積著和房子一樣高的米，盡其奢侈繁華，像是一處極樂的世界。也是你這一層壁的這一邊，是一個遇不到白飯的餓鬼，非切斷自己生命不可的地獄。只有這一層壁的遮隔，情形是這樣不同。唔！壁是這麼厚，又這麼高——唔——想打破這層壁，可惜我的拳頭太小，我的手太細。唔！壁呀！壁，為什麼這層壁不能打破呢？唔！壁呀！壁。（悲喊）

（許乞食以頭衝壁，血流倒斃。這時月光從窗子照進來，照在悽慘的死骸上。隔壁的房子，音樂正達高調，有的高舉酒杯，高歌青春的戀歌，有的熱狂飛舞。這種情形延續有些時候，幕慢慢地閉上。）

附錄二

宋非我遺作

月遊淡水河

啊！淡水河啊，淡水河！
在咱只台灣島，
敢亦有人愛囉嗦，
講你對我，了解亦無夠清楚？

會記得，我才滿月彼一日啰[1]，
阮母就因為，雞酒油飯尚過燥，
月內房又太燒囉[2]，無法果帶眠床倒，
才自安尼[3]共我抱[4]，
抱到你，淡水河邊去行彳亍[5]。

亦因為我都[6]是剛剛才：
脫胎出來的新貨色啰[7]，

1 啰：哪。

2 燒囉：悶熱。

3 自安尼：如此。
4 共我抱：抱我。
5 行彳亍：散步、玩。

6 都：就。

7 啰：啊。

做人起頭心情好，
又果[8]才滿月，就會當[9]來見你淡水河，
所以莫怪我，見面開聲現叫道：
噢！親愛的淡水河，你好你好！
但是結果，真是冤枉足花膏[10]，
阮母卻誤會：你給我印象無可好[11]——
無愛你這條：台北橋腳的淡水河……
就緊[12]好嘴共[13]我褒[14]……

伊講：哎唷我心肝，無無……
不可吼乎[15]，小寶寶，

河水清清，你若吼伊就會轉濁，
亦水若濁，看要用啥來煮飯著好？
咱食水，代代都盡靠這條河，
伊正是，天賜給咱的奶母——
名叫：淡水河！

8 又果：加上。
9 會當：可以。
10 足花膏：真有口難言。
11 無可好：不甚好。
12 緊：趕緊。
13 共：跟。
14 褒：誇獎。
15 吼：哭。

續落[16]，我就從手裡抱，
進步及[17]會曉行路學彳亍，
又從小學，到及畢業了台北大學，
頭至尾，除了破病在眠床倒，
不曾一日無，來見你淡水河。
亦今[18]，一旦離開了大學，
當然是著到社會上去——
開始生活第一課……
有一早起，為了要去找頭路食薪夥[19]，
才剛剛，行到你河邊而著——
一時心悶腹內懵……
想著此去，不知要到幾月幾號，
才有可果，返來見你淡水河？（果意即再）
但是你卻像：用苦笑來對我咧預告——
安尼[20]，現起了一陣淒涼的水波。

16 續落：接著。
17 及：到。
18 亦今：如今。
19 薪夥：薪水。
20 安尼：如此。

乎乎[21]，後來我才明白——無錯，
原來你道是：早就看透識[22]好好，
就是任我讀過啥大學，
頭路也是包找無。

果然，我跑盡了台北的每一角落，
也都無及一個，頭家要倩薪夥（倩意即雇用）
無打緊果[23]，到處碰著阮大學——
的那些前輩老大哥
若不是，手提大學彼頂四角帽，
置咧共[24]人攄皮鞋當工作，
就是手擧掃梳[25]咧清街道，
無著抬貨做苦勞，
亦是踏著載客的三輪車，
不知趕要去哆落[26]？
以外都是流浪兄哥——
滿街潤餅咧轢彳亍[27]。（潤餅意即失業）

21 乎乎：哦。
22 識：預料。
23 果：更。
24 置咧共：在給。
25 擧掃梳：拿掃把。
26 哆落：那裡。
27 咧轢彳亍：失業。

結果，我就因為頭路找無，
行到日落，汗流清楚，
也疲勞，也飫燥[28]，
又果[29]，滿腹愁恨心頭嘈（嘈意即煩悶）
才潦[30]返來，吐氣咧[31]見你淡水河！

續落，袂當得[32]飫餓，
我就將一隻：破爛漁船仔修理好，
才自安尼，盡靠你淡水河，
來地討掠生魚臊。

如今，我雖是人過中年近半老，
不拘原在果[33]，無法趁人[34]娶老婆，
在台灣這種：「當今錢做人」的世道，
看那有彼號，仙女隨便要降落，
來替我這掠魚人，補破網著好？

28 飫燥：又餓又燥。
29 又果：又更。
30 潦：拖著腳步。
31 咧：在。
32 袂當得：忍不住。
33 不拘原在果：不過依然是。
34 趁人：賺人錢。

亦若專業的媒人婆，
定著是錢，代先[35]袋落[36]……
了後，才用三人共五目彼一套……
除此以外也真奧（奧意即難）
真奧，迂著[37]彼款貴人來相報，
亦我家己而，陷慢[38]及死找都無……
啊，淡水河啊淡水河，
你敢知：我的青春藏置哆落？

特別是，今暗置[39]你淡水河，
看著中秋只個朽月老，
見景傷情，心果較慒，
不才[40]將漁船罔挪划[41]
來到只台北橋邊看人——
游江賞月咧彳亍。

35 代先：首先。
36 袋落：裝入口袋。
37 迂著：碰上。
38 陷慢：低能。
39 置：在。
40 不才：才。
41 罔挪划：姑且划動。

哇！滿江遊客及洘洘[42]，
也有花船彩樓閣，
浮水戲台搭好好，
南北管，響起鼓吹大小鑼，
採茶歌仔戲，山歌對相褒，
挨吹[43]唱咧拚鬥好[44]，
聽及耳空貯𣍐落（貯音底意即裝下）
看及目睭轉𣍐輒……
到尾都[45]，也無數想[46]果去哆[47]，
千焦[48]頭空空咧——
向著第三橋埇一直划……

亦若這第三埇，正是置橋中央哥，
照例這地，暝尾[49]也較陰冷青清淡薄……
亦也正因為，半暝人氣較稀薄，
才較有人，愛來這啊咧自殺跳河。

42 及洘洘：擠得水泄不通。

43 挨吹：和著鼓吹。

44 拚鬥好：看誰好。

45 尾都：後來。

46 數想：再想要。

47 果去哆：更去哪兒。

48 千焦：單單。

49 暝尾：深更。

亦也敢是，像食甜過頭咧憶著鹹好——
鬧熱中心咧憶著清靜角落……
我原是，無意中咧划啊划，
煞來到只，第三埇橋腳咧半躺倒，
就面向天，看人行橋賞月咧彳亍……
啊！要是有彼號[50]：死翁的少年阿嫂，
忽然用手巾包葡萄，
從大橋頂擲落來不著好[51]！

亦兮一下無宜量（無宜量意即無聊）
乞食歌就煞[52]罔唱：
八月十五是中秋，
千金小姐拋繡球，
繡球拋落呂蒙正，
爹媽拍罵不收留。

續落，人一下疲勞，目尾煞直垂落……

50 彼號：那種。

51 不著好：就不是有多好。

52 煞：遂。

了後，就足奇怪地夢見及一大套：
講什麼我，煞變成彼個乞食蒙正哥，
亦因為太過飢餓，
才行到員外的彩樓腳去罔趖罔趖（趖意蠕行）
想講，只要可分一個月餅著真好，
果哪啥知，一下見著彩樓閣，
而就發現著，
小姐目睭咧拍電報直射目箭送秋波……

嘿！敢是我這乞食，
腹肚飫了，神經咧不堵好[53]——
家己目睭起濁煞看錯？
亦是，小姐食飽尚閑地殿天嘩[54]（嘩音滔）：
來將我，當消氣丸地戲弄彳亍？
不拘[55]，起來越看果越清楚，
到尾又煞果[56]，

53 不堵好：不正常。

54 地殿天嘩：在發癲。

55 不拘：不過。

56 到尾又煞果：到後來又。

直對著我的心槽 57 瞄準及好好……
接著，而就將一粒綉球，
好像幾十公斤的仙桃，
安尼對對，擲來給我這蒙正哥！

彼霎 58，雄雄膽慑 59 一下精神⿰口哥
道是 60 承著 61 一頂破草帽，
另外果再響一聲，
像砲彈炸破了淡水河……
結果，一下看清楚，
才知是人跳落河！

同時，置彼六七丈高的大橋頂，
大聲咧喝及 62 花囉膏 63，
有人喝講是：酒醉天⿰口睪 64 咧跳彳亍，
有人嚷講是：跳水自殺包無錯……
但是，我卻無管伊如何，

57 心槽：心思。
58 彼霎：那瞬間。
59 膽慑：嚇了一跳。
60 道是：以為。
61 承著：接到。
62 咧喝及：在喊到。
63 花囉膏：人聲吵雜。
64 天⿰口睪：發癲。

一聲現跳落，就將伊救起來船頂倒，
頭至尾，五分鐘久差不多。

啊！淡水河啊淡水河，
我該着緊向你彙報：
這個來投河自殺的兄哥，
原來都是一個：
專業教員咧教小學，
三代人的模範老師，
群眾公認，人人呵咾[65]——
名望才好品德高！

但是，不幸伊老婆，
胃癌成熟才病倒，
果再因為渴油臊[66]，
五個子兒煞攏著[67]肺癆，
猶是經常三頓餓，

65 呵咾：稱讚。

66 渴油臊：缺油水營養。

67 攏著：全罹。

看哪有法去找內科？
亦麼明知：特效藥相當有效果，
不拘，工資已經半年久領無……

今！要如何是好？
除了路邊去伸手討，
借錢的門路是透底無，
不拘，一旦乞食一下做落，
今後，看哪有面子可好果（果意即再）
對著學生教功課？
……就照這款，完全了結清楚，
只好，目睭金金地看著偲那些：
無藥可醫的子地餓，
及逼近死日的老婆……

續落，因為症頭傷重肝火大著（著音哆），
神經錯亂煞發作，

而就，反常變相咧憨憨討，
討講：要死麼著食一頓飽——
總較公道……不才有氣力可果——（可音窗）
行路到陰間去見閻羅……
橫直著有錢叫鬼才會挨磨[68]，
若無，你就是陰間有車壓坐𣍐倒[69]！……
照這款，一下聽著伲這些無法醫好——
的孅子目睭起濁地發作，
伊規粒[70]心肝碎去
心血倒流入心槽！

續落，十四的月娘，
臨時離開了寶座，
接著就是，半暝雨咧屑屑[71]仔落，
彼霎，都若有雨來聲，
其他雜音通全無……
伊才做一睏拚到人的——

68 挨磨：推磨。
69 𣍐倒：坐不起。
70 規粒：整個。
71 屑屑：細細。

蕃茄園[72]去咧暗暗仔索[73]。

亦兮，到及一小袋仔蕃茄偷挖好，
安尼，才剛剛轉身要斡返（斡返音越倒），
果忽然，出現一雙手來將伊車倒[74]，
又加上一支嘴地噪[75]：
啊好！我咧掠您母！
您父已經來守四五暗，
白白咧當等[76]你無，啊好！
今這啊久[77]所有著賊偷的，
攏要找你討……您父不驚你無！

接著，手電對準做賊的面一下照落，
嗝嗝，掠賊的煞……不但不敢果——
粗嘴野鬥大聲噪[78]，
甚至，連腳手都煞全軟落，
就像青盲的雄雄[79]去——

72 蕃茄園：番藷園。
73 索：偷取。
74 車倒：推倒。
75 噪：叱罵。
76 當等：守候。
77 這啊久：這陣子。
78 粗嘴野鬥大聲噪：粗魯亂罵。
79 雄雄：突然。

給土車手撞著心槽……
　一時也，不知手電偷走去哆落？

自安尼，一切的聲說全沉落，
到尾，這掠賊的才講：
啊啊！今今，看要怎樣著好？
原來都是你，蘇老師文德哥，
阮子，就是你的學生陳阿和……
啊啊！我錯我錯，都是我錯——
我應該早早就著叫阿和，
將這號粗俗蕃茄送淡薄，
去給您那些囝仔，
食看有合意亦無？

蘇老師，今無今無……
你若要原諒我一時的差錯，
你的確著，煞手加帶一括[80]返……（括音刈）

80 括：些。

今今……今無文德哥，
你今若不帶著我，
麼著帶念阮阿和，
伊的品行合功課，
也都果攏差不多……有影，今無……
我這啊也剛一籃裝好好，
就安尼，順便費神你煞挎返[81]（挎音汗）！

照這款，蘇老師的得力學生陳阿和，
偲這老父，是一個貧農心腸好，
又果一貫，對伊蘇老師文德哥，

就是只有，宗拜合噢佬[82]……
但是，置這時刻的蘇老師啊，
就可比：牙槽[83]咧掛鐵鎖[84]——
訐譙對偲厝直透行返，
從頭至尾，連嗨一聲都無……

81 挎返：提回去。

82 宗拜合噢佬：崇拜和稱讚。

83 牙槽：牙床。

84 掛鐵鎖：鼻青臉腫。

一路上，只是想著世代的讀書教學，
祖傳的望重德高，
為人師表，人人噢佬，
嚴格教學，只准學生學好，
果特別對俖強調，
絕對貪心不得，做賊不可！
……但是但是，今日本身如何？
這這豈不是，三代積德一旦墜坐落……

即使，這攤小偷的罪過，
法網可逃……不拘……
刻在心內的見笑——
良心責備的症頭，時時刻刻會發作，
這這除了一死，仙也無法治好……
人的心是置腹內果——
人行到哆落，心也就到哆落，

亦今心若及一旦，被見笑所封鎖，
嘿著真真是：有路難逃！

續落，到厝……蕃茹洗好，
而就撞撞做一鼎落[85]，
了後，等到完全都煮好……
彼霎，才將一大包老鼠藥，
做一睏倒落……接著，就先給個𡢃子，
逐個[86]食及差不多，
到了最後剩淡薄，
蘇老師才總傾落[87]……

亦今，第二日早起，
一𡢃五子的，六條生命攏全無，
獨獨只有，蘇老師一人亦果好好……
亦今無，這是閻羅天子地無公道，
亦是，夜差死神出差錯？

85 撞撞做一鼎落：倒成一鍋。

86 逐個：每人。

87 總傾落：全吃下。

其實，這也不難查考，
只因，彼五個子兒太飫燥，
就，一碗一碗咧直透討[88]，
同時，蘇老師心神錯亂眼神濁，
無法考慮及周到
該著食捋多[89]少有效果？
所以才，由在偲那些子兒去，
盡量食及都過頭了啊，
才咧嫌講：無油無鮮[90]吞𣍐落。

這款，伊家己就煞無可好，
照一定的分量食落，
結果，也就𣍐當合偲嫩子一道，
同時到陰間去集體報到，
不才著果，受苦及中秋月出日頭落，
半暝才來這：台北大橋咧跳河。

88 咧直透討：猛吃。

89 捋多：多少。

90 無油無鮮：無油水、不新鮮。

啊！淡水河啊淡水河！
今若準，會得到受著天保佑——
將你透遭[91]河水，變做葡萄酒，
安尼，讓我規仙人[92]煞跳落去泅，
也是難免，滿腹愁悶咧過中秋！

啊，淡水河啊，你敢知這時瞬，
月娘已經注神[93]咧——（咧意即在）
相著看這隻小魚船，
載著一個：獨獨死才有伊的額[94]——
活全無伊的份……甚至連要死——
都𫝛得斷氣的黃帝子孫！

同時，月光也照到偲彼破厝內，
放著一㜂五子長長地睏，
今落準有：仙丹可來給偲吞，

91 透遭：遭透。
92 規仙人：整個人。
93 注神：留神看著。
94 額：份兒。

也永遠，絕對𣍐當果翻魂[95]……
你看咧，這種情景的驚人氣氛，
就連猛獸，看了著會咬軟筍（咬軟筍意發抖），

果無說，
多情的月娘心肝額軟嫩，
看伊哪𣍐，面色變青果白嘴唇！

果然，就在這時瞬，
月娘都也，已經無法果再忍，
就緊去，挲一片白雲來做手巾，
自安尼，規個面煞掩起來，
同時為著這些：悲慘絕世的亡雲，
目淚變雨水，
咧哀哭一大睏，
哭及連雞翁都規群，
也傷心起來咧——

95 翻魂：返魂

悽慘啼彼時瞬，
月娘亦果無，離開彼條白手巾！

一九六二・八・二十
（陳恆嘉註釋）

蓬萊仙島（故事詩）

台灣東海岸的山嶺，
自北至南無一地斜，
像從海底直疊起來的，萬丈石壁，
除了山禽鳥隻
無人敢來崎[1]帶彼啊。

東海日出紅絳絳，
無盡的水波閃金光，
透遭[2]山壁精神爽，
顏色隨時咧變動，
淺藍藻綠帶紫紅；

亦因為，一望無際的花崗石山岩，

1 崎：站。
2 透遭：清晨。

形狀奇巧，有瘦有肥，
果高及[3]，親象天柱彼一類，
才傳說講彼兮就是：
神仙咧起落的通天梯
正是古早，人就發現著這位：
日出的，台灣東海岸呷尼[4]美，
蓬萊仙島這名字，
才流傳出祖國的範圍。

果說，人工雕刻在——
花岡石壁的半山腰，
彼遭[5]公路離海水，
足足有及規[6]千尺，
從這路頂貪落去，
心頭是及噗噗抖，
就是當咧發性地[7]的——
彼種大波浪給人看著，

3 果高及：清晨。
4 呷尼：如此。
5 彼遭：那條。
6 及規：好幾。
7 發性地：發脾氣。

也不過是，親像海面地麻吻笑，
就可比置玻璃杯內——
的一杯青梅酒地搖。

亦若，東海公路的盡北，
就是宜蘭東南的蘇澳港，
臨海沙灘白蒼蒼，
到處看見掠魚網，
公路就是對這啊起，
落南直透花蓮港，
長途汽車，對開一日才一班，
不拘，相爭來要趕車幫[8]的，
果是，超過頭多人。

有一日，人客坐滿，才剛要開車，
呵！忽然撞來了，
一大群人及雄壁壁

8 車幫：車班。

都是一堆，國民黨兵及美國仔少爺，
見面像咧趕乞食，
無天無地惡僻僻，
現將所有的車客，
全部強強迫落車。

果再，半句都不准人分系，
單用槍支來咧恐喝彼個：
專工置咧跟車照顧旅客——
的車掌姑娘含笑姐；
另外，果[9]一個車客：
已經頭毛嘴鬚白，
腳手不如少年家，
才著，慢慢落車行做尾[10]……
這霎做頭彼個兵仔，
看了觸火獪堪得牙，（觸音鑿）
雄雄一下大腳擤[11]，

9 果：還有。

10 行做尾：走在最後。

11 大腳擤：大屁股。

就給彼兮老人頓重坐，
規群[12]賊兵，才自安尼好勢仔好勢[13]，
登上車內，去地蹻仙快活躺。

亦今，所有的賊兵，
都已經攏坐夠載，
同時彼兮車掌姑娘，而腳手呆呆，
也剛剛，登上車門咧無清彩……
這霎，司機才對伊交代：
今都已經包車了，
你就落去不免來！

這款，車掌服從頭犁犁[14]
自安尼，落車嘸講話……
只聽見最後，伊咧關車門彼聲，
就知伊的心內底：
滿腹仇恨太苦切，

12 規群：整群。
13 安尼好勢仔好勢：如此舒舒服服。

14 頭犁犁：頭低低。

面色一時現衰褪，
親像六月酷旱天，
日頭中晝[15]的一蕾花。

接著，司機覺得後面，
有人出手無出聲，
來咧搭伊的胛脊[16]，
這霎免講伊也知影，
自安尼，腳手敏捷心頭定，
迅煞開車現起行。

同時，滿車內突然，
像魔鬼和齊地喝出聲，
就是歡喜及真正：
嘸輸食著死人肉的，山豬合狗子，
但是那些被迫落車的群眾台灣兄，
卻是下力盡帆拚：

15 日頭中晝：中午的陽光。

16 胛脊：肩膀。

咧攝伊祖公祖媽，煞嗓伊娘，
有個是咒讖詈罵，
函思五代都總請；
果獻紙錢，地送伊起行！

安尼，從人就直透，
哏咧及無看見車影
才倒斡去汽車站——
要果等及過日彼幫車。

且說，咧開車這個：
甲級司機運轉手，
正是，台灣兄哥朱劍秋
體格高大，骨架粗勇面清秀，
特別是彼對：黑白清楚的大目睭……
歡喜的時，就可比兩粒天星，

真有感情，果包含著詩意，
不拘，性地若一下起，
對著日頭都無眤，（眤音ㄋ一意即睫眼）
就像，兩支火箭致要射上天！

這對目睭，已經看過千萬攤，
所有侵略者的，罪惡陰謀毒手段，
伊的滿腹內早就——
暗藏著千百粒的炸彈，
只等機會，送來一條導火線，
就現會觸發了伊，
埋在心底彼座火山！
果然，司機朱劍秋——
的眼光正實特別銳，
見面，一目了然現了解：
伊日日夜夜所數想[17]——
時時刻刻咧期待——

17 數想：夢想。

的彼一條導火線，
今日已經從天送來！

人說，冤家路窄是真堵真……
客車載人，自然人是會相信，
但是，鬼知果今日，
會出現這種場面：
規車滿載專是瘟神。

車身是不斷置咧——
沉起沉落酷酷顯，
記冤仇的大賬簿是：
一頁一頁咧掀……
敵人每一張的罪行圖片，
又重新出現，在司機朱劍秋眼前。
當人丈夫面前，集體輪流強姦，
當焦白日，剖人放火的搶劫案，

瘟神一手所造成的——
災禍是千千萬萬，
這款，將咱台灣鄉親
強迫上了火焰山！

就說，早起才置車站，
剛要出發彼場景：
一下見著，坐無車的命運已經決定，
有一個老阿婆的腳手，
現現親像霜雪堅冰，
果吐出燒燒的血，
流落已經青冷的胸前……

原來這個老寡婦，
有一個孤子無置身邊
出外趁食，去帶花蓮港已經幾落年[18]，
這個單身的後生，

18 幾落年：好幾年。

只若會粗重做苦力，
母子盡靠的，就單單這點仔流汗錢。

突然間，電報來講伊後生，
從美國兵的汽車腳，
直接扛入去病院……
電報果交代講要搭車，
最慢也看今日早起，
若無，母子要相見，
敢著等：南柯夢裡……

啊！老母為著親子兒，
不驚路頭崎起來堵著天，
果是[19]縛腳人步輦，
拜二[20]行及星期四，
才果坐咧汽車站，
目淚流過二暗冥，

19 果是：而且是。
20 拜二：禮拜（星期）二。

安尼咧買無車票，客店又帶袂起，
車費以外也無法，
果加𣁳及一個錢。

就只好通宵，坐咧等及人歪腰，
頭暈目暗，天地直透搖……
安尼，才剛剛買著，
不拘，不拘結果却是：
雙手緊緊，咧搦著汽車票，
果目瞷金金，咧坐袂著，
給伊老母一時吐血，
遍身齊冷頭發燒……

啊！千千萬萬，
被瘟神所害的眾老母，
今日仇人就在只車內，
當時咧放肆起大茹，

安尼一旦酒醉了，
著咧演奏爵士亂跳阿飛舞
就是魔鬼若看見
都著躭頭煞認輸。

續落，司機朱劍秋這隻公共汽車，
已經盤過了，南方澳彼站大山崎，
公路雙平[21]是絕壁，
一平聳起去，是倒崁落來的惡山嶺，
一平躭落去，只看見波浪無聽見聲。
特別是從車路頂，
落及坎腳海面的危險，
正是，坦崎絕壁規千尋，
設使，就是彼個孫悟空，
㑋額猴子猴孫若敢冒險，
憨憨挨來要偷瞻，
嗨！清流汗也現變雨點，

21 雙平：兩邊。

可見，一旦翻車落海，
就是，十身也無夠豉鹽。

無打緊，路果窄及，（及音甲）
一架大車剛斂斂，
若無到及，一定的路站就缺欠，
缺欠地場，給二隻車來相閃，
這條路，就是這點較犯嫌。
所以這隻當時咧
趕落南的大客車，
只要車手，偏差一點點
歪右手，現掙著驚人的石山岩，
歪左手，現跰落海底去摸無針。

果然，就在此時此刻，
台灣司機朱劍秋，
覺得已經，被千萬斤重的大冤仇，

正正來壓置咧伊，靠海這平左手，
同時，就在這千鈞一髮的當場，
彷彿簡若有一陣人，
衝來吊在伊的右手，
果和齊拚命咧喊救，
好像偲父母兄弟，
及彼個帶子的牽手，
突然出現來占領著：
伊心內底彼對目睭。

伊年老的父母，帶頭跪落咧哀求：
劍秋啊劍秋！阮老人你可以免救，
不拘您嫩，亦無夠阮一半的歲壽，
果再您子額尼幼，
哪可忍心放穴丟……
啊，我心肝乖孫啊！
你今著較好腳手，

緊替阿公，來向您爸哀求！

冤家！我無向望你，
掠我做同床的朋友，
就連順月置腹肚內……
只個也免果窮究，
但是，天理無容你，
隨便去死的自由！
因為，我的公婆年老子兒幼，
可見，你的家屬全是：
親像樹藤軟球球，
只有獨獨你，正是：
全家所靠的一叢樹，
所以你，會做咧慷慨，
去替眾人報冤仇，
却𣍐用得嘍夭壽——
來做：自殺家庭的劊子手……

接著，九歲的小弟也咧叫道：
哥哥啊哥哥！照看，我的月琴……
敢著摔破上蓋好，
橫直，你都不返來了果……
我，我果再彈琴，是要合鬼和？
有啥人，有啥人可果，
專為我這支月琴來唱山歌！

這款，心內一下聽著，
家屬這一種責問，
天性感情就迫著，
朱劍秋一時心酸，
同時汽車的速度，
也突然降低落軟，
這要，也真意外無按算，
好像有聽見：小弟的琴聲從遠遠，

來打開了伊彼個：
極愛唱歌的嗓門。

果然，伊彼一腹歌聲，
現震動了海洋合山區，
所唱出來的一字一句，
都深深咧，鑽入人的五臟六腑，
續落就是伊，自編自唱的歌詞：

日本刀下五十年，
被迫落地獄身邊，
一直浸在冷古井，
當時只若可看見，
祖國黎明的春天。

美蔣只來十五冬，
阮一下就急下降，

人間地獄亡壙空，
在這地步只會當，
心念祖國的親人。

山頭平時都高興，
聽我唱歌訴心情，
今日對我哪嘍冷，
敢是看我咧反症，
開車伺候匪賊兵？

東海擁抱台灣島，
滿意我咧唱山歌，
今日變面啥因果，
敢是看我有罪過，
載著瘟神咧彳亍？

亦今，這種高尚的歌聲，

一下大膽唱出去，
現壓倒了全車內，
所有的雜音阿飛午，
就連全體的仇人，
都煞聽咧及慈慈，
但是，仇人溺衰果不願輸，
聽了後，才咧大鬧情緒，
耀武揚威，品拳品武——
現將短槍，安在司機的身軀。

接著，啄鼻仔大展威，
因為，不甘心漏氣，
番仔鼓吹，就果再大吹特吹，
蓋成機關槍額緊，咧放屁，
同時雲脫脫的阿飛午（脫音與律略同）
也跳去足範匪類（範音辦意即樣本）
是緊及，像當咧發狂的催命鬼，

這霎，汽車也下命加油盡磅開，
𣍐輸十二級風颱，咧搧海水，
亦是，東海龍王咧驅五雷！

這款，目睭煞，
就從右手平的深坑內，
果再，斡對左手，
咧轉彎直透拚出來，
這節的公路，就硬直咧伸出東海，
對直去彼兮盡路尾，
正是，天絕的懸崖，
也就是山合海的交界，
這這這，你著是：
透遭的山險路中最最壞，
也不如只一跡，嗖尼歹空的所在，
這層免交代，咧開車這人的心內，
定著是，明明比咱果較知。

今日五十幾條狗命，
全在伊手頭無地閃，
生死大權伊獨占——
由在伊來出火簽。

這時，司機朱劍秋，
鎮殿在運轉台的大椅墊，
目睭對著炎日頭，
金光閃閃，反射出二支劍，
鼻樓硬直，頂下嘴唇像用錫過粘，
勇壯有力的腳手，
𣍐輸武松給人咧欣羨紀念，
總之，全身的體態姿勢都滿點，
就可比，鄭成功佩帶著寶劍，
彼款，坐置咧接收：
紅毛來投降額威嚴！

到及這啊來這隻車，
最後獨一的目標地點，
就是彼地：山頂太過頭，
山腳却是真缺欠——
頂頭果倒貪去置——
大海空中的虎山岩
這霎，正正當時，
一分一秒咧廹近目的點——
就從釘根落地的石山岩，
果再遠遠統出去，彼地盡尾尖，
真是神兵火急咧，險上加險……

這這，正是伊朱劍秋，
一生第一次的特殊行險，
也就是最後一擺，
神聖無比的經驗，
伊這種行動，高尚壯烈達到了頂尖，

就是岳飛若看見，
也只有讚聲無話可嫌！
萬代仇恨，滿腹心火，
所激起的熱度，有加無減，
早就突破，煉鋼爐應有的火焰，
就照這時刻的車速計表針，
已經聳上了，最高極點！

突然，全車內的賊兵通齊恬，
一時知死，覺得緊急非常的危險，
自安尼，才剛剛開嘴要喝喊……
不拘同時，只像雷光煽爍閃一閃，
規隻汽車就煞現——
噴出了大山岩……

朱劍秋滿面春風，
滿身重汗像雨點，

果再滿意咧聽著：
敵人最後的絕望叫喊，
就像摔落地獄的魔鬼，
雄雄哀一聲額尼尖。

同時，頭一秒間的閃電景象，
車身亦果騰雲置——
大海頂面彼兮半空中，
但是，第二秒間現變相：
就比落山虎，千百萬倍緊果雄，
安尼垂直倒插——
盡向著大海俯衝！

接著，東海好親像；
正咧，睏及當落眠的時，
一時膽慴受驚醒，
水花煞現瀆上天……

目睭呢，就無看見及半項物，
海面原在果，完全照舊恬青青……

但是，海底却亦有，
滿腹心話說袂盡……
朱劍秋你，雖是才到，
東海岸中途，就落海化身，
人生的半路，就升天安眠，
不拘，你的形象却是：
永遠青春萬年新，
因為就在你後面，
有，無窮無盡的接班繼承人！
第二日，山明、海靜、天清清，
一幅，天然美麗的好風景，
咧親托著朱劍秋，
特別顯出的光榮！

你為著要給瘟神，
總有一日通絕種，
就現帶頭來實行——
水葬了一大群的匪賊兵；
你為解放咱台灣，
爭取民主自由，統一和平，
獻出了，無價之寶的生命，
這種盡忠報國的神聖感情，
的確，一定一定，
萬世流芳，千古長青！

一天一海鏡照鏡，照出劍秋的人影，
藍色水面白帆行，滿載漁民的歌聲。
唱出英雄無惜命，噢佬烈士劍秋兄，
本是漁民討海子，天下流傳伊的名！

——一九六二年十月二十八日

（鄭鴻生註釋）

文學叢書 716

INK PUBLISHING

壁——尋找台灣戲劇運動的旗手簡國賢與宋非我

作　　者　藍博洲
圖片提供　藍博洲
責任編輯　宋敏菁
美術編輯　黃昶憲
校　　對　孫家琦　藍博洲　宋敏菁

發 行 人　張書銘
出　　版　INK 印刻文學生活雜誌出版股份有限公司
　　　　　新北市中和區建一路249號8樓
電　　話　02-22281626
傳　　真　02-22281598
　　　　　e-mail : ink.book@msa.hinet.net
網　　址　舒讀網http : //www.inksudu.com.tw

法律顧問　巨鼎博達法律事務所
　　　　　施竣中律師
總 經 銷　成陽出版股份有限公司
電　　話　03-3589000（代表號）
傳　　真　03-3556521
郵政劃撥　19785090 印刻文學生活雜誌出版股份有限公司
印　　刷　海王印刷事業股份有限公司

港澳總經銷　泛華發行代理有限公司
地　　址　香港新界將軍澳工業邨駿昌街7號2樓
電　　話　852-27982220
傳　　真　852-31813973
網　　址　www.gccd.com.hk

出版日期　2023年 8 月　初版
ISBN　978-986-387-675-5
定價　450元

國家圖書館出版品預行編目資料

壁——尋找台灣戲劇運動的旗手簡國賢與宋非我／藍博洲著. --
初版. –新北市 : INK印刻文學, 2023.08
面；　公分. -- (印刻文學 ; 716)
978-986-387-675-5（平裝）
1簡國賢 2.宋非我 3.傳記 4.戲劇史 5. 二二八事件
783.31　112013665